mentor Abiturhilfe

Biologie
Oberstufe

Genetik
Steuerung und Vererbung
von Merkmalen und Eigenschaften

Reiner Kleinert
Wolfgang Ruppert
Franz X. Stratil

Mit ausführlichem Lösungsteil

Die Autoren:

Reiner Kleinert, Oberstudienrat für Biologie
Wolfgang Ruppert, Studienrat für Biologie
Franz X. Stratil, Oberstudienrat für Biologie

Illustrationen:
Udo Kipper, Hanau

Layout:
Sabine Nasko, München

© 2005 mentor Verlag GmbH, München

Das Werk und seine Teile sind urheberrechtlich geschützt. Jede Verwertung in anderen als den gesetzlich zugelassenen Fällen bedarf deshalb der vorherigen schriftlichen Einwilligung des Verlages.

Umwelthinweis: Gedruckt auf chlorfrei gebleichtem Papier.

Der Text dieses Buches entspricht der
seit dem 1.8.2006 verbindlichen Rechtschreibung.

Printed in Germany

ISBN 978-3-580-65692-8

www.mentor.de

Inhalt

Vorwort 7

A Einleitung 9
   1. Was ist Vererbung? 9
   2. Anlage und Umwelt 10
      2.1 Variabilität (Variationsbreite) 10
      2.2 Modifikabilität (Modifikation) 11
   3. Zusammenfassung 13

B Klassische Genetik 14
   1. Die MENDELschen Regeln 14
      1.1 Die erste MENDELsche Regel 14
      1.2 Die zweite MENDELsche Regel 15
      1.3 Genetische Deutung der MENDELschen Regeln 17
      1.4 Rekombinationsquadrate 19
      1.5 Die Rückkreuzung 20
      1.6 Überlegungen zur Gültigkeit 21
   2. Die MENDELschen Regeln beim Menschen 22
      2.1 Das ABO-Blutgruppensystem 22
      2.2 Die Vererbung des Rhesusfaktors 24
      2.3 Schmecker 25
   3. Die dritte MENDELsche Regel 27
   4. Genkopplung 30
   5. Abweichungen von den MENDELschen Regeln 31
      5.1 Polygenie 32
      5.2 Polyphänie (Pleiotropie) 33
   6. Zusammenfassung 34

C Chromosomen und Vererbung 35
   1. Die Bedeutung des Zellkerns 35
   2. Zelldynamik und Zellteilung (Mitose) 37
      2.1 Der Zellzyklus 37
      2.2 Die Abschnitte der Interphase 38
      2.3 Der Ablauf der Mitose 39
   3. Geschlechtliche Vererbung 40
      3.1 Die Reifeteilung (Meiose) 40
         3.1.1 Der Ablauf der Meiose 40
         3.1.2 Die Funktion von Shugoshin 43
         3.1.3 Das Phänomen der Chiasmenbildung 43
      3.2 Spermatogenese und Oogenese beim Menschen 45
         3.2.1 Die Spermatogenese 45
         3.2.2 Die Oogenese 45
      3.3 Vererbung des Geschlechts beim Menschen 46
      3.4 Geschlechtsdetermination 47
      3.5 X-chromosomale Vererbung 48

4. Die Chromosomentheorie der Vererbung ... 51
   4.1 Genkopplung und Genaustausch ... 51
   4.2 Genkartierung ... 53
5. Chromosomenmutationen ... 56
6. Genommutationen ... 58
   6.1 Euploidie (Polyploidie) ... 58
   6.2 Aneuploidie ... 58
      6.2.1 Trisomie 21 ... 59
      6.2.2 TURNER-Syndrom (XO) ... 60
      6.2.3 KLINEFELTER-Syndrom (XXY) ... 61
7. Zusammenfassung ... 62

D Humangenetik ... 63
1. Stammbaumanalysen ... 66
2. Genetische Beratung und pränatale Diagnose ... 74
3. Populationsgenetischer Aspekt ... 77
   3.1 HARDY-WEINBERG-Gesetz ... 77
   3.2 Risiken für Nachkommen aus Verbindungen zwischen Verwandten ... 80
4. Zusammenfassung ... 82

E Genetik der Bakterien und Viren ... 84
1. Bakterien und Viren als genetische Versuchsobjekte ... 84
2. Konjugation und Rekombination bei Bakterien ... 85
3. Bau und Vermehrung von Bakteriophagen ... 88
4. Transduktion ... 90
5. Transformation – DNA als stofflicher Träger der Erbinformation ... 91
6. Zusammenfassung ... 94

F Molekulargenetik ... 95
1. Struktur von Nukleinsäuren ... 95
   1.1 Die Bausteine der Nukleinsäuren ... 95
   1.2 Das WATSON-CRICK-Modell der DNA ... 96
   1.3 Die „Verpackung" der DNA ... 98
2. Die Replikation der Erbinformation ... 100
   2.1 Das Grundprinzip der Replikation ... 100
   2.2 Der Beweis für den semikonservativen Mechanismus der Replikation ... 101
   2.3 Der Ablauf der DNA-Replikation im Detail ... 103
   2.4 Schmelzen und Hybridisieren von DNA ... 105
3. Die molekulare Wirkungsweise der Gene ... 106
   3.1 Die Ein-Gen-ein-Enzym-Hypothese ... 106
   3.2 Die Proteinbiosynthese bei Prokaryoten ... 108
      3.2.1 Der genetische Code (Teil 1) ... 109
      3.2.2 Die Transkription ... 110
      3.2.3 Die Translation ... 112
      3.2.4 Der genetische Code (Teil 2) ... 114
   3.3 Die Proteinbiosynthese bei Eukaryoten ... 117
      3.3.1 Mosaikgene ... 118
      3.3.2 Die Prozessierung der m-RNA ... 119
      3.3.3 Besonderheiten der Translation ... 120

- 4. Genmutationen 121
  - 4.1 Punktmutationen beim Menschen 123
    - 4.1.1 Albinismus 123
    - 4.1.2 Phenylketonurie (PKU) 123
    - 4.1.3 Mukoviszidose 125
  - 4.2 Ursachen und Häufigkeit von Mutationen 127
  - 4.3 DNA-Reparatur 128
- 5. Regulation der Genaktivität 129
  - 5.1 Modelle der Genregulation bei Prokaryonten 129
    - 5.1.1 Anschalten der Enzymproduktion (Substratinduktion) 130
    - 5.1.2 Abschalten der Enzymproduktion (Endproduktrepression) 132
    - 5.1.3 Anschalten der Enzymproduktion mithilfe eines Aktivators 133
  - 5.2 Modelle der Genregulation bei Eukaryonten 134
- 6. Krebs 135
  - 6.1 Kontrollmechanismen der Zellteilung 136
  - 6.2 Unkontrollierte Zellteilung bei Krebs 137
- 7. Zusammenfassung 140

G Gen- und Reproduktionstechnik 142
- 1. Grundlagen der Gentechnik 142
  - 1.1 Restriktionsenzyme 144
  - 1.2 Plasmide als Vektoren 146
  - 1.3 Transformation und Selektion 148
  - 1.4 Methoden der Gengewinnung 149
  - 1.5 Die Analyse von DNA 150
    - 1.5.1 Die Polymerase-Kettenreaktion (PCR) 150
    - 1.5.2 Methoden der Sequenzanalyse 152
    - 1.5.3 Genomanalyse 154
- 2. Anwendungsbereiche der Gentechnik 156
  - 2.1 Arzneimittelherstellung: Insulin aus Bakterien 156
    - 2.1.1 Insulinherstellung in der Bauchspeicheldrüse 156
    - 2.1.2 Insulinherstellung in umprogrammierten Bakterien 158
  - 2.2 Medizin: Gendiagnose und Gentherapie 160
  - 2.3 Tierzucht: Einsatz von Wachstumshormonen 164
  - 2.4 Pflanzenzucht: Transgene Kulturpflanzen 165
    - 2.4.1 Natürlicher Gentransfer durch Agrobakterien 166
    - 2.4.2 Gentransfer mit und ohne Vektoren 167
- 3. Reproduktionstechnik 168
  - 3.1 Methoden der künstlichen Befruchtung 168
  - 3.2 Klonen mit Stammzellen 169
- 4. Zusammenfassung 170

Literaturverzeichnis 172

Lösungsteil 173

Glossar 195

Register 202

Vorwort

> Willst Du mal ein Mädchen frei'n,
> das recht schlank und schick ist,
> schau dir erst die Mutter an,
> ob sie nicht zu dick ist.
>
> Die Figur von der Mama
> wird dir zum Verräter,
> denn so steht dein Weibchen da,
> zwanzig Jahre später!
>
> Fritz Reuter, um 1850

Das Vorwort zur Abiturhilfe Genetik mit einem „Sprüchlein" zu beginnen – und zugegebenermaßen nicht gerade mit einem sehr anspruchsvollen – erscheint zunächst recht exotisch; insbesondere, da wir uns heute doch längst über solche Klischeevorstellungen erhaben fühlen und es schließlich auch schlanke Töchter dicker Mütter gibt. Die Aussage würde auch dadurch nicht besser, dass der Inhalt Väter und Söhne entsprechend mit einbeziehen würde.

Dieser Anfang deutet deshalb auch vielmehr eine Strategie und eine Idee an, die wir bei der gesamten Arbeit an diesem Buch verfolgt haben: Verständnis für die Zusammenhänge und der Spaß am Lernen leiteten unsere Entscheidungen bei der Auswahl und Darstellung der Inhalte sehr viel mehr als der Anspruch auf wissenschaftliche Vollständigkeit und Tiefe. Wir haben versucht, die wesentlichen Konzepte, die in der kurzen Geschichte der Genetik seit Mendels Versuchen mit Pflanzenhybriden einander ablösten und ergänzten, in leicht lesbarer Form nachzuzeichnen.

Obwohl die Genetik eine noch relativ junge wissenschaftliche Disziplin ist, hat sie eine zentrale Bedeutung für die gesamte Biologie. Die Aufklärung der Struktur und der Funktion des Erbmaterials hat sich als grundlegend für das Verständnis der meisten Vorgänge in einem lebenden Organismus erwiesen. Über diese beachtliche Rolle hinaus hat die Genetik eine große Bedeutung für das gesamte menschliche Leben. Die Ergebnisse der genetischen Forschung haben sich nicht nur auf die angewandte Biologie, die Medizin und die Landwirtschaft ausgewirkt, sondern auch auf Philosophie, Recht und Religion. Heutzutage gibt es kaum noch Zeitungen, die nicht regelmäßig über genetische Themen berichten.

Unser Buch folgt im Wesentlichen der historischen Entwicklung der Genetik; in drei großen Kapiteln werden nacheinander die Konzepte der klassischen Genetik (Kap. B), der Chromosomengenetik (Kap. C) und der Molekulargenetik (Kap. F) ausführlich dargestellt. Dazwischen sind zwei Kapitel geschoben, die eher Anwendungsbereiche der Genetik behandeln – die Genetik des Menschen (Kap. D) und die Genetik der kleinsten unter den Lebewesen, der Viren und Bakterien (Kap. E). Den Abschluss bildet ein Kapitel über die neueste Entwicklung, die zu einer öffentlich umstrittenen Revolution der genetischen Forschung geführt hat: Grundlagen und Anwendungsbereiche der Gentechnik (Kap. G).

Die Konzept-Kapitel (Kap. B, C und F) können weitgehend unabhängig voneinander gelesen werden. Bezüge zu Passagen in anderen Kapiteln sind durch Verweise gekennzeichnet. Das gilt ebenso für Themen, die in den anderen mentor Abiturhilfen genauer behandelt werden.

Wir haben uns – wie in allen anderen mentor Abiturhilfen Biologie – darum bemüht, alle Sachverhalte möglichst verständlich darzustellen. Wichtige Informationen sind im Text fett bzw. in Kästen gesetzt.

Eine aktive Auseinandersetzung mit dem Lernstoff ermöglichen die Aufgaben in jedem Kapitel. Deshalb sollten auch immer Papier und Stift bereitliegen. Die Lösungen zu den Aufgaben am Ende des Buches erleichtern die Selbstüberprüfung.

Wir hoffen, dass uns ein Buch gelungen ist, das nicht nur Schülerinnen und Schülern von Biologiekursen der gymnasialen Oberstufe, sondern allen Interessierten einen Einblick in eines der aufregendsten Gebiete der Biologie ermöglicht. Viel Spaß und Erfolg wünschen:

Reiner Kleinert,
Wolfgang Ruppert,
Franz X. Stratil

Alle Begriffe, die mit einem * versehen sind, werden im Glossar am Ende des Buches erläutert.

A Einleitung

1. Was ist Vererbung?

Die Vererbungslehre oder Genetik gründet auf der uralten und uns allen geläufigen Erfahrung, dass Geschwister einander und ihren Eltern im Allgemeinen ähnlicher sind als nicht verwandten Artgenossen. Eineiige Zwillinge sind sich sogar oft derart ähnlich, dass sie selbst von guten Bekannten oder Freunden nicht auseinandergehalten werden können.

a)
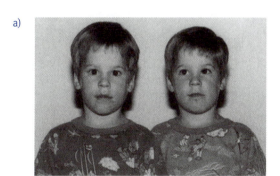

b)

a) Eineiige Zwillinge, b) zweieiige Zwillinge

Ebenso ist seit alters her bekannt, dass sich bei Tier- und Pflanzenzüchtungen gewisse **Merkmale** – wir nennen sie in der Genetik **Phäne*** – der ursprünglichen Formen betonen, andere unterdrücken lassen. Demnach muss jedes Lebewesen von seinen Vorfahren die Fähigkeit erhalten haben, bestimmte Merkmale und Eigenschaften auszubilden und auf seine Nachkommen zu übertragen.

Jahrhundertelang war es jedoch nicht gelungen, solche allgemeinen Erfahrungen auf bestimmte Vorgänge im Organismus zurückzuführen und ihre Gesetzmäßigkeiten zu ergründen.

Die Vererbungslehre als Wissenschaft beginnt erst mit den Arbeiten des Augustinerpaters GREGOR MENDEL (1822–1884). Mit seiner Veröffentlichung „Versuche über Pflanzenhybriden" (Brünn 1865) gelingt es ihm, die bisher bekannten Beobachtungen zu einer einheitlichen **Theorie der Vererbung** zusammenzufassen (Kap. B.1–3).

Auf der Suche nach der **stofflichen Grundlage der Vererbung** ging es nun Schlag auf Schlag weiter:

- HAECKEL (1834–1919) postulierte den **Zellkern** als die stoffliche Basis (Kap. C.1),
- VAN BENEDEN (1845–1910) und BOVERI (1862 – 1915) beschrieben erstmals die **Reduktionsteilung** (Meiose) (Kap. C.3.1),

Einleitung

- BOVERI und SUTTON stellten bereits 1902 die **Chromosomentheorie der Vererbung** auf (*Kap. C.4*).

Die molekulare Dimension wurde 1944 durch AVERY erschlossen, als er die **Desoxyribonukleinsäure (DNA)** als Träger der genetischen Information nachwies (*Kap. E.5*), die 1953 durch WATSON und CRICK auch strukturell analysiert wurde (*Kap. F.1.2*). Es begann die explosionsartige Entwicklung der Bakterien- und Phagengenetik (*Kap. E*) und mit ihr der Molekulargenetik (*Kap. F*) sowie der Gentechnik (*Kap. G*), die aus unserem heutigen Leben nicht mehr fortzudenken ist.

Die Vererbungslehre hat sich zum Ziel gesetzt zu erklären, wie die **Weitergabe von genetischer Information** erfolgt. Sie stellt allgemeingültige Regeln und Gesetze auf und sucht nach Erklärungen für **Erbgänge** und **Erbkrankheiten**. Hierbei wird dem zu beobachtenden **Merkmal (Phän*)** die genetische **Erbanlage (Gen*)** zugeordnet.

 Die Gesamtheit aller Merkmale bildet das jeweilige Erscheinungsbild (**Phänotyp***) eines Individuums, das von der Gesamtheit seiner Erbanlagen (**Genotyp***) abhängig ist.

2. Anlage und Umwelt

Bevor wir uns nun mit den ersten Regeln und Gesetzen auseinandersetzen, wollen wir uns dem Phänomen der Vererbung ganz allgemein zuwenden.

2.1 Variabilität (Variationsbreite)

In einer 9. Klasse wurde das Merkmal Nadellänge eines Nadelbaumästchens (einer Tanne) untersucht. Hierzu maß jeder Schüler die Länge der einzelnen Nadeln eines Ästchens aus. Anschließend wurden dann die Ergebnisse in einer Tabelle zusammengefasst:

Größenklasse (Angabe in mm)	Zahl der Nadeln pro Größenklasse (Häufigkeit)
kleiner als 7	12
8	23
9	26
10	98
11	143
12	220
13	231
14	402
15	443
16	278
17	152
18	62
19	21
größer als 20	3

Tabelle: Zuordnung von 2114 Nadeln einer Tanne zu Größenklassen

Einleitung

> **Aufgabe**
>
> Stellen Sie das Ergebnis aus Tabelle 1 (S. 10) grafisch dar. Tragen Sie in einem Achsenkreuz auf der x-Achse die Größenklasse ab und auf der y-Achse die Zahl der Nadeln pro Größenklasse.

Trägt man das Merkmal (Phän) Nadellänge in Abhängigkeit von seiner Häufigkeit in ein Koordinatensystem ein, so erhält man eine charakteristische Kurve, die man als **Optimumskurve** bezeichnet: Während sehr kurze und sehr lange Nadeln nur selten auftreten, sind mittlere Längen gehäuft vorhanden (vgl. Tabelle 1).

Trotz gleicher Erbanlagen und gleicher Umwelt – hiervon können wir ausgehen, da die Nadeln von einem Ast eines Individuums stammten – kommt es zu unterschiedlichen Ausbildungen des **Merkmals Nadellänge**. Dieses Phänomen begegnet uns in allen Bereichen der Vererbung und wird als **Variabilität*** bezeichnet. Es bedeutet, dass ein Phän nicht absolut determiniert ist bzw. wird, sondern in einer bestimmten Variationsbreite, einer bestimmten **Reaktionsnorm** vererbt wird. Festgelegt sind die oberen und unteren Grenzen, die Ausbildung selbst erfolgt zufällig und entspricht einer Häufigkeitsverteilung nach dem Prinzip der Optimumskurve.

2.2 Modifikabilität (Modifikation)

Dem nachfolgenden Beispiel können wir noch ein weiteres Phänomen der Vererbung entnehmen:

In zwei **unterschiedlich „guten" Böden** wurden **erbgleiche Bohnen** gepflanzt und großgezogen. Die geernteten Bohnen wurden in Größenklassen sortiert (welches Phänomen wird hierbei wieder deutlich??). Anschließend wurden die größten Bohnen aus dem Beet mit gutem Boden und die kleinsten Bohnen aus dem Beet mit schlechtem Boden unter nun gleichen Umweltbedingungen gepflanzt und großgezogen.

Bei der Ernte variierte die Länge der Bohnen von 17 mm bis 23 mm (s. Abb.).

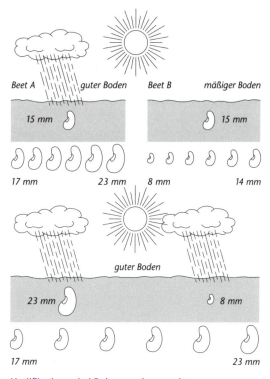

Modifikationen bei Bohnenzuchtversuchen

Einleitung

Das hier beschriebene Phänomen begegnet uns sehr häufig: So entwickeln sich Löwenzahnpflanzen aus dem Samen einer einzigen Löwenzahnstaude im Hochgebirge ganz anders als im Tiefland.

Auch bei Säugetieren gibt es sehr bekannte Beispiele: Beim Russenkaninchen, einer Hauskaninchenzuchtform, wird an denjenigen Hautstellen ein schwarzes Fell gebildet, deren Temperatur unter 34 °C liegt, während die gut durchbluteten wärmeren Körperteile von einem weißen Fell bedeckt sind.

Jedes Mal begegnet uns das gleiche Phänomen: Unterschiedliche Umweltbedingungen – wie die eben geschilderten Unterschiede der Bodengüte, des Klimas bzw. der Temperatur – führen zu Veränderungen in der Merkmalsausbildung. Dies bezeichnen wir als **Modifikation***.

Wie wir am Bohnenzuchtversuch gesehen haben, variiert auch diesmal die Größe um einen bestimmten Wert (8 mm – 23 mm, *vgl. Abb. S. 11*).

Diese **Variationsbreite** ist allerdings vom jeweiligen Umweltfaktor mitbestimmt. Durch die unterschiedlichen Umwelteinflüsse wurden unterschiedliche Bereiche der Variationsbreite bevorzugt und trugen zur entsprechenden **Modifikation** bei.

Wir überprüfen das bisher Gesagte nochmals an einem Beispiel aus dem Bereich des Menschen und vergleichen die Häufigkeit des gemeinsamen Auftretens von Krankheiten bei ein- und zweieiigen Zwillingen:

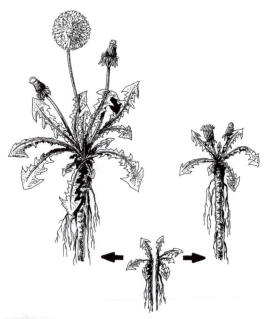

Modifikationen des Löwenzahns (links Pflanze im Tiefland, rechts im Hochgebirge gewachsen)

	Klumpfuß	Zuckerkrankheit	Tuberkulose	Rachitis	Scharlach	Masern
Eineiige Zwillinge	23 %	84 %	65 %	88 %	95 %	64 %
Zweieiige Zwillinge	2 %	37 %	25 %	22 %	87 %	47 %

Tabelle:
Gemeinsames Auftreten von Krankheiten bei ein- und zweieiigen Zwillingen

Einleitung

> **Aufgabe**
>
> a) Überlegen Sie eine grafische Veranschaulichung von der Tabelle auf Seite 12.
>
> b) Wie lassen sich die unterschiedlichen Werte interpretieren?
>
> c) Bei einem Ausleseversuch mit Pantoffeltierchen wurden jeweils die kleinsten und größten Individuen in aufeinanderfolgenden Generationen weitergezüchtet. Trotzdem blieb von Generation zu Generation die Variationsbreite der Tiere bezüglich ihrer Größe unverändert.
>
> Zu welcher Feststellung/Aussage führt dieses Ergebnis?

Das Erbgut bestimmt die Reaktionsnorm. In einem ausgesprochen komplexen **Zusammenspiel von Erbanlagen und Umwelteinflüssen** entstehen die oft sehr auffallenden Unterschiede zwischen den einzelnen Individuen. Je kleiner die Variabilität eines Merkmals ist, umso mehr erfolgt eine gleiche Ausprägung auch bei unterschiedlichen Umweltbedingungen und umgekehrt. Beim Menschen gehören zu den ausgesprochen umweltstabilen Merkmalen z. B. die Blutgruppeneigenschaften und die Papillarlinien der Hände und Füße.

3. Zusammenfassung

Nachkommen und Eltern gleichen sich in ihrem Erscheinungsbild (**Phänotyp**) weitgehend. Die für die Ausbildung bestimmter **Merkmale** (Phäne) verantwortlichen Erbanlagen sind die **Gene**. Diese bilden in ihrer Gesamtheit den **Genotyp**.

Vererbt werden nicht einzelne Merkmale in starrer und fixierter Form, sondern **Reaktionsnormen**, die es dem Organismus erlauben, auf Umweltfaktoren/-einflüsse zu reagieren.

Phäne treten nicht absolut determiniert auf, sondern sind durch eine bestimmte **Variabilität** charakterisiert.

Innere und äußere Umweltfaktoren bedingen phänotypische Unterschiede (**Modifikationen**). Modifikationen sind nicht erblich!

Die zu beobachtenden Phäne sind Resultat eines komplexen **Zusammenspiels von Anlage und Umwelt**.

B Klassische Genetik

1. Die MENDELschen Regeln

Nachdem wir uns mit grundsätzlichen Phänomenen der Vererbung befasst haben, wollen wir uns nun mit den wohl bekanntesten Regeln in der Vererbungslehre beschäftigen, die nach dem Augustinerpater GREGOR MENDEL (1822–1884) die drei MENDELschen Regeln genannt werden.

MENDEL veröffentlichte 1866 seine Ergebnisse von Kreuzungsexperimenten mit der Gartenerbse unter dem Titel „Versuche über Pflanzenhybriden" (Pflanzenmischlinge).
Diese Ergebnisse fanden zunächst allerdings keine Beachtung. Dabei beruhten seine Erfolge hauptsächlich auf seinen Arbeitsweisen, die für die Biologen seiner Zeit fremd waren, heute allerdings als richtungsweisend betrachtet werden:

- Er beschränkte sich auf wenige, deutlich ausgeprägte Merkmale.
- Er untersuchte eine große Anzahl von Pflanzen (mehr als 10 000) und wertete seine Ergebnisse statistisch aus.
- Er achtete darauf, dass die untersuchten Merkmale über Generationen hinweg konstant auftraten – wir bezeichnen dies heute als Reinerbigkeit.
- Er stellte sicher, dass keine ungewollte Bestäubung möglich war.

Erst 1900 wurden zeitgleich von DE VRIES, TSCHERMAK und CORRENS bei eigenen Versuchen mit Erbsen MENDELS Regeln wieder entdeckt.

Gregor Mendel (1822–1884)

Anhand einfacher Beispiele sollen die Regeln im Folgenden erklärt werden. Die Beispiele gehen ganz bewusst auf die einfachen und klassischen Versuche von MENDEL selbst zurück.

1.1 Die erste MENDELsche Regel

MENDEL benutzte bei seinen Untersuchungen Erbsensorten, die sich in verschiedenen Merkmalen unterschieden: z. B. in der Farbe, Größe, Stellung der Blüten, in der Farbe, Form, Größe der Früchte und Samen und in der Länge und Färbung der Stängel.

Beispiel 1:

Kreuzte er Erbsen, die seit Generationen nur gelbe Samen hatten (**reinerbige Individuen**), mit solchen, die seit Generationen nur grüne Samen hatten, so erhielt er völlig einheitliche Nachkommen. Alle Samen waren gelb (*vgl. folgende Abb.*):

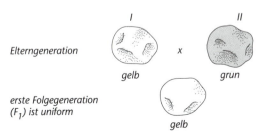

Kreuzungsergebnis der ersten MENDELschen Regel

Der im Beispiel 1 dargestellte Sachverhalt wird als **erste MENDELsche Regel** bezeichnet: Alle Nachkommen ähnelten dem einen Elter; wir sprechen deshalb von einem **dominant-rezessiven Erbgang**, wobei das Merkmal des Elter 1 dominiert und das Merkmal des Elter 2 „verborgen" bleibt, **rezessiv*** ist. Das Merkmal Gelb ist also gegenüber dem Merkmal Grün **dominant***.

Diese Beobachtungen führten zur Formulierung der ersten MENDELschen Regel, der **Uniformitätsregel** (s. Kasten).

Bei Kreuzungsexperimenten mit der **japanischen Wunderblume** waren zwar alle Nachkommen ebenfalls uniform, sie stimmten jedoch nicht mit einem der beiden Eltern überein. Das untersuchte Merkmal stand bei den Nachkommen vielmehr zwischen den beiden Ausgangsmerkmalen.

Beispiel:
Blütenfarbe Rot × Blütenfarbe Weiß: alle Nachkommen zeigen die Blütenfarbe Rosa.

In vielen Schulbüchern wird diese Form als **intermediäre* Vererbung** bezeichnet, weil die Blütenfarbe genau zwischen den Ausgangsmerkmalen liegt. Da es sich hierbei um einen Sonderfall handelt, wird neuerdings neutraler von **unvollständig dominanter Vererbung** gesprochen. Im Fall der Wunderblume werden sowohl die rote als auch die weiße Blütenfarbe unvollständig dominant vererbt – keine Farbe dominiert vollständig.

1.2 Die zweite MENDELsche Regel

Den Genetiker interessiert natürlich, was mit den Eigenschaften/Merkmalen in späteren Folgegenerationen geschieht und ob Merkmale, die in der F_1-Generation verschwunden waren, zum Beispiel wieder auftauchen oder nicht.

Auch MENDEL ist dieser Fragestellung nachgegangen und hat die mischerbigen Individuen der F_1-Generation (Bastarde*, Hybride*) durch Selbstbefruchtung weitervermehrt.

Von 8023 ausgewerteten Erbsensamen waren in der zweiten Folgegeneration (F_2-Generation) 6022 gelb und 2001 grün gefärbt, was einem **Verhältnis von ungefähr 3:1** entspricht.

Das in der F_1-Generation verschwundene rezessive Merkmal trat also wieder auf!

So lautet die **Uniformitätsregel**:

 Kreuzt man zwei **reinerbige** Individuen, die sich in einem Merkmal unterscheiden, so erhält man **mischerbige F_1-Nachkommen** (erste Filial- oder Folgegeneration), die alle **uniform** (einheitlich) sind. Diese Nachkommen ähneln dem einen Elter (dominanter Erbgang).

Klassische Genetik

Aufgabe

 B01 Mendel untersuchte bei der Gartenerbse u.a. noch folgende Merkmale und zählte dabei die dominanten und rezessiven Ausprägungen in der F_2-Generation aus: Samenform (rund 5474 – kantig 1850), Hülsenform (gewölbt 882 – eingeschnürt 299), Hülsenfarbe (grün 428 – gelb 152) und Blütenstellung (achsenständig 651 – endständig 207).

Berechnen Sie die jeweiligen Zahlenverhältnisse!

Beispiel 2:

Wurden die Individuen der F_2-Generation weitervermehrt, so traten bei der Kreuzung der Individuen mit dem rezessiven Merkmal grün untereinander in den Folgegenerationen nur noch ebensolche Nachkommen auf, während sich die Nachkommen der Individuen mit dem ursprünglich dominanten Merkmal gelb erneut aufspalteten:

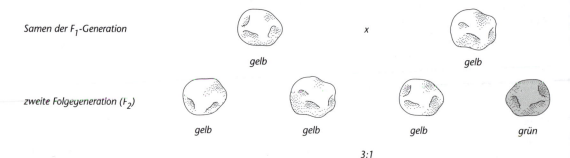

Kreuzungsergebnis der zweiten MENDELschen Regel

Ein Drittel besitzt in allen Folgegenerationen nur das dominante Merkmal, zwei Drittel spalten sich jedoch erneut im Zahlenverhältnis 3:1 auf.

Dies ist nur dadurch zu erklären, dass die **phänotypisch gleich** aussehenden Individuen, die das dominante Merkmal tragen, **im Genotyp unterschiedlich** sein müssen.

Die Ergebnisse bei unvollständig dominanten Erbgängen können zur Klärung beitragen. Hier ergibt sich bei der Kreuzung von Individuen der F_1-Generation der japanischen Wunderblume untereinander eine Aufspaltung, die wir im folgenden Beispiel 3 aufzeigen:

Klassische Genetik

Beispiel 3:

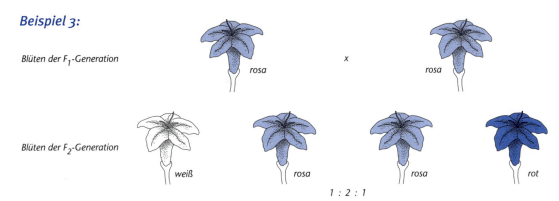

Kreuzungsergebnis bei einem unvollständig dominanten Erbgang

MENDEL formulierte eine zweite Regel – die **Spaltungsregel:**

 Kreuzt man Nachkommen der ersten Folgegeneration untereinander, so stellt man eine **Aufspaltung der Merkmale** fest. Diese **Spaltung** kommt in der F_2-Generation in bestimmten **Zahlenverhältnissen** der Merkmalsausprägung zum Ausdruck: bei dominant-rezessivem Erbgang im **Verhältnis 3:1**, beim unvollständig dominanten Erbgang im **Verhältnis 1:2:1**.

Es stellt sich nun die Frage, wie sich die beobachteten Zahlenverhältnisse und damit die beiden ersten Regeln erklären lassen. Wie und weshalb kommt es gerade zu dieser Form der Aufspaltung?

1.3 Genetische Deutung der MENDELschen Regeln

Alle Lebewesen bestehen aus Zellen, und **alle Zellen eines Individuums** besitzen die **gleichen genetischen Anlagen**.

Diese genetische Information erhält jeder Organismus bei der Befruchtung einer Eizelle durch eine Samenzelle, hierbei entsteht die sogenannte **Zygote***, aus der sich der gesamte spätere Organismus entwickelt. Jede Zelle enthält also jede Information in doppelter „Ausführung", wenn wir davon ausgehen, dass sowohl die Ei- als auch die Samenzelle eine komplette genetische Information „mitgebracht" haben. Wir nennen sie deshalb auch **diploid*** in Bezug auf ihren Informationsgehalt. Für ein Merkmal (Phän) gibt es zwei Anlagen (Gene)!

Dabei stellte schon MENDEL fest, dass das Kreuzungsergebnis gleich blieb, unabhängig davon, von welchem Partner die Ei- bzw. Samenzelle stammte, er nannte dies die **Regel der Reziprozität:**
Das Kreuzungsergebnis ist unabhängig vom Kreuzungspartner (**Regel der Reziprozität**).

Anlagen (Gene) können als unterschiedliche Varianten vorkommen, die das gleiche Merkmal dann verschieden ausprägen, zum Beispiel die Samenfarben Gelb oder Grün. Solche Varianten eines Gens bezeichnet man als **Allele**. Sind beide Allele, die ein Merkmal bedingen, gleich, dann spricht man von **reinerbig (homozygot)**, sind sie ungleich, von **mischerbig (heterozygot)**.

Allele bewirken die Ausprägung eines Merkmals unterschiedlich stark. Prägen sie sich

Klassische Genetik

immer aus, nennt man sie **dominant**. Allele, die nur im homozygoten Zustand das Merkmal ausprägen, nennt man **rezessiv**.

Zur Charakterisierung der unterschiedlichen Gene verwendet man Buchstabensymbole. Die Anlage für ein dominantes Merkmal wird mit einem großen, für ein rezessives Merkmal mit dem entsprechenden kleinen Buchstaben bezeichnet – also z. B. A und a.

Dabei wird die **Erbformel** der Anlagen für ein bestimmtes Merkmal immer durch zwei Buchstaben ausgedrückt. Die homozygoten (reinerbigen) Eltern unseres ersten Beispiels haben dann die Erbformeln AA (gelb) bzw. aa (grün), während die F_1-Individuen die Erbformel Aa aufweisen (gelb) und damit heterozygot (mischerbig) sind.

Während die homozygoten Individuen nur Ei- oder Samenzellen bilden können, die entweder die Anlagen A oder a enthalten, können die heterozygoten Individuen sowohl Ei- oder Samenzellen mit den Anlagen A als auch solche mit den Anlagen a ausbilden, und zwar mit gleicher Häufig- und Wahrscheinlichkeit.

Für unser Beispiel 1 ergibt sich dann:

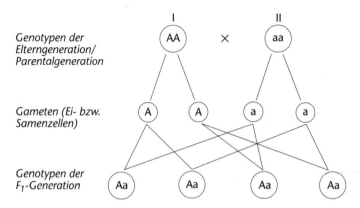

Genotypen der Kreuzung von Beispiel 1

Für unser Beispiel eines unvollständig dominanten Erbganges (s. Abb. S. 17) erhalten wir:

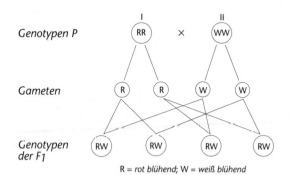

R = rot blühend; W = weiß blühend

Genotypen der Kreuzung von Beipiel 3

Aufgabe

B02 Führen Sie nun die beiden entsprechenden Kreuzungen der F_1-Individuen untereinander in gleicher Weise durch und erklären Sie, wie es zu den einzelnen Aufspaltungen kommt.

1.4 Rekombinationsquadrate

Für ein problemloses Finden der oben genannten Kombinationsmöglichkeiten hat sich in der Praxis – besonders zur Ermittlung der Zahlenverhältnisse in der F_2-Generation – die Darstellung in Form des sogenannten **Rekombinationsquadrates** bewährt. Daraus lässt sich entnehmen, in welchen Zahlenverhältnissen sich die Merkmale im Genotyp kombiniert haben.

Für unser Beispiel 2 sieht das wie in nebenstehender Tabelle aus:

♂ \ ♀	Gameten des einen F_1-Elter	
	A	a
Gameten des zweiten F_1-Elter A	AA	Aa
a	Aa	aa
	3 gelb	1 grün

Rekombinationsquadrat für Beispiel a

Aufgabe

B03 Stellen Sie für das Beispiel 3 (S. 17) ebenfalls ein Rekombinationsquadrat auf.

Ein weiteres Beispiel aus dem Tierreich, das oft auch in den Schulbüchern behandelt wird, soll uns helfen, die Anwendung der MENDELschen Regeln noch besser in den Griff zu bekommen:

Die **Fruchtfliege** (*Drosophila melanogaster*) kann mit Recht als „Haustier" der Genetiker bezeichnet werden. Besonders der amerikanische Biologe MORGAN hat ihre Anlagen bei seinen Kreuzungsversuchen systematisch erforscht.
Oft findet man die Fruchtfliege im Spätsommer auf faulendem Obst (z. B. Trauben, Birnen), selbst in der Wohnung.

Fruchtfliege (Drosophila melanogaster)

Die Tiere werden auch heute noch gerne für genetische Experimente gezüchtet. Sie sind klein (nur wenige mm groß), ihre Nahrung ist billig, die Generationenfolge schnell (bei Raumtemperatur ca. 12 Tage), die Nachkommenanzahl hoch (bis zu 500 Nachkommen), die Zahl der Merkmale gut überschaubar und mit einer Lupe und etwas Übung leicht erkennbar.

Bei Kreuzungsversuchen werden neben dem sogenannten **Wildtyp** häufig **Mutanten*** verwendet. Die unterschiedlichen Anlagen sind mittlerweile sehr gut untersucht und bekannt. Da in vielen Lehrbüchern bei den Kreuzungsbeispielen mit der Fruchtfliege eine von den oben genannten Kriterien abweichende Symbolik verwandt wird, wollen wir diese spezielle Symbolsprache hier ebenfalls vorstellen: Die **Anlagen der Wildform** werden stets **mit + symbolisiert** (z. B. normale Flügelform, graubrauner Körper, rote Augen). Um bei Erbgängen mit mehreren Merkmalen Verwechslungen zu vermeiden, wird zur Verdeutlichung beim Wildtyp die zugehörige veränderte Anlage angegeben (*vgl. Beispiel 4, S. 20*).

Klassische Genetik

An folgendem Beispiel wollen wir eine typische Kreuzung kennenlernen:

Beispiel 4:

Gekreuzt werden **reinerbige Männchen** mit dem Merkmal schwarze Körperfarbe (die schwarze Körperfarbe wird durch den Buchstaben b [für black] abgekürzt) mit **reinerbigen Weibchen** mit der Eigenschaft graubraune Körperfarbe (Wildtyp, wird nach obigen Überlegungen mit b+ abgekürzt).

Erbgut der Eltern: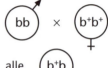

Genotyp der F_1: alle b^+b

Phänotyp der F_1: alle sind graubraun wie der Wildtyp

$F_1 \times F_1$:

Aufgabe

 Führen Sie die Kreuzung der F1-Generation aus Beispiel 4 aus. Verwenden Sie dabei das Rekombinationsquadrat und ermitteln Sie die Zahlenverhältnisse der auftretenden Merkmale im Geno- und Phänotyp.

1.5 Die Rückkreuzung

Bei der Bearbeitung der **zweiten MENDELschen Regel** haben wir festgestellt, dass es zwischen dominant-rezessivem und unvollständig dominantem Erbgang scheinbar Unterschiede bei der Aufspaltung in der F_2-Generation gibt, was vom Phänotyp her betrachtet ja auch tatsächlich so ist (3:1 bzw. 1:2:1).

Erst die Analyse des Genotyps zeigte uns, dass auch beim dominant-rezessiven Erbgang das Zahlenverhältnis im Genotyp 1:2:1 beträgt. Es gibt also Individuen, die sich trotz unterschiedlicher Genausstattung im Phänotyp weitgehend gleichen.

Dem Genetiker stellt sich also die Frage, woher man weiß, ob ein Merkmal homozygot (reinerbig) oder heterozygot (mischerbig) vorliegt. Dies ist besonders deshalb wichtig, um bei Versuchsreihen zu wissen, ob ein Versuchstier bzw. eine Versuchspflanze reinerbig oder mischerbig in Bezug auf ein Merkmal ist.

Durch Versuche haben Genetiker herausgefunden, dass mittels einer sogenannten **Rückkreuzung, d.h. einer Kreuzung mit dem homozygot rezessiven Elter,** das Erbgut auf die obige Fragestellung hin analysiert werden kann.

In einer Weiterführung der letzten Aufgabe mit der Fruchtfliege können wir dies gut erkennen. Ist eine Fruchtfliege in dem dort beschriebenen Erbgang grau, so kann dies genetisch bedeuten, dass sie die Anlage b^+b^+ oder b^+b trägt.

 Die Rückkreuzung bestätigt die Richtigkeit der MENDELschen Annahme, dass bei der Aufspaltung in der F_2-Generation immer ein Zahlenverhältnis von 1:2:1 entsteht.

Klassische Genetik

Aufgabe

Kreuzt man graue Fruchtfliegen mit einem reinerbig rezessiven Partner, also mit einer schwarzen Fruchtfliege, so ergeben sich in der F1-Generation unterschiedliche Zahlenverhältnisse. Führen Sie nachfolgende Kreuzung durch:

a) Was ergibt die Rückkreuzung einer grauen Fruchtfliege, die genetisch b^+b^+ ist, mit bb in der F1-Generation?

b) Zu welcher Aufspaltung der Merkmale kommt es bei der Rückkreuzung mit bb in der F1-Generation, wenn die graue Fruchtfliege mischerbig b^+b ist?

1.6 Überlegungen zur Gültigkeit

Die bisher behandelten MENDELschen Regeln müssen als **Ergebnis der Auswertung von sehr vielen Kreuzungsexperimenten** gesehen werden.

In den Jahren 1900 bis 1925 wurde das zu Beginn beschriebene Experiment MENDELS mit gelben und grünen Erbsensamen von allen namhaften Genetikern nachvollzogen, sodass am Ende ein dokumentiertes Zahlenverhältnis von 153 902 : 51 245 ausgezählten Samen entstand, was der angenommenen **Idealverteilung von 3:1** mit 3,003:1 schon ausgesprochen nahekommt.

Dies bedeutet aber auch, dass einzelne Kreuzungsexperimente mit wenigen Nachkommen **zum Teil erhebliche Abweichungen** von den Regeln zeigen können. Der Genetiker muss deshalb dafür sorgen, dass er bei all seinen Versuchen ausreichend große Zahlen erhält.

Das beginnt schon bei der Auswahl seiner Versuchstiere/-pflanzen, denn Versuchsobjekte sind umso besser geeignet, je schneller und je mehr Nachkommen sie erzeugen.

Dieses statistische Phänomen lässt sich recht einfach durch folgendes Modellexperiment verdeutlichen:

Versuch

Zwei unterschiedliche Münzen stellen die beiden Keimzellen dar:

kleine Samenzelle = 1-Cent-Münze, große Eizelle = 1-Euro-Münze,

wobei die jeweilige „Zahlseite" das Allel A, die „Bildseite" das Allel a bedeuten sollen.
Wirft man eine Münze, so kommt Zahl (A) oder Bild (a) oben zu liegen. Das Gleiche gilt für die andere Münze, und zwar gemäß der Wahrscheinlichkeit von 50 % = $1/2$.
Beide Münzen zusammen simulieren nun den Befruchtungsvorgang. So können grundsätzlich vier unterschiedliche Möglichkeiten mit der statistischen Wahrscheinlichkeit von jeweils 25 % = $1/4$ auftreten:

Klassische Genetik

 Werden nun in mehreren Durchgängen die beiden Münzen geworfen und die auftretenden Kombinationen notiert, so variieren die Zahlenverhältnisse für jeweils 4 Würfe einzeln betrachtet relativ stark (probieren Sie es einmal aus!!).
Nach vielen, z. B. 20, Durchgängen und Zusammenfassung der Einzelergebnisse lassen sich dann allerdings oft schon Annäherungen an die erwarteten statistischen Verhältnisse von 1:2:1 im Genotyp bzw. 3:1 im Phänotyp erreichen.

 Die zweite MENDELsche Regel gilt statistisch und darf bei aller Plausibilität nicht absolut gesehen werden, d. h., sie muss für den Einzelfall nicht unbedingt zutreffen.

2. Die MENDELschen Regeln beim Menschen

Grundsätzlich können wir davon ausgehen, dass beim Menschen die gleichen Gesetzmäßigkeiten zu finden sind wie bei Pflanzen und Tieren. Bei der Analyse von Erbgängen treten beim Menschen allerdings besondere Schwierigkeiten auf (vgl. Kapitel D), da z. B. Kreuzungsexperimente wie bei Pflanzen und Tieren nicht durchführbar sind.

2.1 Das ABO-Blutgruppensystem

Im Jahre 1901 wurden von LANDSTEINER (1868–1944) die unterschiedlichen Blutgruppen beim Menschen entdeckt.

Wir unterscheiden die **vier Blutgruppen A, B, AB und O**. Die Blutgruppenmerkmale sind **umweltstabil** und gehorchen den oben beschriebenen Gesetzmäßigkeiten. Bei der

Vererbung ihrer Anlagen (Gene) handelt es sich um einen **dominant-rezessiven Erbgang: Die Allele A und B verhalten sich gegenüber O dominant.**

Gleichzeitig tritt das Phänomen der **Kodominanz*** auf: Die beiden Allele A und B verhalten sich bei der Vererbung gleichsam dominant und bilden so die Blutgruppe AB.

Eine weitere Besonderheit gegenüber den beschriebenen Erbgängen liegt darin, dass nicht wie bisher zwei, sondern drei unterschiedliche Allele bei der Ausprägung eines Merkmals, hier der Blutgruppeneigenschaften, auftreten (**multiple Allelie***).

Die **Blutgruppenmerkmale** A und B sind durch sogenannte **Antigene*** charakterisiert, die an der Zellmembran der roten Blutkörperchen „sitzen": Die roten Blutkörperchen der Blutgruppe A besitzen die Antigene A, diejenigen der Blutgruppe B die Antigene B, die der Blutgruppe AB die Antigene A und B, die der Blutgruppe O besitzen hingegen keine Antigene.

Den Zusammenhang zwischen Genotyp und Phänotyp der Blutgruppen kann man der nachfolgenden Tabelle entnehmen:

Blutgruppe	Blutgruppenanlage (Allele)
Phänotyp	Genotypen
A	AA oder AO
B	BB oder BO
AB	AB
O	OO

Tabelle:
Genotypen und Phänotypen der Blutgruppen

Wie man leicht erkennt, sind Menschen der **Blutgruppe O und AB** eindeutig definiert, während die Blutgruppen A und B genotypisch durch AA/AO und BB/BO realisiert werden können. Hierauf ist bei den nachfolgenden Beispielen und Aufgaben besonders zu achten.

Da die Blutgruppen zu den umweltstabilen Merkmalen beim Menschen gehören, werden sie oft in der Gerichtsmedizin bei sogenannten Vaterschaftsnachweisen eingesetzt (vgl. Aufgabe B06, B07 und Beispiel 6).

Beispiel 5:
Welche Blutgruppen sind bei Kindern zu erwarten, wenn die Mutter die Blutgruppe AB und der Vater die Blutgruppe B besitzt?

Da unklar ist, ob die Anlagen beim Vater BB oder BO sind, müssen wir zwei Möglichkeiten in Betracht ziehen.

Fall a)

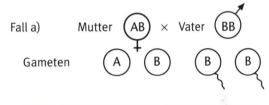

♂ \ ♀	A	B
B	AB	BB
B	AB	BB

Fall b)

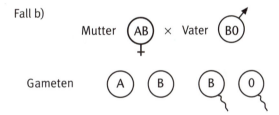

♂ \ ♀	A	B
B	AB	BB
O	AO	BO

Mit Ausnahme der Blutgruppe O können die Kinder dieser Eltern also alle Blutgruppen besitzen: A, B und AB.

Beispiel 6:
Bei einem Vaterschaftsnachweis sind die Blutgruppen der Mutter (O) und des Kindes (B) bekannt. Welche Blutgruppe muss der mögliche Vater besitzen?

Klassische Genetik

Grundüberlegung:
Die Mutter hat die Anlagen OO, sie kann ihrem Kind also nur die Anlage O vererben. Hieraus folgt, dass das Kind die Anlage BO besitzen muss. Die Anlage B muss es also von seinem Vater geerbt haben.

Folgeüberlegung:
Alle Väter, die eine Anlage B vererben können, wären möglich: BO, BB und AB. Ausgeschlossen wären damit Männer, die die Blutgruppen (O) oder (A) tragen.

Aufgaben

 Überlegen Sie, bei welchen Familien begründete Zweifel über den Vater eines Kindes bestehen:

	Mutter	Vater	Kind 1	Kind 2	Kind 3
a)	O	AB	A	B	O
b)	B	A	O	A	B
c)	A	O	A	O	

 In einer Klinik werden in einer Nacht vier Kinder geboren und versehentlich nicht gekennzeichnet. Ihre Blutgruppen waren A, AB, B und O. Die Blutgruppenbestimmung der Eltern ergab Folgendes:

a) O × O;   b) AB × O;   c) A × B;   d) B × B.

Begründen Sie durch Angabe der Genotypen, auf welche Weise die vier Kinder eindeutig den Elternpaaren zugeordnet werden können.

2.2 Die Vererbung des Rhesusfaktors

Der Rhesusfaktor ist neben dem ABO-System eine weitere Blutgruppeneigenschaft. Seinen Namen hat er von den **Rhesusaffen**; bei ihnen wurde er zuerst entdeckt.

In Mitteleuropa sind etwa 85 % der Einwohner **rhesus-positiv** und etwa 15 % **rhesus-negativ**. Dabei verhält sich die rhesus-positive Eigenschaft dominant (**Rh**) gegenüber der rhesus-negativen (**rh**) Eigenschaft und stellt von der Vererbung her betrachtet kein besonderes Problem dar. Allerdings können bei bestimmten Familienkonstellationen Schwierigkeiten auftreten, wenn die Mutter rhesus-negativ ist und rhesus-positive Kinder bekommen.

Beispiel 7:
Eine rhesus-negative Mutter und ein rhesus-positiver Vater haben zwei Kinder, ein rhesus-positives und ein rhesus-negatives. Welche genetischen Anlagen liegen bei den Eltern vor?

Grundüberlegung:
Die Mutter muss die Anlagen rhrh besitzen, da sich rhesus-negativ rezessiv verhält. Der Vater könnte die Anlagen RhRh oder Rhrh haben.

Folgerung:
Das rhesus-negative Kind muss von Mutter und Vater eine rh-Anlage erhalten haben, also kommt für den Vater nur die Anlage Rhrh infrage.

In unserer Beispielaufgabe ist der Vater heterozygot Rhrh und die Wahrscheinlichkeit für rhesus-positive Kinder beträgt statistisch gesehen 50%. Bei reinerbigem Vater wären alle Kinder rhesus-positiv.

Für das erste rhesus-positive Kind einer rhesus-negativen Mutter bestehen noch keine Probleme. Da es beim Geburtsvorgang allerdings oft zu einem Kontakt zwischen kindlichem und mütterlichem Blut kommt, bildet die Mutter **Antikörper*** gegen das kindliche Blut.

Für alle folgenden rhesus-positiven Kinder besteht nun die Gefahr, dass ihr Blut durch die mütterlichen Antikörper geschädigt wird. Bei betroffenen Kindern kommt es dann häufig zu Stoffwechselschäden, z. B. zur Gelbsucht.

Heute ist das Problem medizinisch weitgehend gelöst und stellt somit kaum noch eine Gefahr für Mutter und Kind dar.

Aufgaben

B08 Eine Mutter hat die Blutgruppenmerkmale A/Rh und ein Kind mit den Merkmalen B/Rh. Wer kann der Vater des Kindes sein?
Mann 1: A/rh
Mann 2: B/rh

B09 Vier Kinder sollen aufgrund ihrer Blutgruppen und ihres Rhesusfaktors ihren Eltern zugeordnet werden:

Kind 1:	AB/Rh	Elternpaar 1:	AB/Rh	und	O/Rh
Kind 2:	A/Rh	Elternpaar 2:	A/rh	und	B/rh
Kind 3:	O/Rh	Elternpaar 3:	A/rh	und	B/Rh
Kind 4:	A/rh	Elternpaar 4:	A/Rh	und	O/Rh

2.3 Schmecker

Zum Abschluss erläutern wir noch ein Merkmal, das sehr einfach zu überprüfen ist und häufig im Unterricht vorgestellt wird.

Im Jahre 1931 beobachtete A. L. Fox beim Umfüllen von Phenylthioharnstoff (PTH oder PTC) in seinem Labor, dass sich ein Mitarbeiter über die Bitterkeit des Staubes in der Luft beklagte, die er selbst allerdings nicht schmeckte. Er machte deshalb Experimente mit PTH und konnte feststellen, dass etwa 63% aller Menschen die Fähigkeit haben, PTH als bitter zu schmecken, während etwa 37% sie nicht haben. Da die Schmeckfähigkeit weder vom Alter noch Geschlecht abhängig ist, noch davon, in welcher geografischen Zone man lebt, eignet sie sich gut zum Aufstellen von Stammbäumen.

Verantwortlich für die Wirkung ist eine Erbanlage, von der die Allele T (Schmecker) und t (Nichtschmecker) bekannt sind. Der Erbgang folgt der MENDELschen Regel nach dem Prinzip einer **dominant-rezessiven Vererbung** (vgl. Aufgabe 10).

Neben der oben beschriebenen unterschiedlichen Schmeckfähigkeit, einer physiologischen* Eigenschaft, gibt es auch eine geringe Zahl von relativ unwichtig erscheinenden morphologischen* Merkmalen, bei denen beim Menschen ein **monohybrider* Erbgang** nachgewiesen werden konnte (vgl. hierzu die folgende Tabelle).

Klassische Genetik

Merkmale	rezessiv	dominant
Daumenglied fast rechtwinklig nach hinten biegen	starke Daumenreflexion	normale Daumenreflexion
Behaarung des mittleren Fingergliedes	fehlende Behaarung	vorhandene Behaarung
angewachsenes Ohrläppchen	angewachsen	frei hängend
Urin nimmt nach Spargelgenuss einen auffallenden Geruch an[1]	Geruch auffallend	Geruch unauffällig
Urin verfärbt sich nach dem Genuss von roten Rüben rotbraun[2]	keine Verfärbung	Verfärbung rotbraun

Tabelle:
Weitere einfache morphologische und physiologische Merkmale beim Menschen ([1] ist auf das Ausscheiden von Methylmerkaptan, [2] des Farbstoffes Betamin zurückzuführen)

Genauere Untersuchungen haben gezeigt, dass häufig kein deutlich alternierendes Merkmal vorliegt, sondern eine kontinuierliche Variabilität existiert (*vgl. Kap. A*).

Aufgaben

B10 Wie ist es möglich, dass zwei Schmecker-Eltern ein Nichtschmecker-Kind bekommen?

B11 Versuchen Sie bei dem nachfolgenden Modellstammbaum zur Schmeckfähigkeit die Genotypen zu erschließen.
Dargestellt sind die Phänotypen, wobei ausgefüllte Symbole die Fähigkeit, nicht ausgefüllte die Unfähigkeit des Schmeckens bedeuten. Das Symbol ♂ steht für männliche Individuen, das Symbol ♀ für weibliche.

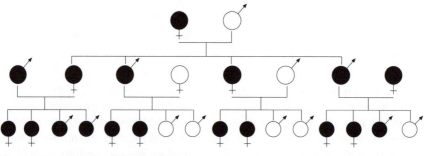

Modellstammbaum zur Schmeckfähigkeit

Klassische Genetik

3. Die dritte MENDELsche Regel

Bisher haben wir Beispiele von Erbgängen beschrieben, bei denen sich die Eltern nur in Bezug auf ein Merkmalspaar unterschieden haben. Schon MENDEL hat sich bei seinen Kreuzungsexperimenten mit der Gartenerbse allerdings nicht hierauf beschränkt, sondern seine Untersuchungen auf zwei und mehr Merkmalspaare ausgedehnt, wobei er der Frage nachgegangen ist, ob seine gewonnenen Erkenntnisse auch dann noch Gültigkeit haben.

Vollziehen wir die Gedanken MENDELS nach:

Beispiel 8:
Beim Meerschweinchen (*Cavia porcellus*) prägen sich die Erbanlagen für die Merkmale schwarze Fellfärbung und Kraushaarigkeit gegenüber den Merkmalen weiße Fellfärbung und Glatthaarigkeit immer aus (**Dominanz**). Als Symbole benutzen wir:

schwarze Fellfärbung (S)
kraushaarig (K)

weiße Fellfärbung (w)
glatthaarig (g)

Wir kreuzen nun schwarz-kraushaarige Meerschweinchen mit weißen glatthaarigen Tieren. Die **Parentalgeneration*** sieht demnach wie folgt aus:

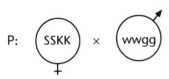

P: SSKK × wwgg

Gehen wir davon aus, dass jedes Individuum der F_1-Generation von jedem Elter ein **Farbmerkmal** (S oder w) und ein **Formmerkmal** (K oder g) erhalten muss, so ergibt sich folgende Verteilung der Anlagen in den Gameten:

Der Elter I gibt immer die Merkmale S und K weiter, der Elter II die Merkmale w und g.

Nach dem Rekombinationsquadrat ergeben sich in der F_1-Generation folgende Nachkommen:

Gameten:

SK × wg

♂ \ ♀	SK	SK
wg	SwKg	SwKg
wg	SwKg	SwKg

Wie wir sehen, hat auch in diesem Fall die **Uniformitätsregel** Gültigkeit:
Alle Nachkommen sind im Phänotyp einheitlich schwarz-kraushaarig.

Kreuzt man nun die F_1-Tiere untereinander weiter:

$F_1 \times F_1$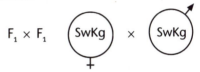

SwKg × SwKg

so muss auch diesmal bei der Geschlechtszellenbildung **je eine Anlage für Farbe und Form der Haare** weitergegeben werden. Da es keine „Vorschrift" für die Kombination der beiden Anlagen gibt, muss nun jede mögliche Kombination berücksichtigt werden.

Jeder Elter der F1-Generation kann also Gameten mit folgenden Anlagenkombinationen bilden:

SK   Sg   wK   wg

Auch das Rekombinationsquadrat muss nun deutlich erweitert werden, um alle möglichen Kombinationen der vier verschiedenen Gameten zu berücksichtigen (*vgl. Abb. S. 28*): Auf der Diagonalen finden wir (von links nach rechts gelesen) die doppelt homozygoten Tiere, worunter zwei vorher noch nicht vorkommende reinerbige Individuen zu finden sind: ein homozygot schwarzes glatthaariges und ein homozygot weiß-kraushaariges Tier.

Wenn man die Dominanz von S und K gegenüber w und g berücksichtigt, sehen die Tiere phänotypisch folgendermaßen aus:

Klassische Genetik

♂ \ ♀	SK	wK	Sg	wg
SK	SSKK	SwKK	SSgK	SwgK
wK	SwKK	wwKK	SwgK	wwgK
Sg	SSgK	SwgK	SSgg	Swgg
wg	SwgK	wwgK	Swgg	wwgg

Meerschweinchen, Phänotypen (unter den Abbildungen jeweils die Genotypen)

In der F_2-Generation ergibt sich demnach eine Aufspaltung der Merkmalskombinationen im Verhältnis

$$9:3:3:1.$$

Die in unserem Beispiel gefundene Gesetzmäßigkeit veranlasste MENDEL zur Formulierung seiner 3. Regel, der **Regel von der freien Kombinierbarkeit**, auch **Unabhängigkeitsregel** genannt:

> Bei der Kreuzung von reinerbigen Individuen, die sich in zwei oder mehr Merkmalen unterscheiden, spalten sich die Merkmale unabhängig voneinander auf und können frei kombiniert werden. In der F_2-Generation treten dem Zufall gemäß alle möglichen Kombinationen der Merkmale in bestimmten Zahlenverhältnissen auf (genotypisch: 4:2:2:2:2:1:1:1:1; beim dominant-rezessiven Erbgang phänotypisch: 9:3:3:1).

Bei dem eben beschriebenen **dihybriden Erbgang** erhalten wir gegenüber einem monohybriden Erbgang, bei dem 3 Genotypen in der F_2-Generation auftreten, 9 Genotypen.

An einem Beispiel aus der Humangenetik (vgl. Kap. D) vertiefen wir das bisher Beschriebene nochmals. Wir nutzen die Phänomene der PTH-Schmeckfähigkeit und Methylmerkaptan-Ausscheidung (beachten Sie die auf S. 26 formulierten Einschränkungen).

Die Zahl der Kombinationsmöglichkeiten in der F_2-Generation wächst ungeheuer schnell. Sie liegt bei einem **trihybriden** (von drei unabhängigen Merkmalspaaren ausgehenden) Erbgang schon bei 64, bei zehn Merkmalspaaren bereits bei über einer Million. Berechnet wird dies nach der Formel $(2^n)^2$, wobei n für die Anzahl der Merkmalspaare steht. So ist es verständlich, dass genetische Analysen auf den bisher beschriebenen Grundlagen wegen der nötigen sehr großen Individuenzahlen kaum noch durchführbar sind.

Aufgaben

B12 Bitte vervollständigen Sie das nachfolgende Schema eines dihybriden Erbganges:

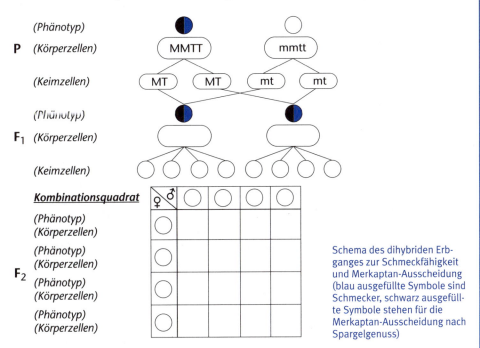

Schema des dihybriden Erbganges zur Schmeckfähigkeit und Merkaptan-Ausscheidung (blau ausgefüllte Symbole sind Schmecker, schwarz ausgefüllte Symbole stehen für die Merkaptan-Ausscheidung nach Spargelgenuss)

B13 Beim Löwenmäulchen (*Antirrhinum majus*) verhalten sich die Anlagen rote Blütenfarbe und zygomorphe* Blütenform (d. h. Blüten mit nur einer Symmetrieebene) dominant gegenüber den Anlagen weiße Blütenfarbe und radiäre Blütenform. Kreuzen Sie rot blühend radiäre Löwenmäulchen mit weiß blühend zygomorphen Pflanzen und erstellen Sie entsprechende Kreuzungsschemata.

B14 Für die Spezialisten eine Aufgabe mit drei Merkmalspaaren:

Kreuzen Sie zwei Rinder mit den Merkmalen

Merkmal	Kuh	Stier
Fellfarbe	WW (weiß)	ww (schwarz)
Fellart	GG (glatt)	gg (kraushaarig)
Felllänge	LL (lang)	KK (kurz)

Bei Fellfarbe und Fellart handelt es sich um einen dominant-rezessiven Erbgang, während die Felllänge unvollständig dominant vererbt wird. Stellen Sie den Kreuzungsansatz dar.

4. Genkopplung

Bei allen bisher durchgeführten Kreuzungen sind wir immer davon ausgegangen – und nur dann gelten die MENDELschen Regeln in der dargestellten Form –, dass die betrachteten Merkmalspaare auch tatsächlich **frei kombinierbar** sind, d. h. alle denkbaren Kombinationsmöglichkeiten auch tatsächlich auftreten. Dies ist in der Realität allerdings häufig nicht der Fall. Hier treten oft gekoppelte Merkmale auf und eine freie Kombination ist nicht mehr gewährleistet.

An einem Beispiel wollen wir das Phänomen zunächst einmal verdeutlichen; es ist das gleiche, das den amerikanischen Biologen MORGAN und seine Mitarbeiter auf die sogenannte **Genkopplung** aufmerksam machte.

Beispiel 9:
MORGAN kreuzte die Wildform der Fruchtfliege mit Fliegen, die schwarz (b) und stummelflügelig (vg = vestigial) waren. Die Färbung des Wildtyps ist graubraun (b^+), er hat normal lange Flügel (vg^+).

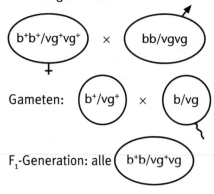

Alle Nachkommen waren – wie zu erwarten – entsprechend der ersten MENDELschen Regel uniform. Sie entsprachen alle phänotypisch dem Wildtyp, dessen Anlagen dominant sind, waren also graubraun und normalflügelig.

Kreuzt man nun die F_1-Tiere untereinander, kam es allerdings zu einer Überraschung: Das nach der dritten MENDELschen Regel bei einem dihybriden Erbgang zu erwartende Aufspaltungsverhältnis von 9 : 3 : 3 : 1 trat nicht ein. Vielmehr erhielt MORGAN ein **Verhältnis von**

$$3 : 1$$

des Wildtyps (graubraun/normalflügelig) gegenüber Fliegen, die schwarz/stummelflügelig waren. Er erhielt also die beiden Phänotypen der Parentalgeneration.

MORGAN schloss daraus, dass die F_1-Tiere nicht – wie beim dihybriden Erbgang eigentlich zu erwarten war – vier verschiedene Keimzellsorten gebildet hatten, sondern nur zwei unterschiedliche. Die **freie Kombinierbarkeit galt hier also nicht**, die Anlagen b^+/vg^+ und die Anlagen b/vg wurden gemeinsam vererbt.

Er bezeichnete dieses Phänomen als **Genkopplung**; die beiden Anlagen bilden eine Kopplungsgruppe, die wir durch einen Strich symbolisieren. Mit dieser Annahme lässt sich das obige Ergebnis folgendermaßen erklären:

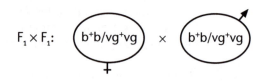

Da b^+/vg^+ und b/vg gekoppelt sind, können jeweils **nur zwei unterschiedliche Gameten** gebildet werden:

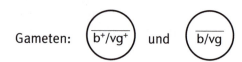

Im Rekombinationsquadrat ergibt sich:

♂ \ ♀	b⁺/vg⁺	b/vg
b⁺/vg⁺	b⁺b⁺/vg⁺vg⁺	b⁺b/vg⁺vg
b/vg	b⁺b/vg⁺vg	bb/vgvg

Dieses Ergebnis entspricht genotypisch einer Aufspaltung von 1 : 2 : 1 und phänotypisch dem Ergebnis aus MORGANS Kreuzungsexperiment von 3 : 1 (vgl. hierzu auch Kap. C.3.3).

Liegen Anlagen gekoppelt vor, gilt die dritte MENDELsche Regel nicht:

- Gekoppelte Anlagen werden gemeinsam weitergegeben.
- In der F_2-Generation erfolgt bei dihybridem Erbgang eine genotypische Aufspaltung von 1 : 2 : 1.

5. Abweichungen von den MENDELschen Regeln

Gerade haben wir schon ein Beispiel kennengelernt, bei dem die vorher besprochenen Gesetzmäßigkeiten nur noch bedingt Geltung hatten.
Bisher sind wir von zwei unausgesprochenen Grundsätzen ausgegangen:

- dass die betrachteten **Merkmale frei kombinierbar** sind (Ausnahme: Genkopplung),
- dass jedem Merkmal eine Erbanlage zugeordnet werden kann (wir sprechen auch von **Ein-Gen-ein-Phän-Beziehungen**).

Schon bald zeigte sich jedoch, dass solch einfache Beziehungen eher die Ausnahme als die Regel darstellen. Sie sind quasi die „einzelne Rosine im großen Hefekuchen".

Viel häufiger müssen wir davon ausgehen, dass die Ausbildung eines Merkmals entweder von mehreren Genen abhängig ist (**Polygenie***) oder ein einzelnes Gen in die unterschiedlichsten Vorgänge eingreift und mithin ausgesprochen komplexe phänotypische Wirkungen erzeugt (**Polyphänie***).

5.1 Polygenie

Genetische Analysen haben gezeigt, dass die meisten physiologisch-morphologischen Merkmale auf dem Zusammenspiel der unterschiedlichsten Erbanlagen beruhen (**multifaktorielle Vererbung**). Dies gilt natürlich besonders dann, wenn das betrachtete Merkmal selbst von sehr komplexer Natur ist, wie das für Merkmale wie Hautfarbe, Haarfarbe, Wuchsform oder Körpergröße der Fall ist. Grundsätzlich lassen sich zwei unterschiedliche Wirkmechanismen modellhaft herausstellen:

- **Komplementäre Polygenie**

Als Beispiel aus der Humangenetik kann hier die **Bluterkrankheit** genannt werden.

Die **Blutgerinnung** ist von einer Vielzahl von unterschiedlichen Faktoren abhängig (vgl. Abb. S. 32). Fehlt allerdings ein einziger Faktor, so kommt es zum Phänomen der Bluterkrankheit.

Die an der normalen Blutgerinnung beteiligten Faktoren können ihrerseits wieder auf eine Vielzahl von Genen zurückgeführt werden. Alle Gene müssen sich **ergänzen**, um das entsprechende Merkmal ungestört hervorzubringen. Fällt ein Gen mit Schlüsselfunktion aus, dann kommt es bei der komplementären Polygenie zum **Ausfall des gesamten Merkmals**. Das folgende Schaubild soll diesen Sachverhalt verkürzt und einprägsam darstellen:

Klassische Genetik

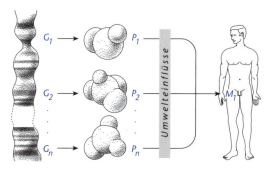

Schema zur komplementären Polygenie; G_1 bis G_n = Gene; P_1 bis P_n = Proteine; M = sichtbares Merkmal

Beispiel 10:
Kreuzt man Hühner untereinander, bei denen ein Huhn gefiederte Füße hat, das andere bezüglich dieses Merkmals normal ist, so erhält man in der F_1-Generation nur Tiere mit normalen Füßen, ganz den Erwartungen nach der Uniformitätsregel entsprechend.

Kreuzt man nun die F_1-Tiere untereinander weiter, so erhält man erstaunlicherweise eine Aufspaltung von 15 : 1, Hühner mit normalen Füßen zu Hühnern mit gefiederten Füßen.

Diese Erscheinung ist mithilfe der komplementären Polygenie zu erklären, indem man davon ausgeht, dass gefiederte Füße nur dann entstehen, wenn zwei rezessive Anlagen homozygot vorliegen und zusammenwirken.

Ein Beispiel aus der Tierzucht soll die Wirkungsweise der Gene bei komplementärer Polygenie nochmals verdeutlichen:

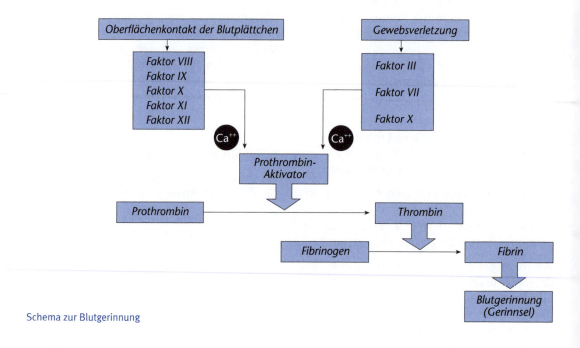

Schema zur Blutgerinnung

Aufgabe

 Kreuzen Sie die F_1-Tiere aus Beispiel 10 wie dort beschrieben weiter und ermitteln Sie die entsprechenden Geno- und Phänotypen.

Die Kreuzung könnte also folgendermaßen aussehen:

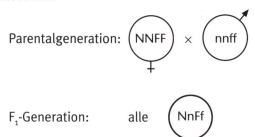

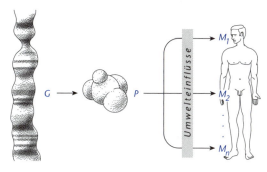

Schema zur Polyphänie (Pleiotropie)

- **Additive Polygenie (Polymerie)**

Ein anderes Phänomen begegnet uns z. B. bei der **Vererbung der Hautfarbe**. Bei ihr treffen wir auf fließende Übergänge zwischen den einzelnen Ausprägungen bei unterschiedlichen Individuen. Dies kommt zustande, weil sich mehrere Erbanlagen mit geringer spezifischer Wirksamkeit bei der Ausbildung des Merkmals additiv verstärken.

G. und C. DAVENPORT untersuchten im Jahr 1910 die Hautfarbe von Mischlingen zwischen Schwarzen und Weißen in Jamaika und auf den Bermudas. Sie stellten die Hypothese auf, dass bei der Hautfarbe zwei Genpaare mit gleichsinniger Wirkung, die sich zueinander unvollständig dominant verhalten, für die Ausprägung verantwortlich sind.

Bezeichnen wir die beiden Gene, die pigmentverstärkend wirken, mit S_1 und S_2, so können wir die aufhellenden Anlagen mit W_1 und W_2 bezeichnen. Ein „rein weißer" Mensch wäre dann durch den Genotyp $W_1W_1W_2W_2$ und ein „rein schwarzer" Mensch durch den Genotyp $S_1S_1S_2S_2$ charakterisiert.

5.2 Polyphänie (Pleiotropie*)

Einzelne Erbanlagen beeinflussen häufig nicht nur ein Phän, sondern greifen in die unterschiedlichsten physiologischen Vorgänge ein, was dann zu mehreren sichtbaren Merkmalen führt. Derartige Gene heißen **polyphän***, und natürlich wirken bei der endgültigen Ausprägung des Merkmals auch hier die unterschiedlichsten Umwelteinflüsse zusätzlich mit:

Die rezessiv erbliche Stoffwechselkrankheit **Phenylketonurie (PKU)** kann die Zusammenhänge verdeutlichen:

Homozygote Träger der Erbanlagen haben kein funktionsfähiges Gen zur Synthese des Enzyms Phenylalaninhydroxylase. Dieses Enzym wandelt beim gesunden Menschen die Aminosäure Phenylalanin in die Aminosäure Tyrosin um (*vgl. dazu auch Kap. F.4.1.2*).

Ist das Enzym nicht vorhanden, steigt die Konzentration an Phenylalanin im Blut drastisch an (bis zum ca. 30-Fachen des Normalwertes), was die unterschiedlichsten Auswirkungen auf den gesamten Stoffwechsel hat:

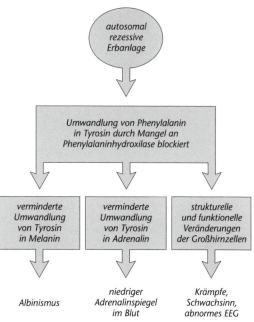

Polyphäne Wirkungsweise des funktionsgestörten Gens für das Enzym Phenylalaninhydroxylase

Das folgenschwerste Symptom beruht darauf, dass die Phenylbrenztraubensäure ins Gehirn gelangt und die Nervenzellen schädigt, was zu leichtem bis schwerem Schwachsinn führen kann.

PKU-Kinder kommen mit einer Häufigkeit von etwa 1:10 000 zur Welt und zeigen zunächst noch keine Schädigung, da sie am Stoffwechsel ihrer Mütter angebunden waren. Die Stoffwechselstörung setzt erst nach und nach ein. Wird die Störung rechtzeitig erkannt, so kann durch eine **phenylalaninarme und tyrosinreiche Diät** in den ersten Lebensjahren – bis das Zentralnervensystem vollständig entwickelt ist – eine körperliche und geistige Fehlentwicklung weitgehend verhindert werden. Da die Frühdiagnose recht einfach ist, kommt es heute kaum noch zu Erkrankungen.

6. Zusammenfassung

Die „klassische Genetik" beginnt mit den drei Regeln, die erstmals 1866 von Gregor Mendel in Experimenten mit der Gartenerbse aufgedeckt wurden: der **Uniformitäts-**, der **Spaltungs-** und der **Unabhängigkeitsregel**.

Die gewonnenen Gesetzmäßigkeiten sind **statistische Aussagen**, d. h., sie gelten umso eher, je größer die Anzahl der untersuchten Organismen ist, und umgekehrt (Problem des Stichprobenumfangs in der mathematischen Statistik!).

Die Regeln treffen nur zu, wenn die Merkmale und damit die zugrunde liegenden Anlagen, die Gene, **frei kombinierbar** sind und sogenannte Ein-Gen-ein-Phän-Beziehungen bestehen.

Normalerweise trifft die letzte Aussage für reale Erbgänge nicht zu: Einerseits ist die freie Kombinierbarkeit stark eingeschränkt – andererseits besteht keine alternative Merkmalsvariabilität.

Hängt die Ausprägung eines Merkmals von mehreren Genen ab, so sprechen wir von **komplementärer** oder **additiver Polygenie**.

Greift ein Gen in verschiedene Entwicklungsvorgänge ein und ist damit an der Ausbildung von unterschiedlichen phänotypischen Merkmalen beteiligt, so sprechen wir von **Polyphänie** (Pleiotropie).

Chromosomen und Vererbung

1. Die Bedeutung des Zellkerns

Der Zellkern hebt sich lichtmikroskopisch deutlich vom übrigen Zellplasma ab. Er ist in Form und Größe ausgesprochen vielgestaltig, bei höheren Organismen jedoch weitgehend kugelförmig und enthält nahezu die gesamte genetische Information. In „normalen" Zellen, d. h. Zellen, die sich nicht gerade in Teilung befinden – auch **Arbeits- oder Interphasezellen** genannt –, ist er als körnige (granulierte) Struktur im Innern des Zellplasmas sichtbar und lässt sich durch spezielle Färbetechniken zusätzlich herausheben.

Am nachfolgenden Beispiel soll die grundsätzliche Bedeutung des Zellkerns als Träger der genetischen Information herausgestellt werden:

Acetabularia ist eine einzellige Grünalge, die man im Mittelmeer findet. Transplantiert man das Mittelstück (den Stängel) einer Alge der Art *Acetabularia mediterranea* auf ein „Fußstück" (die Wurzel) einer Alge der Art *Acetabularia wettsteinii* mit dem darin enthaltenen Zellkern, so bildet die so entstandene „neue" Alge den Schirm der *Acetabularia wettsteinii*-Form aus.

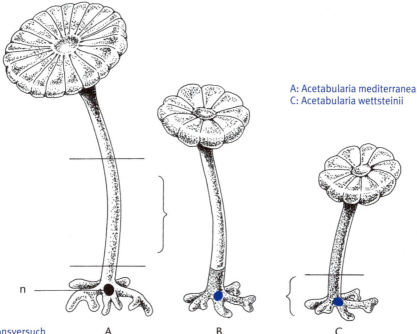

A: Acetabularia mediterranea
C: Acetabularia wettsteinii

Transplantationsversuch   A   B   C

Chromosomen und Vererbung

Bevor wir uns nun der Zellteilung zuwenden, wollen wir uns zumindest noch eine kleine Vorstellung von den Dimensionen erarbeiten, mit denen wir es ab jetzt zu tun haben werden!

Aufgaben

 Beschreiben und interpretieren Sie den nachfolgend dargestellten Zerteilungsversuch mit einem Einzeller (Amöbe).

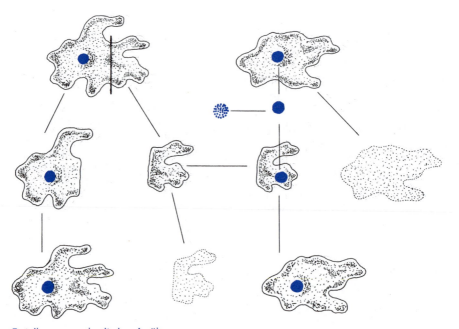

Zerteilungsversuch mit einer Amöbe

 Als Mittelwert der Messung der Kerndurchmesser von menschlichen Zellkernen hat sich eine Länge von 7,5 μm ergeben (1 μm = $^1/_{1000}$ mm):

a) Berechnen Sie das Kernvolumen ($I = ^4/_3 \pi r^3$).

b) Kalkulieren Sie: In wie vielen Stecknadelköpfen von 5 mm Durchmesser kann die genetische Information für rund 6 Mrd. Menschen (Prognose für das Jahr 2000) untergebracht werden? Berücksichtigen Sie: Auch Zellkerne bestehen aus ca. 90% Wasser; dieses kommt als Informationsträger natürlich nicht infrage!

2. Zelldynamik und Zellteilung (Mitose)

Jeder erwachsene Mensch besteht aus rund 60 Billionen Zellen. Diese Zellen eines menschlichen Körpers sind durch **Zellteilungen** aus einer einzigen Eizelle hervorgegangen. Aber auch im Erwachsenenstadium sind ständige weitere Zellteilungen erforderlich, um den natürlichen Verschleiß zu ersetzen. Das gilt für alle vielzelligen Organismen.

Die **Teilungshäufigkeit** verschiedenartiger Zelltypen ist dabei unterschiedlich. Nerven- und Skelettmuskelzellen vermehren sich überhaupt nicht mehr, ihr Verschleiß ist sehr gering. Leberzellen erneuern sich normalerweise ein- bis zweimal pro Jahr, manche Darmepithelzellen verdoppeln sich sogar mehrmals pro Tag, um so für die ständige Erneuerung der Darminnenwand zu sorgen. Andere Zellen liegen in ihrem Teilungsverhalten irgendwo zwischen diesen Extremen, können allerdings durch innere Faktoren (Hormone) und äußere Einflüsse zu erhöhten Teilungsfolgen gebracht werden.

Da alle vielzelligen Lebewesen ursprünglich jeweils aus einer einzigen befruchteten Eizelle (**Zygote**) hervorgegangen sind, muss es einen Mechanismus geben, der die **Vermehrung** der Zellen und damit **Wachstum** ermöglicht. Die einzelne Zelle löst dieses Problem auf scheinbar sehr einfache Weise: Sie teilt sich in zwei **Tochterzellen**. Dieser Vorgang lässt sich auch bei Einzellern gut beobachten: Diese teilen sich einfach in der Mitte durch und haben sich damit verdoppelt.

Die Verdopplung der meisten Zellbestandteile benötigt dabei keine genaue Steuerung. Wenn es von Zellorganellen oder bestimmten Molekülen eine große Anzahl gibt, reicht es in der Regel aus, wenn sich ihre Zahl in jedem Teilungszyklus annähernd verdoppelt und der Zellinhalt bei der Durchtrennung in zwei etwa gleich große Tochterzellen aufgeteilt wird. Das Problem besteht darin, dass die neu gebildeten Zellen auch wirklich das gleiche Erbgut wie die Mutterzelle besitzen, also **genetisch identisch** sind. Deshalb muss die Erbsubstanz (die DNA, *vgl. Kap. F*) exakt verdoppelt werden, um genau auf die beiden neuen Zellen aufgeteilt zu werden.

2.1 Der Zellzyklus

Betrachtet man das Leben einer Zelle als eine Abfolge von immer wiederkehrenden Vorgängen, so kann man zwei Zyklen unterscheiden: den **zytoplasmatischen Zyklus** und den **Chromosomenzyklus**.

- Der zytoplasmatische Zyklus besteht aus dem **Zellwachstum** – der Vermehrung aller zytoplasmatischen Strukturen – und der **Zytokinese*** – der Durchtrennung der Zelle bei der Teilung.

- Der Chromosomenzyklus besteht aus der **Synthesephase** und der **Mitose***. In der Synthesephase wird das Erbgut (die DNA) verdoppelt. Die Mitose hingegen entspricht dem Vorgang, der letztlich zur Auftrennung und Verteilung des Erbgutes auf die beiden Tochterzellen führt.

Der Zellkern ist als deutlich abgegrenzte Struktur im Innern der Zellen schon mit dem Lichtmikroskop gut zu erkennen. Auch die Zellteilung lässt sich lichtmikroskopisch gut verfolgen.

In der Mitose wird sogar das Erbgut sichtbar: Der Zellkerninhalt verdichtet sich und kondensiert zu den sogenannten **Chromosomen*** (*vgl. Abb. auf S. 46*).

Die **Anzahl** der Chromosomen in den Zellkernen von Pflanzen und Tieren ist sehr unterschiedlich: Die Fruchtfliege besitzt 8, die Erbse 14, die Katze 34, der Hund 78, der Karpfen 104 und die Natterzunge, eine Farnpflanze, sogar 512 Chromosomen. Der Mensch verfügt normalerweise über 46 Chromosomen in jeder seiner Körperzellen.

Durch einen koordinierten Bewegungsablauf werden die Chromosomen exakt auf die beiden neu entstandenen Tochterzellen verteilt.

Chromosomen und Vererbung

Normalerweise schließt sich an diese Verteilung der Chromosomen die **Zytokinese** direkt an; es entstehen zwei neue Zellen.

Im Lebenszyklus einer Zelle stellen Mitose und Zytokinese allerdings meist nur einen sehr kurzen Abschnitt dar: die **M-Phase (Mitose-Phase)**. Die weitaus längste Zeit befindet sich die Zelle im Stadium der sogenannten **Interphase**, die im lichtmikroskopischen Bild ruhig und ereignislos erscheint. Tatsächlich läuft in dieser Phase eine Vielzahl von unterschiedlichen Prozessen ab: Der Zellkern geht seiner **Steuerungsfunktion** nach, koordiniert alle physiologischen Vorgänge in der Zelle und bereitet die Zelle auf die nächste Zellteilung vor (*vgl. dazu vor allem Kap. F*).

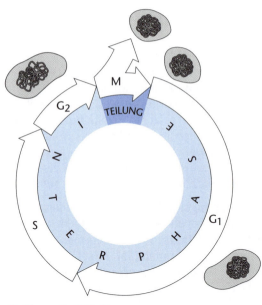

Die Phasen des Zellzyklus

2.2 Die Abschnitte der Interphase

Das Erbgut (die DNA) wird in den meisten untersuchten Zellen nur in einem bestimmten Zeitabschnitt während der Interphase verdoppelt (repliziert); diese Phase wird als **S-Phase (Synthese-Phase)** bezeichnet.

Zwischen dem Ende der M-Phase mit der vollzogenen Zelldurchtrennung in der Zytokinese und dem Beginn der Synthese-Phase befindet sich die Zelle in einer „Arbeitsphase", die – etwas verwirrend – als G_1-**Phase** (*G = gap*; engl. *Lücke*) bezeichnet wird.

Ein ähnlicher Abschnitt existiert meist auch zwischen dem Ende der S-Phase und dem Beginn der nächsten M-Phase. Dieser Zeitabschnitt wird als G_2-**Phase** bezeichnet.

Die gesamte **Interphase, bestehend aus G_1 + S + G_2**, macht zeitlich oft **mehr als 90% des Zellzyklus** aus. Bei sich schnell teilenden Zellen höherer Lebewesen dauert die M-Phase ca. 1 bis 2 Stunden. In der M-Phase ist das Erbmaterial innerhalb der Chromosomen so stark kondensiert, dass der Zellstoffwechsel nicht gesteuert werden kann.

Besonders die G_1-Phase kann extrem lang sein. Die Zellen scheinen dann vollständig zu ruhen und überhaupt keinen Vermehrungszyklus mehr zu durchlaufen.

2.3 Der Ablauf der Mitose

	Mikrofoto	Zeichnung	Schema
a) Interphase			Chromosomen noch nicht sichtbar – Chromatingerüst
b) Prophase			
c) Metaphase			
d) Anaphase			
e) Telophase			

Ablauf der Mitose im Schema; links: Mikrofotos, Mitte: Zeichnungen, rechts: Schemata; a) Interphase, b) Prophase, c) Metaphase, d) Anaphase, e) Telophase
(Ausführliche Informationen zum Ablauf der Mitose finden Sie in der mentor Abiturhilfe Zellbiologie.)

Chromosomen und Vererbung

3. Geschlechtliche Vererbung

3.1 Die Reifeteilung (Meiose)

3.1.1 Der Ablauf der Meiose

Organismen mit sexueller Fortpflanzung entstehen aus der **Verschmelzung von zwei Geschlechtszellen** oder Gameten: Ei- und Samenzelle.

Beide Geschlechtszellen enthalten die vollständige genetische Information (*vgl. Kap. B*), d. h., die beiden Chromosomensätze von Ei- und Spermazelle liegen **in der Zygote addiert** vor. Wir sprechen von einem **diploiden*** oder doppelten **Chromosomensatz**. Haben die Gameten z. B. 23 Chromosomen (wie beim Menschen), so verfügt der neu entstehende Organismus über 46 Chromosomen (2 × 23). Durch **mitotische Teilungen** bleibt diese Chromosomenzahl stetig erhalten: Die Zellen bleiben diploid, sodass am Ende der Entwicklung alle Körperzellen 46 Chromosomen enthalten.

Würden über diesen Vorgang der Mitose auch die **Geschlechtszellen** gebildet, so enthielten auch diese 46 Chromosomen, wären also ebenfalls diploid; bei einer erneuten Verschmelzung entstünden Zygoten mit 92 Chromosomen. Schon nach wenigen Generationen wäre die Chromosomenzahl ins Unermessliche angestiegen. Es stellt sich also die Frage, wie dieses „Dilemma" gelöst ist.

Die ökonomischste – und in der Natur auch verwirklichte – Lösung drängt sich förmlich auf: Es müsste in jeder Generation einmal zu einer **Halbierung des diploiden Chromosomensatzes** kommen, um die ursprünglich in den Ei- bzw. Samenzellen vorhandene Chromosomenzahl wiederherzustellen. Diese Halbierung des diploiden Chromosomensatzes findet tatsächlich bei den meisten Organismen während der Bildung der Geschlechtszellen statt. Sie wird **Meiose*** genannt.

Für den Menschen bedeutet dies: Mann und Frau besitzen in allen „normalen Zellen" den diploiden Chromosomensatz mit 46 Chromosomen. Werden Ei- und Spermienzelle gebildet, so erfolgt eine Reduktion auf 23 Chromosomen:

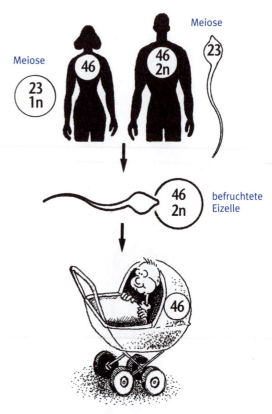

Meiose beim Menschen

> **Definition** Die Meiose ist eine Zellkernteilung, bei der der diploide Chromosomensatz (2n) auf den haploiden (1n) der Keimzellen reduziert wird.

Damit ist das Problem allerdings noch nicht vollständig gelöst, denn bei der Halbierung muss zusätzlich sichergestellt werden, dass jede Geschlechtszelle nicht irgendwelche beliebigen Chromosomen erhält, sondern von jeder „ursprünglichen" Sorte genau eins. Das eigentliche Problem bei der Meiose ist also, nach welchem Prinzip die **Verteilung der Chromosomen** erfolgt.

Im diploiden Chromosomensatz gibt es zu jedem Chromosom aus der ursprünglichen Eizelle ein nach Aussehen (Form, Muster etc.) quantitativ gleiches Chromosom aus der ursprünglichen Samenzelle. **Quantitativ** bedeutet hierbei, dass beide Chromosomen am gleichen „Ort" z. B. die Erbinformation Blütenfarbe oder Samenfarbe enthalten. Diese kann jedoch **qualitativ** unterschiedlich sein, d. h., ein Chromosom kann blonde Haarfarbe und das andere schwarze Haarfarbe determinieren:

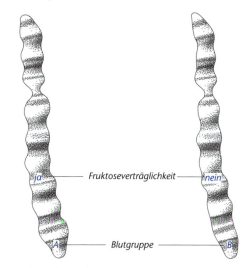

Homologe Chromosomen am Beispiel des Chromosoms Nr. 9 mit unterschiedlicher genetischer Determination beim Menschen

> **Definition** Chromosomen, die quantitativ die gleichen Erbinformationen enthalten, nennt man **homolog***. Meist sind von jedem Chromosom zwei homologe Exemplare im Zellkern vorhanden.

Die Meiose muss also gewährleisten, dass die homologen Chromosomen so verteilt werden, dass am Ende der Teilung jede Geschlechtszelle von jeder „Chromosomensorte" genau ein Chromosom enthält.

Nach diesen Grundüberlegungen wollen wir uns im Detail ansehen, wie das Problem von der Natur gelöst wurde!

Auch am Anfang der Meiose steht zunächst eine identische Replikation des genetischen Materials, sodass der diploide Chromosomensatz nun **vierfach (4n)** vorliegt: Alle Chromosomen liegen in der sogenannten Zweichromatid-Form vor und sind doppelt vorhanden. Um zu haploiden Chromosomensätzen (1n) zu kommen, müssen also **zwei Teilungsschritte** unmittelbar aufeinanderfolgen; nur unter dieser Voraussetzung entstehen **vier haploide Zellen**.

Wir veranschaulichen den Ablauf in dreifacher Weise: an Mikrofotos aus der Pollenbildung bei der Königslilie (*Lilium regale*; Abb. S. 42, links), anhand von Zeichnungen aus der Meiose bei *Drosophila melanogaster* (Abb. S. 42, Mitte) und bei einem theoretischen Organismus mit nur 2×2 homologen Chromosomen (n = 2, diploider Chromosomensatz = 4, Abb. S. 42, rechts). Die homologen Chromosomen sind in Größe und Form gleich gezeichnet, die hellen stellen dabei die Chromosomen aus der ursprünglichen Eizelle, die schwarz gefärbten diejenigen aus der ursprünglichen Samenzelle dar.

Chromosomen und Vererbung

	Mikrofoto	Zeichnung	Schema
a) Prophase I			
b) Metaphase I			
c) Anaphase I			
d) Prophase II			
e) Anaphase II			
f) Telophase II			

Ablauf der Meiose im Schema; links: Mikrofotos der Pollenbildung bei Lilium regale, Mitte: Zeichnungen, rechts: Schemata; a) Prophase I, b) Metaphase I, c) Anaphase I, d) Prophase II, e) Anaphase II, f) Telophase II

- In der **Interphase** findet – wie bei der Mitose auch – die **identische Replikation** statt (*hier nicht dargestellt, vgl. Abb. a), S. 39*).

- Danach erfolgt die sogenannte **1. Reifeteilung**: Sie beginnt wie die Mitose auch mit einer **Prophase I**, in der die Chromosomen sichtbar werden. Allerdings dauert diese Phase bei der Meiose ausgesprochen lange. Der entscheidende Vorgang, der hier abläuft, ist die **Paarung der homologen Chromosomen**! (*Diese Phase wird von den Zytogenetikern nochmals in verschiedene Abschnitte unterteilt – Leptotän, Zygotän, Pachytän, Diplotän und Diakinese –, auf die wir jedoch nicht im Einzelnen eingehen wollen*). Da nach der identischen Replikation die Chromosomen in der **Zweichromatid-Form** vorliegen, finden wir am Ende der Homologenpaarung sogenannte **Tetraden** vor (**Vierchromatid-Chromosomen**). Häufig wird dieses Stadium auch als **Vierstrangstadium** bezeichnet. In dieser Phase kommt es gehäuft zu **Überkreuzungen** der einzelnen Chromatidenstränge (**Chiasmen**) und es können **Brüche** auftreten (**Crossing over**, *vgl. Abb. S. 44 und Kap. 3.1.3*).

- Es folgt die **Metaphase I**, in der sich die Tetraden in der **Äquatorialebene** anordnen (*Abb. b), S. 42*).

- Bei gleichzeitiger **Auflösung der Kernmembran** werden in der **Anaphase I** im Unterschied zur Mitose nun die Vierchromatid-Chromosomen der Tetraden in Zweichromatid-Chromosomen getrennt und zu den entgegengesetzten Polen gezogen (*Abb. c), S. 42*). Die homologen Chromosomen sind danach getrennt. Jeder Zellteil enthält qualitativ die gleiche Erbinformation in diploider Form als Zweichromatid-Chromosomen.

- Zu einer Entspiralisierung in der **Telophase I** kommt es kaum. Ein Interphasekern wird nicht ausgebildet.

- Nach einer kurzen Phase der „Ruhe", der Interkinese, erfolgt die **2. Reifeteilung**: Jede der beiden entstandenen Zellen führt nun im Prinzip eine **mitotische Teilung** durch (Prophase II, Metaphase II, Anaphase II, Telophase II).

- Da aber **keine erneute identische Replikation** stattgefunden hat, entstehen durch Trennung der Zweichromatid-Chromosomen haploide Chromosomensätze und als **Endprodukt** bilden sich **vier haploide Zellen** (*Abb. f), S. 42*).

In einem anschließenden Differenzierungs- und Reifungsprozess entstehen hieraus die funktionsfähigen Geschlechtszellen (Ei- oder Samenzellen).

3.1.2 Die Funktion von Shugoshin

Die Zweichromatid-Chromosomen sind in der Prophase I der Länge nach durch Proteine, die sogenannten **Cohesine**, miteinander verbunden. Für einen korrekten Ablauf der Meiose ist es nun wichtig, dass der Zusammenhalt dieser Chromosomen an den Zentromeren erst in der 2. Reifeteilung gelöst wird, sodass zunächst die homologen Chromosomen getrennt werden. Vor einer vorzeitigen Auftrennung mittels spezieller **Separasen** schützt nach aktuellem Erkenntnisstand ein Protein, das nach dem japanischen Wort für Schutzgeist **Shugoshin** genannt wird.
Shugoshin wird ausschließlich während der 1. Reifeteilung gebildet und verhindert durch seine Anwesenheit in der Centromerenregion, dass durch die Wirkung der Separasen die Zweichromatid-Chromosomen getrennt werden.

Die Wirkungsweise und Bedeutung von Shugoshin wird durch ein Experiment mit Hefezellen belegt: Veranlasst man mitotische Hefezellen, Shugoshin zu produzieren, findet keine Mitose mehr statt, die Zweichromatid-Chromosomen werden in der Anaphase nicht mehr getrennt.

3.1.3 Das Phänomen der Chiasmenbildung

Wie bereits beschrieben, kommt es während der **Prophase I** der ersten Reifeteilung im Tetradenstadium zu **Überkreuzungen** der

Chromosomen und Vererbung

Chromatidensträngen, sogenannten Chiasmen. Treten dabei **Brüche** zwischen Chromatidensträngen ursprünglich unterschiedlicher Herkunft auf, also zwischen homologen Chromatidensträngen, und findet anschließend eine Fusion statt, so entstehen Chromatidenstränge mit **neu kombinierten Erbanlagen**. Anlagen, die ursprünglich auf den Chromosomen getrennt vorlagen, sind nun auf einem Strang zu einer neuen Kopplungsgruppe vereint.

Dieser **Segmentaustausch** wird auch als **Crossing over** bezeichnet; er hat eine zusätzliche Durchmischung des Erbgutes zur Folge (s. Abb.).

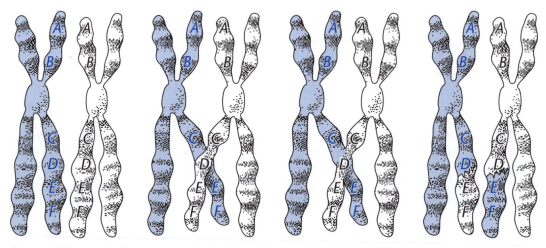

Chiasmenbildung bei der Chromosomenpaarung

Aufgaben

Co3 Die Geschwindigkeit, mit der sich Zellen teilen und die einzelnen Phasen durchlaufen werden, kann stark schwanken. Am längsten dauert im Allgemeinen die Interphase und am kürzesten dauern Meta- und Anaphase.
Aus wie vielen Zellen besteht theoretisch ein 8 Wochen alter Embryo, wenn wir davon ausgehen, dass eine Mitose etwa eine Stunde dauert und die Zellen zwischen zwei Teilungen sich fünf Stunden „in Ruhe" (Interphase) befinden?
Weshalb sind die tatsächlichen Zellzahlen und damit die tatsächliche Teilungshäufigkeit deutlich geringer anzunehmen?

Co4 Stellen Sie den Zusammenhang zwischen der dritten MENDELschen Regel und den Vorgängen bei der Meiose her.
Wie viele Kopplungsgruppen müssen bei der Fruchtfliege, wie viele beim Menschen angenommen werden?
Begründen Sie die Antwort!

> Bei der Meiose oder Reifeteilung folgt auf die identische Replikation eine zweimalige Teilung (1. und 2. Reifeteilung).
> In der ersten Reifeteilung werden die homologen Chromosomen verteilt. Die zweite Reifeteilung entspricht einer mitotischen Teilung, es werden Chromatidenstränge verteilt. Am Ende entstehen aus einer diploiden Ausgangszelle vier haploide Keimzellen, wobei in jeder haploiden Keimzelle von jedem homologen Chromosomenpaar ein Einchromatid-Chromosom vorhanden sein muss.
> Die Verteilung der homologen Chromosomen erfolgt zufällig (Gesetz der unabhängigen Verteilung). Dies ist die Ursache für die freie Kombinierbarkeit der Merkmale entsprechend der dritten MENDELschen Regel.

3.2 Spermatogenese und Oogenese beim Menschen

Grundsätzlich verläuft die Meiose bei der Bildung von Ei- und Samenzellen nach der oben beschriebenen Art und Weise. Allerdings kommt es zu wesentlichen Unterschieden bei der Entwicklung und Reifung.

3.2.1 Die Spermatogenese

Die Spermatogenese entspricht im Wesentlichen dem dargestellten Ablauf: Aus sogenannten **Spermatozyten** (Spermienmutterzellen) entstehen durch zwei aufeinanderfolgende Teilungen vier **plasmaarme, bewegliche, haploide Samenzellen,** die jeweils über 23 Einchromatid-Chromosomen verfügen (*vgl. rechts, Abb. a*).

3.2.2 Die Oogenese

Die Oogenese unterscheidet sich in zweierlei Hinsicht deutlich von der Spermatogenese (*vgl. rechts, Abb. b)*): Während beim Mann mit dem Beginn der Pubertät die Produktion von Samenzellen einsetzt und in der Regel bis ins hohe Alter anhält, kommt es bei der Frau zu einem zeitlich ausgesprochen komplizierten Ablauf:

Schon einige Wochen vor der Geburt eines Mädchens haben alle potenziellen **Oozyten** (Eimutterzellen) die Prophase der ersten Reifeteilung vollendet, sodass die Chromosomen als Tetraden vorliegen und Chiasmen ausbilden. In diesem Stadium verharren sie bis zur Geschlechtsreife.

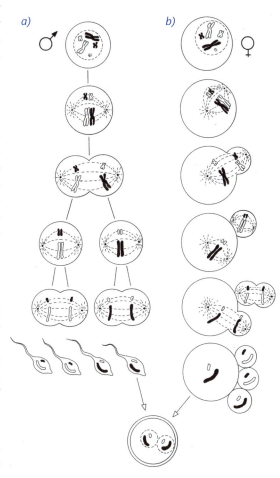

Schematischer Verlauf von a) Spermatogenese und b) Oogenese im Vergleich

Nun vollenden in einem monatlichen Rhythmus (**Menstruationszyklus**) einzelne Oozyten in den herangereiften Eibläschen (**Follikeln**) die meiotische Teilung.

- Die **erste Reifeteilung** ist oft noch nicht beendet, wenn der **Follikelsprung** (Eisprung) bereits stattgefunden hat.
- Die **zweite Reifeteilung** wird erst während der Wanderung des Eies durch den Eileiter begonnen und endet erst nach dem Eindringen eines Spermiums, also mit der Befruchtung.

Dieser zyklische Vorgang ist bei der Frau zeitlich begrenzt. Die Fähigkeit, befruchtungsfähige Eizellen heranreifen zu lassen, endet mit der sogenannten **Menopause**.

Ein zweiter wesentlicher Unterschied zur Spermatogenese besteht im Ablauf der Meiose selbst: Entstehen bei der Spermienbildung vier gleichwertige Samenzellen durch relativ gleichmäßige Teilungsschritte (**äquale Teilung**), so bleibt bei der Eizellbildung sowohl während der ersten als auch der zweiten Reifeteilung fast das gesamte Eiplasma ungeteilt in einer der entstehenden Zellen erhalten, während die anderen zu sogenannten Richtungskörperchen werden, die nahezu kein Plasma enthalten und für den weiteren Prozess bedeutungslos sind (**inäquale Teilung**).

 Welche funktionale Erklärung gibt es für den unterschiedlichen Verlauf von Spermatogenese und Oogenese?

3.3 Vererbung des Geschlechts beim Menschen

Bei unseren bisherigen Überlegungen gingen wir davon aus, dass der Mensch im diploiden Chromosomensatz seiner Körperzellen 46 Chromosomen hat, die sich zu 23 homologen Chromosomenpaaren ordnen lassen.

Werden Leukozytenzellkerne, die sich in Teilung befinden, mikroskopisch präpariert und anschließend Zellkerne ausgesucht und fotografiert, die sich gerade in einem **Metaphasestadium** befinden (*vgl. Abb. rechts*), so erhält man von Männern und Frauen unterschiedliche **Karyogramme***.

Karyogramme entstehen durch die Zusammenstellung der homologen Paare und das anschließende Ordnen nach Größe, Struktur und Musterung der Chromosomen und nach Lage des Zentromers (*Beispiele für solche Karyogramme finden Sie in den Abbildungen auf S. 60 und 61*).

Die Karyogramme von Mann und Frau enthalten jeweils 22 homologe Chromosomenpaare (also 44 Chromosomen), die **vom Ge-**

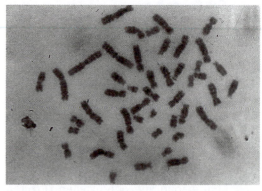

Mikroskopische Aufnahme der Metaphasechromosomen eines Menschen; die Chromosomen wurden vor der Aufnahme gefärbt

schlecht unabhängig auftreten. Diese werden als **Autosomen*** bezeichnet. Zwei weitere Chromosomen, die bei der Frau ebenfalls als Homologenpaar, beim Mann allerdings als zwei unterschiedliche Chromosomen ausgebildet sind, werden als **Gonosomen***, Heterosomen oder Geschlechtschromosomen bezeichnet. Sie werden im Karyogramm als XX bzw. als XY ausgewiesen. Der Chromosomensatz bei Frauen lässt sich danach als 44 + XX, der des Mannes als 44 + XY schreiben.

Bei der Meiose verhalten sich die Gonosomen wie die „normalen" Autosomen; es erfolgt also eine Reduktion auf jeweils ein Gonosom pro Geschlechtszelle. Die **Frau** bildet also nur Gameten (Eizellen) mit 22 Autosomen und **einem X-Chromosom** aus, der **Mann** solche mit 22 Autosomen und **einem X- oder einem Y-Chromosom**, und zwar jeweils zur Hälfte.

Bei der Befruchtung bestimmt also die männliche Samenzelle das Geschlecht: Kommt eine Eizelle mit einem X-Spermium zusammen, so entsteht ein genotypisch weiblicher Organismus (44 + XX), trifft sie mit einem Y-Spermium zusammen, entsteht ein genotypisch männlicher (44 + XY). Da die Anzahl der X- und Y-Spermien in etwa gleich groß ist, erhält man ein **theoretisches Geschlechterverhältnis von 1:1** (weiblich : männlich).

Auf dem X-Chromosom wird nicht nur die Eigenschaft weiblich vererbt, sondern auch „normale" Körperanlagen. Das führt dazu, dass es bei der sogenannten **X-chromosomalen Vererbung** zu Besonderheiten kommen kann. (*Diese werden in Kapitel C.3.5 behandelt.*)

3.4 Geschlechtsdetermination

Diejenigen Individuen, die bei der Meiose große, nährstoff- und plasmareiche, unbewegliche Zellen „produzieren", werden ganz allgemein als **weiblich** bezeichnet; ihre Geschlechtszellen heißen Eizellen. Individuen, die kleine, aktiv bewegliche, nährstoffarme Zellen (Spermazellen) „produzieren", werden **männlich** genannt.

Eine Möglichkeit der Geschlechtsbestimmung ist die **genotypische Geschlechtsbestimmung**. Sie stützt sich auf die Tatsache, dass bei dem einen Geschlecht die geschlechtsbestimmenden Chromosomen **homozygot**, bei dem anderen hingegen **heterozygot** vorliegen. Meist sind die weiblichen Tiere in Bezug auf die Geschlechtschromosomen (Gonosomen/Heterosomen) homozygot XX, die männlichen heterozygot XY.

Das **Y-Chromosom** bewirkt, dass aus den undifferenzierten Gonadenanlagen (Keimdrüsenanlagen) Hodenzellgewebe entsteht. Gleichzeitig „dominiert" das Y-Chromosom auch gegenüber mehreren X-Chromosomen. Dies zeigt sich z.B. bei den **Geschlechtschromosomen-Aberrationen**, den Veränderungen in der Geschlechtschromosomenanzahl (*vgl. Kap. C.5*).

Gonosomen	Geschlechtsausprägung
XO	weiblich
XXY	männlich
XXXY	männlich

Tabelle:
Die häufigsten Geschlechtschromosomen-Aberrationen beim Menschen in ihrer Wirkung auf die Geschlechtsausprägung

Während beim Menschen und anderen Säugern die Chromosomenausstattung der Samenzelle darüber entscheidet, ob eine männliche oder weibliche Zygote entsteht, ist es bei Vögeln, einigen Reptilien und Schmetterlingen genau entgegengesetzt. Hier entscheidet die Eizelle, die entweder mit einem X- oder einem Y-Chromosom ausgestattet sein kann, über das Geschlecht. Spermien dieser Tiere enthalten ausschließlich X-Chromosomen.

Chromosomen und Vererbung

Abschließend wollen wir noch einen weiteren Aspekt zumindest benennen: Die Geschlechtsausprägung ist beim Menschen und den Wirbeltieren immer von **zwei Faktoren** abhängig, von der **Chromosomenanlage** und der **hormonellen Entwicklung**. Die Chromosomenanlage bewirkt die **primäre** Geschlechtsausbildung; die **sekundäre** Geschlechtsausbildung erfolgt in erster Linie durch die **Wirkung der Geschlechtshormone**. Da Testosteron und Östrogen sowohl beim männlichen als auch beim weiblichen Geschlecht auftreten, hängt die endgültige Ausprägung der „Weiblichkeit" bzw. „Männlichkeit" eines Individuums in großem Maße von den Mengenverhältnissen und dem Wechselspiel dieser Hormone ab.

3.5 X-chromosomale Vererbung

Wie bereits beschrieben, sind die Geschlechtschromosomen (Gonosomen) nicht nur für die Vererbung der Geschlechtlichkeit zuständig. Bei Organismen, bei denen Unterschiede in den Chromosomensätzen für die Geschlechtsbestimmung ausschlaggebend sind (z. B. beim Menschen X-, Y-Chromosomen; **heterogametische Geschlechtsbestimmung**), treten dann Unterschiede zu den MENDELschen Regeln auf, wenn Merkmale betrachtet werden, die auf einem der beiden Gonosomen vererbt werden. War es bei der autosomalen Vererbung gleichgültig, von welchem Individuum das Merkmal in die Kreuzung eingebracht wurde – wir haben es deshalb auch bisher noch nicht beachtet –, so wirkt sich eine **gonosomengekoppelte Vererbung** in beiden Geschlechtern unterschiedlich aus.

Diese Unterschiede werden wir nun wieder an einem Beispiel aus der *Drosophila*-Genetik verdeutlichen.

Beispiel 11:
Die männlichen und weiblichen Tiere der Fruchtfliege lassen sich äußerlich gut unterscheiden: Die Männchen sind kleiner als die Weibchen, haben ein runderes, dunkler gefärbtes Hinterleibsende und schwarze Borsten an den Vorderbeinen, die den Weibchen fehlen. Diese **sekundären Geschlechtsmerkmale** beruhen u. a. auf einem Geschlechtschromosomenpaar.

Ähnlich der Vererbung beim Menschen sind bei *Drosophila* die **Weibchen homozygot**, d. h., die Gonosomen (Geschlechtschromosomen) treten paarweise auf. Die männlichen Tiere haben ein X- und ein etwas größeres Y-Chromosom, sind also heterozygot (*vgl. Abb. S. 52 oben*).

Kreuzt man **rotäugige** Weibchen (der Wildtyp, *vgl. Kap. B.1.4*) mit **weißäugigen** Männchen, so sind alle Tiere der F_1-**Generation** rotäugig. Die Anlage für rote Augen (w^+) ist also dominant gegenüber der Anlage für weiße Augen (w).

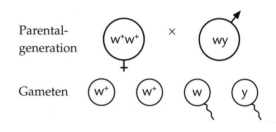

Das Y-Chromosom besitzt keine Anlage für die Augenfarbe. Männchen bilden daher (w) oder (y) Gameten, Weibchen ausschließlich (w^+) Gameten.

In der F_1-Generation bilden alle Tiere das dominante Merkmal aus, sind also rotäugig. Folgende Möglichkeiten ergeben sich aus dem Rekombinationsquadrat:

♀ \ ♂	w	y
w^+	w^+w	w^+y
w^+	w^+w	w^+y

Zu diesem Zeitpunkt entspricht die Kreuzung noch den MENDELschen Regeln, die Tiere der F1-Generation sind uniform (aber*: vgl. Aufgabe C06*).

Chromosomen und Vererbung

Kreuzt man nun die Tiere der F_1-Generation untereinander, so kommt es allerdings zu einer deutlichen Abweichung gegenüber den MENDELschen Regeln: In der **F_2-Generation** treten wieder nur rotäugige Weibchen auf, während die Männchen zur Hälfte rotäugig und zur Hälfte weißäugig sind. Wie lässt sich diese Aufspaltung erklären?

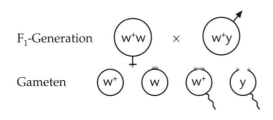

F_2-Generation nach dem Rekombinationsquadrat:

♀ \ ♂	w⁺	y
w⁺	w⁺w⁺	w⁺y
w	w⁺w	wy

Als Ergebnis erhalten wir also die oben formulierte Aufspaltung.

Grundsätzlich lässt sich das Erbschema also durchaus auch bei geschlechtsgebundenen Merkmalspaaren wie gewohnt anwenden. Allerdings entspricht das Ergebnis der Kreuzung **nicht den MENDELschen Regeln**. Wie wir an unserem Beispiel erkennen konnten, liegt die Ursache im sogenannten heterozygoten Geschlecht, da hier zum X-Chromosom quasi ein „merkmalsleeres" Y-Chromosom tritt, was besonders bei rezessiv vererbten Merkmalen deutliche Folgen zeigt. Das rezessive Merkmal „schlägt" im heterozygoten Geschlecht auch schon „durch", wenn es nur einfach auftritt.

Bei der Lösung folgender Aufgabe zeigen sich Unterschiede zum vorigen Beispiel. Das heißt, bei geschlechtsgebundenen Erbgängen führen reziproke Kreuzungen zu unterschiedlichen Aufspaltungsverhältnissen.

Diese Kenntnisse helfen dem Genetiker, **geschlechtsgekoppelte Erbgänge** bei Kreuzungsexperimenten zu erkennen.

Aufgabe

C06 Führen Sie das vorhergehende Beispiel 11 mit „vertauschten" Geschlechtern durch (reziproke Kreuzung); also kreuzen Sie:

 mit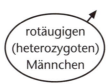

Chromosomen und Vererbung

Aufgaben

C07 In einem groß angelegten Zuchtversuch mit der Fruchtfliege weisen seit mehreren Generationen die Tiere die normale Körperfarbe (graubraun) auf. Plötzlich taucht ein Männchen mit gelbem Körper auf.

Dieses Männchen wird mit einem normalfarbenen Weibchen gekreuzt. Alle Nachkommen der F_1-Generation sind daraufhin normal gefärbt, uniform. Bei der Kreuzung der F_1-Tiere untereinander kommt es zu folgender Merkmalsverteilung:

Alle Weibchen sind normal gefärbt. Die Männchen haben hingegen zu 50% einen normal gefärbten und zu 50% einen gelb gefärbten Körper.

a) Welches Merkmal ist dominant und welches rezessiv? Begründen Sie!

b) Stellen Sie ein Erbschema auf; verwenden Sie für normale Körperfarbe y^+ und für gelbe Körperfarbe entsprechend y.

C08 Bei Vögeln sind die Weibchen das heterozygote Geschlecht (xy) und die Männchen homozygot (xx). Das Gefieder von Hühnern kann schwarz oder grau erscheinen. Dabei beruht die Graufärbung auf einer schmalen Querstreifung der schwarzen Federn.

Ermitteln Sie den Erbgang für das Merkmal Federstreifung, wenn folgende Kreuzungsergebnisse vorliegen:

1. Bei der Kreuzung von gestreiften Männchen mit schwarzen Weibchen ist die F_1-Generation uniform, alle Tiere haben graue, gestreifte Federn.

2. Bei der reziproken Kreuzung erhält man dagegen folgende Ergebnisse:

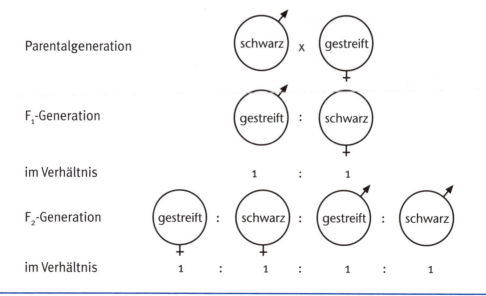

4. Die Chromosomentheorie der Vererbung

Als MENDEL 1865 seine Gesetzmäßigkeiten aufstellte, kannte man auch schon die Chromosomen, die etwa um das Jahr 1850 entdeckt worden waren. Einen Zusammenhang zwischen MENDELS Erbfaktoren und den Chromosomen sah man damals allerdings noch nicht.

Erst im Jahre 1903 stellten BOVERI (1862–1924) und SUTTON (1861–1916) unabhängig voneinander die **Chromosomentheorie der Vererbung** auf. Die Zeit war „reif" für einen neuen Schritt. Die Theorie besagte zunächst nur, dass die **Chromosomen die Träger der Erbinformationen** sind.

In ihrer konsequenten Anwendung ermöglicht die Chromosomentheorie der Vererbung, die MENDELschen Regeln auf einer stofflichen Basis zu begründen und auftretende Abweichungen zu erklären (vgl. Kap. B, Genkopplung). Bewiesen wurde die **Theorie von der Anordnung der Erbanlagen auf den Chromosomen** allerdings erst durch die Arbeiten von MORGAN (1866–1945) an der Fruchtfliege *Drosophila*.

Im lichtmikroskopischen Bild lässt sich nur die Grobstruktur der Chromosomen erkennen. Auf einer rasterelektronenmikroskopischen Aufnahme eines Metaphasechromosoms (*Abb. unten*) erkennt man schon mehr Details: Deutlich sind zwei Längshälften zu sehen: die Chromatiden, die durch die Verdopplung in der S-Phase entstanden sind. Am Zentromer hängen die beiden Chromatiden bis zu ihrer Trennung in der Anaphase zusammen. Das Zentromer ist die Ansatzstelle der Spindelfasern, die die Chromatiden voneinander trennen.

Dass Chromosomen in ihrem Aufbau noch viel komplexer sind, wurde erst durch biochemische Untersuchungen erkannt. Dabei stellte sich heraus, dass sie aus zweierlei Material aufgebaut sind: aus Nukleinsäuren (DNA*) und aus Histonen*; das sind Proteine, die ausschließlich im Zellkern vorkommen. (Genaueres dazu können Sie in Kap. F.1.3 nachlesen.)

4.1 Genkopplung und Genaustausch

In vielen Kreuzungsexperimenten stieß man immer wieder auf das Phänomen, dass sehr viele Eigenschaften **gekoppelt** vererbt wurden (vgl. Kap. B.4).

So konnte man bei der Fruchtfliege *Drosophila* 4 **Kopplungsgruppen** feststellen. Die Zahl der Kopplungsgruppen entspricht also der haploiden Chromosomenzahl, womit die Chromosomentheorie nachträglich bestätigt wäre. Die ca. 500 Merkmalspaare, die man heute von diesem „Haustier" der Genetiker kennt, sind auf diese vier Chromosomen aufgeteilt. Dabei enthält die vierte Kopplungs-

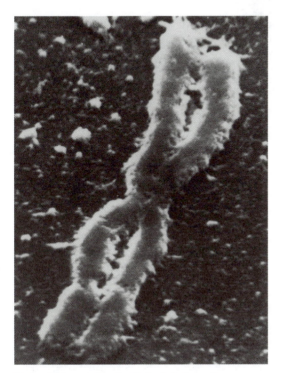

Rasterelektronenmikroskopische Aufnahme eines Metaphasechromosoms

Chromosomen und Vererbung

gruppe im Vergleich zu den drei anderen deutlich weniger Gene (s. Abb.):

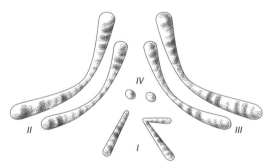

Chromosomensatz von Drosophila melanogaster (männlich, vgl. Beispiel 11, S. 48)

Mit der Entdeckung der Kopplungsgruppen waren allerdings noch lange nicht alle Probleme gelöst, die bei den Kreuzungsexperimenten auftraten. MORGAN konnte bei seinen Untersuchungen an der Fruchtfliege zeigen, dass die Kopplungsgruppen nicht immer als Ganzes weitergegeben werden.

Die Merkmale schwarz (b) und stummelflügelig (vg) werden gekoppelt auf dem Chromosom Nr. II vererbt. Bei der Kreuzung mit dem Wildtyp (b^+b^+/vg^+vg^+), die wir auch in Beispiel 12 (s. S. 53) vorstellen werden, entstehen heterozygote (mischerbige) F_1-Tiere, die phänotypisch dem Wildtyp gleichen, genotypisch aber b^+b/vg^+vg sind. Bei Rückkreuzungen mit den homozygoten Eltern erhielt MORGAN folgende unerwartete, überraschende Ergebnisse:

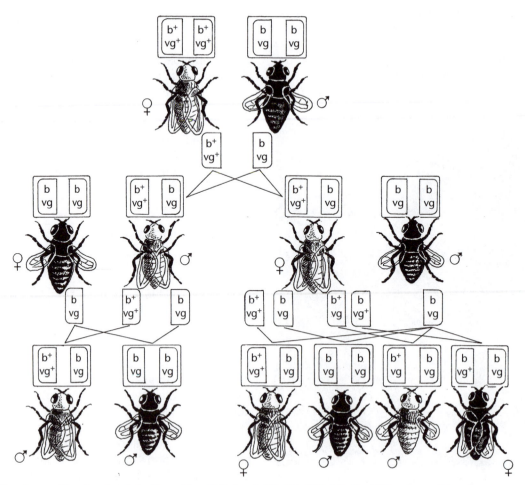

Kopplung und Kopplungsbruch der Gene „Körperfarbe" und „Flügeligkeit" bei der Fruchtfliege Drosophila melanogaster

Kreuzte er heterozygote F_1-Männchen mit homozygoten weiblichen Mutanten, entsprach die Aufspaltung der Erwartung von 1:1 (vgl. Abb. S. 52 unten, links).

Kreuzte er hingegen heterozygote F_1-Weibchen mit homozygoten männlichen Mutanten, traten plötzlich alle vier möglichen Merkmalskombinationen auf (vgl. Abb. S. 52 unten, rechts), so als wären die Anlagen frei kombinierbar. Die Zahlenverhältnisse entsprachen allerdings nicht der MENDELschen Theorie von 1:1:1:1, sondern bei ca. 83% blieb die Kopplung erhalten; sie entsprachen phänotypisch ihren Eltern. Bei den restlichen ca. 17% war dagegen die Kopplung aufgehoben, die Merkmale Körperfarbe und Flügeligkeit traten neu kombiniert auf.

Bei 2378 ausgewerteten Tieren eines entsprechenden Kreuzungsversuches traten im konkreten Fall 404 Kopplungsbrüche auf:

$$404 : 2378 = 0{,}17 = 17\%$$

MORGAN erklärte den Vorgang mit einem **Kopplungsbruch,** der zum Austausch gekoppelter Gene führt, sie also neu kombiniert. (Wir haben das Phänomen schon in *Kap. C.3.1* erläutert und dort als Crossing over oder Chiasmenbildung bezeichnet.) Während der Oogenese hat bei den F_1-Weibchen ein Austausch der Merkmalspaare entsprechender (homologer) Chromosomen stattgefunden.

Dass MORGANS Überlegungen richtig waren, liegt auch an einer Besonderheit in der Meiose der Fruchtfliegen: Crossing over ist nur bei der Oogenese, aber nicht bei der Spermatogenese zu beobachten.

4.2 Genkartierung

MORGAN bezeichnete den typischen Prozentsatz, mit dem gekoppelte Gene neue Rekombinationen bilden, als Austauschwert. Untersucht man verschiedene Kopplungsgruppen, kann dieser Wert, der für b und vg bei 17% liegt, deutlich variieren.

MORGAN nutzte deshalb die **Crossing-over-Häufigkeit** bei Kopplungsgruppen zur Erstellung von **Genkarten.** Seine Grundüberlegung dabei war folgende:
Wenn die Erbanlagen linear in den Chromosomen angeordnet sind, so ist die Wahrscheinlichkeit für einen Kopplungsbruch umso größer, je weiter zwei Gene voneinander entfernt sind, und umso geringer, je näher sie beieinanderliegen (s. Abb. S. 54 oben).

Umgekehrt ermöglicht also die Kenntnis der Häufigkeit von Crossing-over-Ereignissen Rückschlüsse auf die räumlich lineare Anordnung auf den Chromosomen sowie ihrer relativen Lage zueinander. Der Austauschwert kann zur **Genkartierung** herangezogen werden.

Mithilfe der sogenannten **Dreipunktanalyse** lassen sich nach diesen Grundüberlegungen einfache Genkarten erstellen. An folgendem Beispiel wollen wir den Gedankengang MORGANS nochmals vertiefen:

Beispiel 12:
Die Anlage cn (steht für cinebar, bedeutet hellrote Augen) liegt bei der Fruchtfliege auf dem Chromosom Nr. II. Bei Kreuzungsexperimenten zur Ermittlung des Abstandes von cn zu b und zu vg erhielt man die folgenden Ergebnisse (s. folgende Abb.):

Aufgabe

 Stellen Sie mithilfe einer Skizze den Kopplungsbruch dar, der bei der beschriebenen Kreuzung während der Oogenese stattgefunden haben muss.

Chromosomen und Vererbung

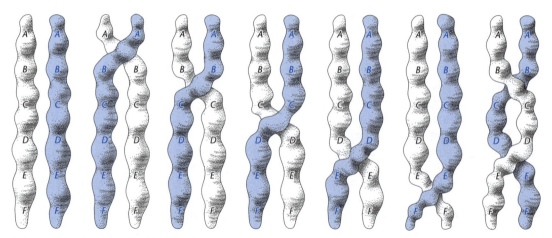

Schema zur Austauschhäufigkeit bei Crossing over

Austauschwert zwischen b und cn: 9,0%
Austauschwert zwischen cn und vg: 9,5%

Untersuchungen der Austauschwerte zwischen b und vg ergaben 17% (siehe oben). Hieraus lässt sich schließen, dass die Reihenfolge der Anlagen auf dem Chromosom Nr. II b, cn, vg sein muss, cn also etwa in der Mitte zwischen b und vg liegt.

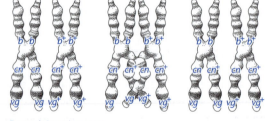

Doppel-Crossing-over

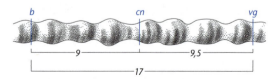

Austauschwerte und lineare Anordnung der Gene b, cn und vg auf dem Chromosom Nr. II der Fruchtfliege

Der Austauschwert zwischen b und vg entspricht dabei nicht genau der Summe der Werte zwischen b – cn und cn – vg. Diese geringe Abweichung erklärte MORGAN mit **mehrfachen Crossing-over-Ereignissen** zwischen weit entfernten Anlagen. Diese Doppel- und Mehrfachereignisse führen dazu, dass die Austauschwerte zwischen weit entfernten Anlagen häufig kleiner sind als die Summe der Austauschwerte von dazwischenliegenden Genen.

Anhand der Dreipunktanalyse lässt sich in mühevoller Kleinarbeit die lineare Abfolge von Anlagen auf einzelnen Chromosomen berechnen. Endprodukt einer solchen Kartierung kann eine **Chromosomenkarte** sein (vgl. Abb. S. 55, bei menschlichen Chromosomen).

Vergleiche mit **zytologischen Ergebnissen** – z. B. mikroskopische Untersuchungen an Riesenchromosomen – zeigen die gleiche lineare Abfolge. Die gemessenen Abstände entsprechen dabei allerdings nicht direkt den Austauschwerten. Die Unterschiede lassen sich mit einer unterschiedlichen **Bruchfestigkeit** einzelner Chromosomenabschnitte erklären.

Chromosomen und Vererbung

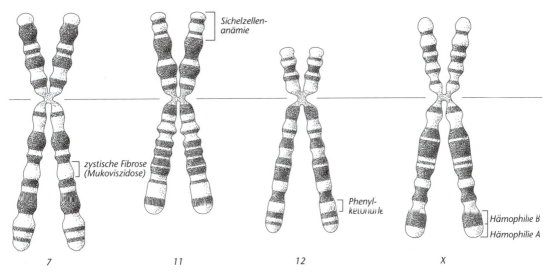

Die menschlichen Chromosomen Nr. 7, Nr. 11, Nr. 12 und das X-Chromosom (dargestellt als Zweichromatid-Chromosomen)

Aufgaben

C10 Weshalb ist das X-Chromosom des Menschen im Verhältnis zu den anderen Chromosomen besonders gut erforscht?

C11 Bestimmen Sie die Anordnung der Gene für die folgenden beiden Kopplungsgruppen:

a) Auf dem Chromosom Nr. I der Fruchtfliege liegen u. a. die Anlagen für die Merkmale gelbbraune Körperfarbe (t), Kleinflügeligkeit (sl) und zinnoberrote Augen (v).

    Austauschwert zwischen t und sl: 26,7%
    Austauschwert zwischen sl und v: 21,2%
    Austauschwert zwischen t und v: 5,5%

b) Auf dem menschlichen X-Chromosom liegen u. a. die Anlagen für Hämophilie VIII (h), Grünblindheit (g) und Glukose-6-Phosphat-Dehydrogenase (G6PD).

    Austauschwert zwischen h und g: ca. 12%
    Austauschwert zwischen g und G6PD: ca. 5%
    Austauschwert zwischen h und G6PD: ca. 7%

5. Chromosomenmutationen

In Beispiel 9 (S. 30 f.) wurde der graubraune und normalflügelige Wildtyp der Fruchtfliege mit einer schwarzen und stummelflügeligen Variante gekreuzt. Solche genetisch bedingten Veränderungen in der Merkmalsausprägung werden als **Mutationen*** bezeichnet, die betroffenen Organismen als **Mutanten**.

Mutationen können in ganz unterschiedlichen Dimensionen das Erbgut verändern (*vgl. dazu auch Kap. F.4*). Bei **Chromosomenmutationen** handelt es sich um **strukturelle Veränderungen einzelner Chromosomen**, die auch direkt im Lichtmikroskop sichtbar sind. Sie wurden zunächst an den Speicheldrüsenchromosomen von *Drosophila* untersucht. Längst sind auch Veränderungen der menschlichen Chromosomen bekannt. Man unterscheidet mehrere Formen (*s. Abb. unten*), die im Folgenden erklärt werden.

- **Deletion**

Ein Teil des Chromosoms wird abgespalten und geht dem Erbgut verloren (Abb. a). Solche Defekte bezeichnet man auch als **Chromosomenstückverlust**.

Ein bekanntes Beispiel bei den menschlichen Chromosomen ist das „**Katzenschreisyndrom**": Kinder mit einer Deletion des kurzen Arms von Chromosom 5 schreien als Neugeborene wie junge Katzen und bleiben in ihrer körperlichen und geistigen Entwicklung zurück.

Verliert ein Chromosom an beiden Enden ein Stück und die Bruchenden vereinigen sich zu einem Ring, spricht man von Ringbildung. Eine solche Ringbildung kommt beim menschlichen Chromosom 18 vor. Die Folge dieser Deletionsform ist schwerer geistiger Entwicklungsrückstand.

- **Duplikation**

Ein Chromosomenstück wird **abgetrennt**. Das Bruchstück wird an ein homologes Chromosom angelagert, d. h., ein Teil der Information liegt nun doppelt vor (Abb. b).

Duplikationsvorgänge spielten beim Menschen wahrscheinlich eine Rolle in der Genetik der Hämoglobine (*vgl. dazu die mentor Abiturhilfe Evolution*).

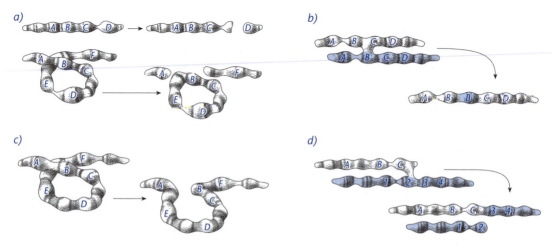

Schematische Darstellungen der vier Formen von Chromosomenmutationen
a) Deletion, b) Duplikation, c) Inversion, d) Translokation

Chromosomen und Vererbung

- **Inversion**

Ein Teilstück eines Chromosoms wird **herausgebrochen**, danach aber unter **Umkehrung** der Genfolge wieder in die entstandene Lücke **eingefügt** (Abb. c), S. 56). Folgen sind u. a. spontane Fehlgeburten oder geistige und körperliche Behinderungen.

- **Translokation**

Ein Teil eines Chromosoms wird **abgespalten**. Das abgetrennte Bruchstück lagert sich an einem anderen Chromosom an (Abb. d), S. 56).

Auch die Anlagerung eines ganzen Chromosoms an ein anderes wird als Translokation bezeichnet: Hierauf beruht eine besondere **Variante des Down-Syndroms** (vgl. Kap. C.6.2.1). In diesem Fall sind bei Menschen, die alle Symptome der Trisomie 21 aufweisen, im Karyogramm nur 46 Chromosomen sichtbar – statt der üblicherweise 47 bei dieser Erkrankung.

Die Mütter dieser Patienten sind vollkommen gesund, ihr Karyogramm enthält aber nur 45 Chromosomen – statt der normalen 46. Ursache für diesen Sonderfall ist eine **Translokation des Chromosoms 21 auf das Chromosom 15**.

Der Zusammenhang ist im folgenden Schema dargestellt:

gesunde Mutter ⟶ *Kind mit Down-Syndrom*
45 Chromosomen sichtbar   *46 Chromosomen sichtbar*

 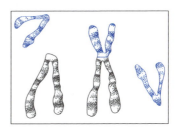

*Bild der Chromosomen 15 und **Chromosomen 21** im Karyogramm*

Zwei Chromosomen hängen zusammen. Deshalb erscheinen im Karyogramm die beiden Chromosomenpaare (15,15, 21, 21) als drei Chromosomen.

Hier hängen ebenfalls zwei Chromosomen zusammen. Deshalb erscheinen im Karyogramm die beiden Chromosomenpaare (15,15, 21, 21) und das überzählige Chromosom (21) als vier Chromosomen.

Balancierte Translokation

Bei der Eizellenbildung werden die fälschlicherweise zusammenhängenden Chromosomen 15 und 21 nicht voneinander getrennt. Die Mutter mit balancierter Translokation gibt also diese beiden Chromosomen geschlossen an das Kind weiter, das dadurch ein überzähliges Chromosom 21 erhält.

Nicht balancierte Translokation

Eine Frau mit balancierter Translokation kann aber auch gesunde Kinder zur Welt bringen, wobei diese entweder einen normalen Chromosomenbestand oder ebenfalls eine balancierte Translokation aufweisen können.

6. Genommutationen

Bei dieser Mutationsart ist die **Zahl der Chromosomen** verändert. Man spricht deshalb auch von **numerischen (zahlenmäßigen) Chromosomenaberrationen***.

6.1 Euploidie (Polyploidie)

Aus einer diploiden Pflanze mit dem Chromosomensatz AA kann eine tetraploide Pflanze mit dem Chromosomensatz AAAA entstehen. Sind wie in diesem Fall alle Chromosomensätze in einer polyploiden Zelle homolog, so spricht man von **Autopolyploidie***. Bei dieser Form der Genommutation kommen zur normalen Chromosomenausstattung einer Zelle **komplette** Chromosomensätze hinzu.

Neben den bereits bekannten haploiden (einfachen) oder diploiden (doppelten) Chromosomensätzen treten demnach auch triploide (dreifache), tetraploide (vierfache) usw. auf. Organismen, die solche „Mehrfach-Chromosomensätze" zeigen, werden als **polyploid*** bezeichnet.

Diese Variante einer Genommutation tritt **regelmäßig bei Pflanzen** auf. Die Polyploidie erhöht oft die **Vitalität*** dieser Pflanzen. Sie tritt spontan auf, kann aber auch experimentell ausgelöst werden. So verwendet man z. B. einen Wirkstoff der Herbstzeitlosen, das **Colchicin**, um gezielte Polyploidisierungen zu bewirken. Colchicin greift in die Mitose so ein, dass sie die Ausbildung der Teilungsspindel verhindert. Die verdoppelten Chromosomensätze bleiben dann in einer Zelle vereint, anstatt auf zwei Zellen verteilt zu werden.

Bei autopolyploiden Pflanzen besteht oft folgende Beziehung: mehr Chromosomensätze → größere Zellen → größere Organe → größere Pflanze. Von diesem Zusammenhang macht man z.B. bei der Züchtung großblumiger Zierpflanzen Gebrauch.

Bei höheren Pflanzen und Tieren ist die Autopolyploidie allerdings häufig auch auf bestimmte besonders stoffwechselaktive Zelltypen beschränkt (z. B. Leberzellen).

Ein anderer Fall von Polyploidie ist die **Allopolyploidie***. Bei ihr sind meist durch Züchtungen nicht homologe Chromosomensätze unterschiedlicher Ausgangsarten miteinander vereint und vervielfacht. Diese Art einer Genommutation findet man **häufig bei Kulturpflanzen**. So ist beispielsweise der **Kulturweizen** hexaploid, d. h., er weist sechs Chromosomensätze auf (insgesamt 42 Chromosomen), die wir mit AABBCC bezeichnen können. Entstanden ist er aus dem diploiden Wildeinkorn (AA; 14 Chromosomen) und zwei diploiden Wildgräsern (BB; 14 Chromosomen und CC; 14 Chromosomen). (*Vgl. dazu die mentor Abiturhilfe Evolution.*)

6.2 Aneuploidie

Hier kommen zum normalen diploiden Chromosomensatz (2n) einer Zelle einzelne Chromosomen hinzu (2n+1) oder es gehen einzelne Chromosomen verloren (2n−1).

- Ist ein bestimmtes Chromosom dreimal vorhanden, spricht man von **Trisomie***.

- Ist ein bestimmtes Chromosom nur einmal vorhanden, spricht man von **Monosomie***.

Ursache ist in beiden Fällen meist eine **Fehlverteilung von Chromosomen in der Meiose**. Zu einer solchen Fehlverteilung kommt es durch eine Nichttrennung von homologen Chromosomen oder Chromatiden. Diesen als **Nondisjunction** (englische Aussprache) bezeichneten Vorgang wollen wir mithilfe der *Abbildung S. 59* anhand der Eizellenreifung genauer betrachten:

Chromosomen und Vererbung

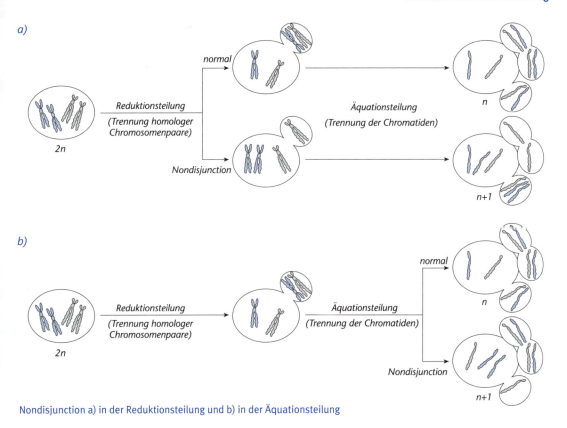

Nondisjunction a) in der Reduktionsteilung und b) in der Äquationsteilung

Kommt es zu einer Nondisjunction eines homologen Chromosomenpaares (hier: Nr. 3) **in der Reduktionsteilung** (vgl. Abb. a), enthält die entstehende Eizelle fälschlicherweise ein Chromosom zu viel (n+1).

Kommt es zu einer Nondisjunction der Chromatiden eines Chromosoms **in der Äquationsteilung** (vgl. Abb. b), enthält die entstehende Eizelle ebenfalls ein Chromosom zu viel (n+1).

Auf Trisomie und Monosomie lassen sich eine Reihe zum Teil schwerer **Erbkrankheiten** des Menschen zurückführen. Dabei können die Gonosomen (Geschlechtschromosomen) oder die Autosomen (alle übrigen Chromosomen) betroffen sein.

6.2.1 Trisomie 21

Trisomie 21 ist das wohl bekannteste Beispiel einer **autosomalen Aneuploidie**. Es handelt sich um eine Genommutation, bei der die betroffene Person das Chromosom 21 in allen Zellen dreimal besitzt (vgl. Abb. S. 61).

Aufgabe

 Welchen Chromosomenbestand weist die Zygote auf, die durch Verschmelzung einer normalen Samenzelle mit einer der oben beschriebenen fehlerhaften Eizellen entsteht? Welcher Fall von Aneuploidie ist die Folge?

Chromosomen und Vererbung

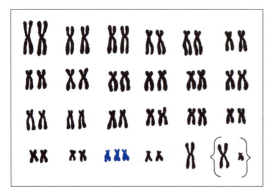

Chromosomensatz (Karyogramm) bei Trisomie 21

Die als nur geringfügig erscheinende Abweichung vom normalen Chromosomensatz – 47 statt 46 Chromosomen – hat schwerwiegende körperliche und geistige Störungen zur Folge. Das Krankheitsbild wird als **Down-Syndrom** oder wegen des äußeren Erscheinungsbildes der Betroffenen fälschlicherweise auch als „Mongolismus" bezeichnet.

Die Geburtenhäufigkeit von Kindern mit Trisomie 21 beträgt im Durchschnitt 1:600. Eine wichtige Rolle spielt das Alter der Eltern, insbesondere das der Mutter. So ist die Wahrscheinlichkeit für eine 45-jährige Frau, ein Kind mit Trisomie 21 zur Welt zu bringen, etwa 50-mal größer als bei einer 20-Jährigen.

Andere autosomale Trisomien sind bekannt für die Chromosomen 8, 13, 14 und 18 (Häufigkeit ca. 1:5 000). Die betroffenen Föten sind so stark geschädigt, dass sie keine Überlebenschancen haben (Fehlgeburten).

6.2.2 TURNER-Syndrom (XO)

Diesem Syndrom liegt eine **gonosomale Chromosomenaberration** zugrunde. Die davon Betroffenen sind **phänotypisch weiblich**. Sie besitzen in allen Zellen nur ein X-Chromosom, also 44 Autosomen + XO (X-Null) anstelle von 44 + XX.

Auf 3 000 weibliche Neugeborene kommt eines mit TURNER-Syndrom (englische Aussprache üblich). Die Auswirkungen des fehlenden X-Chromosoms sind relativ gering, da auch bei einer Frau mit zwei X-Chromosomen eines weitgehend inaktiviert ist. Das **inaktivierte X-Chromosom** tritt als sogenannter BARR-Körper in Erscheinung.

TURNER-Syndrom-Frauen sind von vollkommen normaler Intelligenz. Allerdings sind sie unfruchtbar und körperlich von charakteristischem Kleinwuchs.

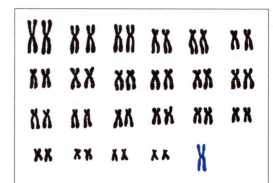

Chromosomensatz (Karyogramm) bei TURNER Syndrom

Aufgabe

 Welche Vorgänge bei der Ei- bzw. Samenzellenbildung können zur Entstehung der Gonosomenkombination XO in der Zygote führen?

6.2.3 KLINEFELTER-Syndrom (XXY)

Auch diesem Syndrom liegt eine **gonosomale Chromosomenaberration** zugrunde. Die davon Betroffenen sind **phänotypisch männlich**. Sie besitzen ein X-Chromosom in allen Zellen zu viel, also 44 Autosomen + XXY (statt 44 + XY).
Auf 1000 männliche Neugeborene kommen etwa ein bis zwei KLINEFELTER-Fälle.

KLINEFELTER-Männer weisen ein relativ normales äußeres Erscheinungsbild auf. Sie sind allerdings unfruchtbar und haben im Durchschnitt eine verminderte Intelligenz.

Diese im Vergleich mit den Konsequenzen einer autosomalen Trisomie geringfügigen Folgen hängen damit zusammen, dass von den zwei X-Chromosomen beim KLINEFELTER-Syndrom eines weitgehend inaktiviert vorliegt und somit keinen entscheidenden Einfluss auf die Entwicklung ausübt (BARR-Körper).

Die Gonosomenkombination XXY kann auf verschiedene Weise entstehen. So kann z. B. eine durch Nondisjunction entstandene XX-Eizelle von einer normalen Y-Samenzelle befruchtet werden oder es trifft eine durch Nondisjunction entstandene XY-Samenzelle auf eine normale X-Eizelle.

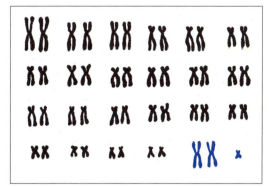

Chromosomensatz (Karyogramm) bei KLINEFELTER-Syndrom

Aufgabe

 Zum KLINEFELTER-Syndrom führende XX-Eizellen können durch Nondisjunction sowohl in der Reduktionsteilung als auch in der Äquationsteilung der Meiose entstehen.

Zum KLINEFELTER-Syndrom führende XY-Samenzellen können hingegen nur durch Nondisjunction in einem dieser beiden Teilungsschritte entstehen.

Skizzieren Sie den Ablauf der Meiose bei der Samenzellenbildung so, dass deutlich wird, in welchem der beiden Teilungsschritte XY-Spermien entstehen können.

7. Zusammenfassung

Bei der „normalen" Zellteilung (**Mitose**) wird die genetische Information zunächst identisch redupliziert, um anschließend gleichmäßig auf beide Tochterzellen verteilt zu werden. Nach der Teilung sind zwei gleiche Tochterzellen entstanden.

Die „geschlechtliche" Zellteilung (**Meiose**) wird bei Lebewesen mit doppeltem (diploidem) Chromosomensatz durchgeführt, um die ständige Verdopplung der Chromosomensätze bei der Befruchtung zu vermeiden. Die Zahl der Chromosomen wird bei der Bildung der Geschlechtszellen (Ei- und Samenzellen) auf die Hälfte reduziert; aus dem diploiden entsteht ein haploider Chromosomensatz. Bei der Meiose folgt auf die identische Reduplikation eine zweimalige Verteilung der Chromatiden (**1. und 2. Reifeteilung**).

Die **Chromosomen** sind die Träger der Erbinformationen (Chromosomentheorie der Vererbung). Auf den Chromosomen sind die genetischen Informationen linear angeordnet (Genkarten).

Erbanlagen werden in **Kopplungsgruppen** vererbt, d. h., dass Anlagen, die gemeinsam auf einem Chromosom liegen, normalerweise auch gemeinsam vererbt werden. Während des Tetradenstadiums der ersten Reifeteilung der Meiose kann es zum Austausch von gekoppelten Erbanlagen kommen, indem die homologen Chromosomen an der gleichen Stelle brechen, Stücke ausgetauscht werden und neu zusammenwachsen (**Crossing over**).

Die **X-chromosomale Vererbung** stellt eine Besonderheit dar: Das männliche Geschlecht (heterogametisch) verfügt neben dem merkmalstragenden X-Chromosom über ein nahezu „leeres" Y-Chromosom, sodass rezessive Erbanlagen, die gonosomal auf dem X-Chromosom vererbt werden, bei männlichen Individuen bereits bei einfachem Auftreten zur phänotypischen Merkmalsausbildung führen.

Das weibliche Geschlecht ist homogametisch XX, wobei sich eines der beiden X-Chromosomen in stoffwechselaktiven Zellen normalerweise zu einem inaktiven Chromosom, dem BARR-Körperchen, entwickelt, das bei zytologischen Geschlechtsbestimmungen von Bedeutung ist.

Anhand der Häufigkeiten von Kopplungsbrüchen lassen sich Rückschlüsse auf die räumliche Anordnung der Erbanlagen in den Chromosomen ziehen. Man kann **Genkarten** aufstellen.

Mutationen sind Änderungen im Erbgefüge von Lebewesen.

Bei **Chromosomenmutationen** handelt es sich um strukturelle Veränderungen einzelner Chromosomen, die im Mikroskop sichtbar sind. Man unterscheidet zwischen **Deletion** (z. B. beim Katzenschrei-Syndrom), **Translokation** (z. B. beim „erblichen Mongolismus"), **Duplikation** und **Inversion**.

Bei **Genommutationen** ist die Zahl der Chromosomen verändert. Bei **Euploidie** (Polyploidie) kommen zum normalen Chromosomensatz einer Zelle komplette Chromosomensätze hinzu. Polyploidie spielt eine wichtige Rolle bei Kulturpflanzen. Bei **Aneuploidie** kommen zum normalen Chromosomensatz einer Zelle einzelne Chromosomen hinzu oder es gehen einzelne Chromosomen verloren. Folgen sind beispielsweise **Trisomie** oder **Monosomie**, die durch Nondisjunction-Vorgänge zustande kommen.

Humangenetik

Kenntnisse über die Vererbung von Eigenschaften beim Menschen sowie über Erbkrankheiten sind besonders wichtig, um gezielt genetische Beratungen bei gesundheitlich gefährdeten Familien durchführen zu können (genetische Beratungsstellen, Pro Familia, Familienanamnesen).

Als Analysemethoden haben sich in der Humangenetik vier unterschiedliche Verfahren herausgebildet:
- Stammbaumanalysen,
- Zwillingsforschung,
- populationsgenetische Untersuchungen,
- biochemische Verfahren.

Grundsätzlich fanden die Humangenetiker heraus, dass auch beim Menschen
- die MENDELschen Regeln Gültigkeit besitzen,
- Merkmale dominant oder rezessiv vererbt werden können,
- autosomale und gonosomale (d. h. geschlechtschromosomengebundene) Merkmale existieren,
- die Erbmerkmale in 23 Kopplungsgruppen auftreten.

Trotz der besonderen Bedeutung, die das Wissen über den Ablauf menschlicher Erbgänge hat, sind die tatsächlichen Kenntnisse auch heute noch lückenhaft.

Überlegen wir uns deshalb zunächst, worin die besonderen **Probleme bei der Durchführung von genetischen Analysen beim Menschen** liegen könnten:

- Menschen kann man im Gegensatz zu Tieren und Pflanzen aus ethischen Gründen nicht nach Belieben miteinander kreuzen, Kreuzungsexperimente lassen sich also nicht durchführen. Humangenetiker haben es mit **zufälligen Kreuzungsvariationen** zu tun.

- Die „Entwicklung" menschlicher Stammbäume ist ausgesprochen zeitaufwendig, da die **Generationenfolge** extrem lang und die **Nachkommenzahl** gleichzeitig relativ gering ist.

- Die **Komplexität** der Merkmale ist sehr hoch (*vgl. Polygenie- und Polyphäniephänomene*).

- Bei **Befragungen** von Personen bezüglich Erbkrankheiten können Befragte unwissentlich oder willentlich (Scham, Angst ...) unrichtige Angaben machen.

- Befragungen sind meist nur über drei, **maximal vier Generationen** hin möglich.

Besondere Schwierigkeiten bei der Analyse erzeugt das **Gendosis-(Penetranz*-)Problem**: Da Kreuzungsexperimente nicht möglich sind, Gene sich aber oft nicht eindeutig dominant, rezessiv oder intermediär verhalten, spricht man in der menschlichen Erblehre z. B. auch dann schon von dominant wirkenden Erbanlagen, wenn sich die heterozygoten Träger der Erbanlage eindeutig von den homozygot-rezessiven unterscheiden. Der Begriff der Dominanz erfährt also eine deutliche „Aufweichung".

Humangenetik

Bevor wir uns mit Erbgang-/Stammbaumanalysen auseinandersetzen, sind im Folgenden einige bekannte Erbkrankheiten zusammengestellt:

Archondroplasie	Dysproportionierter Zwergwuchs (2 : 100 000)
Brachydaktylie (Kurzfingrigkeit)	Verkürzung von Finger- und Zehengliedern (1 : 200 000)
Chorea HUNTINGTON	Veitstanz
Ectrodactylie (Spalthand)	starke Hand- und Fußverformungen (1 : 90 000)
Hyperlipoproteinämien	Störungen des Fettstoffwechsels
Marfan-Syndrom (Spinnenfingrigkeit)	Bindegewebsschwäche; Überdehnbarkeit der elastischen Fasern (1,5 : 100 000)
Polydactylie (Vielfingrigkeit)	überzählige Finger oder Zehen (1 : 2000)
Retinoblastom	bösartiger Tumor der Netzhaut (1 : 20 000)
Osteogenesis imperfecta	abnorme Knochenbrüchigkeit
Otosklerose	Schwerhörigkeit (1 : 330)
Syndactylie	Schwimmhautbildung an Hand oder Fuß, Verwachsungen von Fingern und Zehen (1 : 2500)

Tabelle:
Autosomal-dominante Erbkrankheiten; werden auf einem der 22 Autosomen dominant vererbt (Zahlen in Klammern geben die Häufigkeit ihres Auftretens an)

Albinismus	Mangel an Hautpigmenten (1,5 : 20 000)
Alkaptonurie (Schwarzharn)	Ablagerungen von Homogenitinsäure in den Gelenken, Arthrosen (4 : 1 000 000)
Erblicher Kretinismus	Stoffwechselstörung der Schilddrüse, führt zu körperlichen und geistigen Defekten (1: 50 000)
Galaktosämie	Stoffwechseldefekt, führt zu Leberzirrhose (1 : 20 000)
Mukopolysaccharidose	Enzymdefekt, führt zu Skelettanomalien und Minderwuchs
Mukoviszidose	Dysfunktion exokriner Drüsen (1 : 2500)
Phenylketonurie	Stoffwechseldefekt, kann zu Schwachsinn führen
Sichelzellanämie	sichelförmige rote Blutkörperchen, kann zu Anämien führen

Tabelle:
Autosomal-rezessive Erbkrankheiten; treten nur in homozygoter Form in Erscheinung (Zahlen in Klammern geben die Häufigkeit ihres Auftretens an)

Humangenetik

Albinismus oculi	Pigmentstörung des Auges
Glukose-6-phosphat-dehydrogenase-Mangel	Enzymdefekt
Hämophilie A	Blutgerinnungsstörung (Faktor VIII)
Hämophilie B	Blutgerinnungsstörung (Faktor IX)
Ichthyosis vulgaris	Fischschuppenkrankheit
Muskeldystrophie	Veränderungen der Skelettmuskulatur
Rot-Grün-Blindheit	Farbenblindheit (teilweise)

Tabelle:
X-chromosomal- oder gonosomal-rezessive Erbkrankheiten

Hypophosphatämische Rachitis	Skelettveränderungen
Oro-fazio-digitales (OFD)-Syndrom	Fehlbildungskomplex mit u. a. Zahnstellungsanomalien, Gaumenspalte; männliche Embryonen sterben ab, tritt nur bei Frauen in Anwesenheit des „gesunden" Allels auf
Zahnschmelzhypoplasie	Zähne ohne Schmelz, Zahnfarbe braun

Tabelle:
X-chromosomal- oder gonosomal-dominante Erbkrankheiten (sind meist schwer von autosomal-dominanten Erbgängen zu unterscheiden und deshalb schwierig zu analysieren)

Humangenetik

1. Stammbaumanalysen

Ziel der Analyse von **Familienstammbäumen** ist es, anhand **von phänotypischen Merkmalen auf die genotypischen Anlagen** zu schließen, um eine Aussage über die Art der Vererbungsmechanismen zu erlangen (**Erbgangshypothese**).

Im Biologieunterricht lassen sich hinsichtlich dieser Problematik zwei unterschiedliche Aufgabentypen konstruieren:

- Ein Stammbaum ist grafisch vorgegeben und die Art des Erbgangs sowie die einzelnen Genotypen sollen analysiert werden.
- Die Aufgabenstellung ist in einen Text verpackt, in dem eine Familiensituation beschrieben ist. Hier ist zunächst aus dem gegebenen Text ein Familienstammbaum zu erstellen, der anschließend analysiert werden kann.

Um zur richtigen Lösung zu kommen, müssen **zwei Entscheidungen** getroffen werden:

- ob das Merkmal (z.B. eine Erbkrankheit) **dominant oder rezessiv** vererbt wird,
- ob das Merkmal **autosomal oder gonosomal** weitergegeben wird.

Im Folgenden werden anhand mehrerer Beispiele Lösungsstrategien erarbeitet. Die dabei verwendete Symbolik:

Symbolik zur Stammbaumanalyse

♂ = männlich, Nichtmerkmalsträger

♀ = weiblich, Nichtmerkmalsträger

○ = Nichtmerkmalsträger

♂ = männlich, Merkmalsträger

♀ = weiblich, Merkmalsträger

● = Merkmalsträger

Beispiel 13: Mukoviszidose
Der folgende Stammbaum zeigt eine Familie, in der die Erbkrankheit **Mukoviszidose** (zystische Fibrose) auftritt (*zu den molekulargenetischen Grundlagen dieser Erbkrankheit vgl. Kap. F.4.1.3*). Die erkrankten Personen sind durch ausgefüllte Symbole gekennzeichnet.

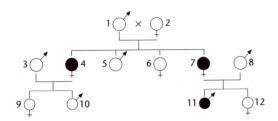

Stammbaum einer Familie mit Mukoviszidose

1. Zunächst ist festzustellen, ob die Erbkrankheit **dominant oder rezessiv** vererbt wird: In der **Parentalgeneration** sind beide Eltern (1 und 2) phänotypisch gesund (keine Merkmalsträger). Sie müssen aber zumindest Überträger der Krankheit sein, da ihre Kinder 4 und 7 erkrankt sind (Merkmalsträger). Aus dieser Konstellation lässt sich schließen, dass die Erbkrankheit rezessiv vererbt werden muss, da nur so die Eltern selbst phänotypisch gesund und gleichzeitig Überträger der Krankheit sein können. Die gesunde Anlage (M) dominiert über die Anlage für Mukoviszidose (m). Beide Eltern müssen **heterozygote Träger der rezessiven Erbkrankheit** sein, also gilt für sie genotypisch:

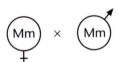

Die Kinder als phänotypische Träger der Erbkrankheit müssen von beiden Eltern das defekte Gen bekommen haben und sind genotypisch entsprechend alle

2. Nun muss überprüft werden, ob das Merkmal **autosomal oder gonosomal** vererbt wird: Wir stellen zunächst fest, dass das Erbmerkmal sowohl bei Männern als auch Frauen auftritt. Würde es sich um einen rezessiv-gonosomalen Erbgang handeln, so wäre zu erwarten, dass männliche Individuen deutlich häufiger betroffen wären als weibliche, da sie schon bei einem „Merkmalsträger-Gen" krank wären. Einen wirklichen Beweis für Autosomalität stellt diese Feststellung allerdings noch nicht dar! Doch auch diesmal ermöglicht uns die Parentalgeneration eine eindeutige Entscheidung: Aus der Feststellung der Rezessivität des Merkmals folgt, dass bei gonosomaler Vererbung auch der Vater (1) Merkmalsträger sein müsste, da er nur dann seinen Töchtern (4 und 7) ein krankes Gen weitergeben könnte. Da er dies aber nicht ist, haben wir die **Autosomalität** bewiesen.

An dieser Überlegung wird deutlich, dass die **Beweisfolge** wichtig ist: Versuchen Sie **zuerst**, eine Aussage zur **Dominanz/Rezessivität** zu machen und **dann** die **Autosomalität/Gonosomalität** festzustellen.

Nach diesen beiden Vorüberlegungen kann das vorliegende Stammbaum-Beispiel vollständig gelöst werden:

Für **alle erbkranken Personen** können wir **genotypisch mm** festlegen. Da aus der Ehe 7 mit 8 ein krankes Kind (11) hervorgeht, muss der einheiratende Mann (8) ebenfalls Überträger des Merkmals sein, also genotypisch heterozygot Mm, er ist ja phänotypisch gesund. Die Tochter 12 muss Mm sein, da sie von ihrem Vater ein M erhält. Aus der Ehe 3 und 4 gehen nur gesunde Kinder hervor, die aber beide Überträger sein müssen, da sie von ihrer Mutter ein krankes Gen bekommen haben, also Mm. Der einheiratende Mann (3) kann ebenso wie die Kinder (5 und 6) sowohl MM als auch Mm sein. Da seine beiden Kinder – bei seiner Ehe mit einer erbkranken Frau – allerdings gesund sind und Erbkrankheiten relativ selten auftreten, spricht bei ihm vieles für die Konstellation MM, er trägt nur das sogenannte **Grund- oder Basisrisiko**, in unserem Fall 1 : 2500.

Die korrekte Lösung des Stammbaumes würde dann folgendermaßen aussehen (wobei das durchgestrichene Mm bei 3 unsere letzte Analyse verdeutlichen soll):

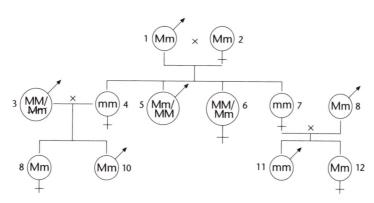

Lösung zum Stammbaum von Beispiel 13

Humangenetik

Wie wir an diesem Beispiel erkannt haben, leiten wir die Erbanlagen der Folgegenerationen zwar nach der Spaltungsregel ab, die statistischen Aussagen von MENDEL treffen wegen der geringen Zahl der Fälle jedoch nicht zu! (Diese Abweichung von der statistischen Aussage finden wir sehr oft bei Familienstammbäumen, bei denen nur sehr wenige Personen betrachtet werden; sie soll nicht verunsichern, sondern eher an die Überlegungen in *Kapitel B.1* erinnern!)

Aufgabe

 Analysieren Sie zur Einübung und Vertiefung der Überlegungen in Beispiel 15 den folgenden Stammbaum einer Familie mit erblicher Alkaptonurie (Schwarzharn). Erkrankte Personen sind durch ausgefüllte Symbole gekennzeichnet. Bei 10 × 11 tritt Blutsverwandtschaft (Inzucht) auf (*vgl. Kap. D.3.2*).

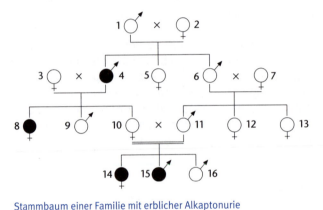

Stammbaum einer Familie mit erblicher Alkaptonurie

Nach den bisherigen Überlegungen und Beobachtungen können wir gewisse Gesetzmäßigkeiten feststellen und die beiden ersten Merksätze formulieren:

> Wenn aus einer Verbindung von phänotypisch **gesunden Eltern** ein phänotypisch **krankes Kind** hervorgeht, wird ein Merkmal **rezessiv** vererbt.
>
> Hat in einem rezessiven Erbgang ein phänotypisch **gesunder Vater** phänotypisch **kranke Töchter**, so wird das Merkmal **autosomal** vererbt!

Beispiel 14: Brachydaktylie

Mithilfe dieses Beispiels gelangen wir zu weiteren Merksätzen. Wiederum soll der Stammbaum einer erbkranken Familie gedeutet werden, die phänotypisch kranken Personen sind erneut durch ausgefüllte Symbole gekennzeichnet.
Es handelt sich diesmal um die Erbkrankheit der **Brachydaktylie** (Kurzfingrigkeit):

Humangenetik

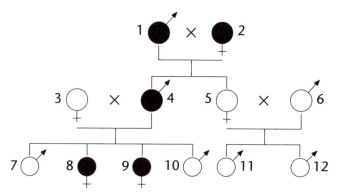

Stammbaum einer Familie mit Brachydaktylie

1. Das Merkmal wird **dominant** vererbt, was wir an der Parentalgeneration (1 und 2) und deren Kindern erkennen können: Wäre das Merkmal rezessiv, so müssten beide Eltern homozygote Merkmalsträger sein und eine gesunde Tochter (5) könnte nicht entstehen, da sie von beiden Eltern ein krankes Gen erhalten würde.

2. Das Merkmal wird **autosomal** vererbt, was sich aus der gleichen Konstellation ableiten lässt: Wäre das Merkmal gonosomal, so müsste die Tochter (5) von ihrem Vater dessen krankes X-Chromosom erben.

Alle **phänotypisch gesunden** Personen müssen somit **homozygot gesund bb** sein!

Aufgabe

 Stellen Sie weitere Überlegungen an, die zum vollständig gedeuteten Stammbaum führen.

 Wenn zwei phänotypisch **kranke Eltern** ein phänotypisch **gesundes Kind** haben, wird ein Merkmal **dominant** vererbt. Hat in einem dominanten Erbgang ein **kranker Vater gesunde Töchter**, so ist dies ein Beweis für die **Autosomalität**.

Beispiel 15: Hämophilie A in europäischen Adelsfamilien

In den Schulbüchern finden wir häufig einen Stammbaum, der das Auftreten der Bluterkrankheit in den europäischen Fürstenhäusern zeigt. Wir wollen auch diesen exemplarisch deuten; ausgefüllte Symbole weisen wieder auf die Merkmalsträger hin. Zur besseren Übersichtlichkeit wurden nicht alle Kinder und Kindeskinder aufgeführt.

69

Humangenetik

Bluterkrankheit

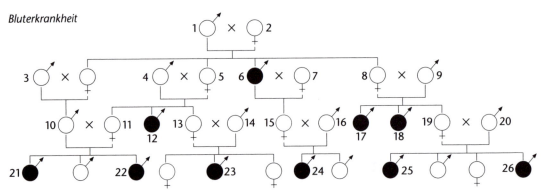

Stammbaum zur Hämophilie A in europäischen Adelsfamilien: 1: Prinz Albert von Sachsen-Coburg-Gotha; 2: Queen Victoria; 3: Kaiser Friedrich III.; 4: Ludwig von Hessen; 5: Alice; 6: Leopold Duke of Albany; 7: Helene von Waldeck; 8: Beatrice; 9: Heinrich von Battenberg; 10: Heinrich von Preußen; 11: Irene; 12: Frederick; 13: Alexandra; 14: Zar Nikolaus II.; 15: Alice; 16: Alexander von Teck-Athlone; 17: Leopold; 18: Moritz; 19: Vict. Eugenie von Battenberg; 20: Alfons XIII. von Spanien; 21: Waldemar; 22: Heinrich; 23: Zarewitsch Alexej; 24: Ruprecht; 25: Alfonso von Spanien; 26: Gonzalo

Bei diesem Stammbaum über vier Generationen fällt auf, dass **lediglich Männer erkrankt** sind. Dies ist ein deutliches Zeichen für die **Gonosomalität** des Erbganges. (Prinz Albert (1) und Queen Victoria (2) waren übrigens Cousins, *vgl. dazu Kap. D.3.2*)

Doch wir wollen uns ganz bewusst an unser Schema bei der Analyse halten:

1. Das Merkmal wird **rezessiv** vererbt, da aus Ehen von phänotypisch gesunden Eltern phänotypisch kranke Kinder hervorgehen.

2. Die **Gonosomalität** lässt sich nicht mit absoluter Sicherheit beweisen, es gibt keine Konstellation, die nicht auch mit einer autosomalen Vererbung verträglich wäre. Die eingangs erwähnten statistischen Verhältnisse legen sie allerdings nahe!

Aufgabe

D03 Versuchen Sie, den Stammbaum aus Beispiel 15 selbstständig zu deuten und die Genotypen zu erschließen. Beschränken Sie sich auf die Analyse der mit Ziffern gekennzeichneten Personen.

Beispiel 16: Rot-Grün-Blindheit

An einem letzten Beispiel wollen wir unser Verständnis von gonosomalen Erbgängen vertiefen. Zu deuten ist der folgende Stammbaum einer Familie mit **Rot-Grün-Blindheit**:

Humangenetik

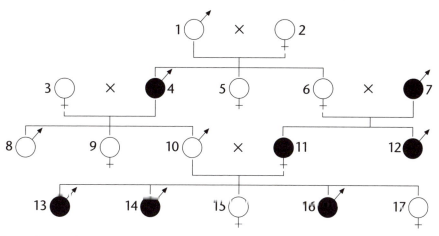

Stammbaum einer Familie mit Rot-Grün-Blindheit

1. Wir stellen zunächst die **Rezessivität** des Erbganges fest, da die phänotypisch gesunden Eltern (1 und 2) einen phänotypisch kranken Sohn (4) haben.

2. Nun müssen wir die Autosomalität bzw. Gonosomalität überprüfen: Neben dem Phänomen, dass auch diesmal deutlich mehr männliche Individuen als Merkmalsträger auftreten, können wir ein weiteres Argument für die **Gonosomalität** ins Feld führen! Aus der Ehe eines phänotypisch gesunden Mannes (10) und einer phänotypischen Merkmalsträgerin (11) gehen fünf Kinder hervor. Alle männlichen Nachkommen (13, 14 und 16) sind Merkmalsträger, während die beiden Mädchen (15 und 17) phänotypisch gesund sind. Da die Mutter (11) homozygote Merkmalsträgerin sein muss, müssen bei einem gonosomalen Erbgang alle Knaben von ihr ein defektes Gen erhalten haben und sind, da sie vom Vater nur das Y-Chromosom bekommen, automatisch auch Merkmalsträger. Alle Mädchen erhalten jedoch vom phänotypisch gesunden Vater dessen X-Chromosom ohne Gendefekt und sind damit phänotypisch gesund, aber weiterhin Überträgerinnen (**Konduktorinnen***) der Krankheit, da sie ja auch noch ein defektes X-Chromosom von ihrer Mutter haben.

Nach diesen ausführlichen Vorüberlegungen fällt die Lösung leicht: Alle **gesunden Männer** müssen **RY** sein, alle **kranken Männer rY**, alle **kranken Frauen** sind **rr**.

Aufpassen müssen wir nur bei den **phänotypischen Nichtmerkmalsträger-Frauen**, da diese RR oder Rr sein können! Der Sohn (4) kann allerdings seine Rot-Grün-Blindheit nur von der Mutter (2) haben. Deshalb muss diese heterozygot Rr sein. Der gleiche Zusammenhang gilt für den Sohn (12) und die Mutter (6). Die Mutter (3) ist vermutlich homozygot gesund RR, da sie nur gesunde Kinder hat. Wir machen dies im Stammbaum durch das durchgestrichene Rr kenntlich. Die Töchter (9, 15 und 17) sind alle heterozygot Rr (9 erhält defektes X vom Vater 4; 15 und 17 von der Mutter 11), für die Tochter (5) lässt sich keine eindeutige Aussage machen!

Der entschlüsselte Stammbaum hat danach folgendes Aussehen:

Humangenetik

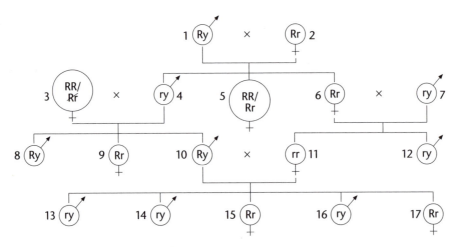

Genotypen des Stammbaumes von Beispiel 16

 Sind in einem **rezessiven** Erbgang **alle Söhne** einer Merkmalsträgerin erkrankt, so deutet dies auf **Gonosomalität** hin. Töchter können nur erkranken, wenn auch der Vater Merkmalsträger ist.

Heterozygote Trägerinnen der Erbanlage nennt man **Konduktorinnen**.

Anders sieht es bei gonosomal-**dominanten** Erbgängen aus: Hier sind **alle Töchter** eines merkmalstragenden Mannes selbst auch **Merkmalsträgerinnen, alle Söhne** hingegen **merkmalsfrei**.

Im Gegensatz zu autosomalen Erbleiden, bei denen das Merkmal in beiden Geschlechtern statistisch gesehen etwa gleich häufig auftritt, tritt das Merkmal **bei X-chromosomaler Vererbung bei Männern deutlich häufiger** auf als bei Frauen.

An den beiden letzten Beispielen haben wir aber auch erkennen können, dass es **schwieriger** ist, eine eindeutige Aussage über die Gonosomalität/Autosomalität zu machen als über Dominanz/Rezessivität, besonders wenn die Individuenzahl – wie in menschlichen Stammbäumen üblich – gering ist.

Zum Abschluss sei noch auf zwei Aspekte hingewiesen, die bei der Analyse von Stammbäumen grundsätzlich beachtet werden müssten und unsere bisherigen Überlegungen relativieren:

- Wir müssen bei all unseren Überlegungen **Neumutationen** grundsätzlich **ausschließen**, da ansonsten keine Aussagen über den Erbgang mehr möglich sind. Wir gehen also immer von der Annahme aus, dass kein Nachkomme ein Merkmal erhalten kann, wenn es nicht schon bei einem seiner Eltern aufgetreten ist.

Humangenetik

- Bestimmte „**Defekte**", die normalerweise genetisch bedingt sind, können in manchen Fällen durch Umweltfaktoren in nahezu gleicher Form ausgebildet werden, sodass sich der durch Umweltbedingungen hervorgerufene Phänotyp nicht vom erblich hervorgerufenen unterscheiden lässt. Diese Übereinstimmungen nennt man **Phänokopien**, sie treten z. B. bei der Zahnschmelzhypoplasie, einem dominant-gonosomalen Erbleiden, auf. Auch Phänokopien müssen wir von vornherein bei unseren Stammbaumanalysen ausschließen!

Zum eigenständigen Üben nun noch ein paar Aufgabenstellungen, die bei Prüfungen sehr beliebt sind.

Aufgaben

Do4 Der nachfolgende Stammbaum zeigt den Erbgang des **Albinismus**. Analysieren Sie die Genotypen. Merkmalsträger sind durch ausgefüllte Symbole dargestellt.

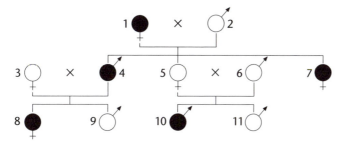

Stammbaum einer Familie mit Albinismus

Do5 Stellen Sie mithilfe des nachfolgenden Stammbaumes den Erbgang für „Fischhäutigkeit" fest und begründen Sie das Ergebnis. Unter Fischhäutigkeit versteht man eine starke Verhornung der Haut. Merkmalsträger sind durch ausgefüllte Symbole bezeichnet. Nicht eingezeichnete Ehepartner besitzen das Merkmal nicht. Kennzeichnen Sie die Erbanlagen der mit Ziffern bezeichneten Personen.

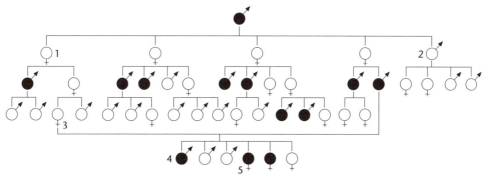

Stammbaum einer Familie mit „Fischhäutigkeit"

73

Humangenetik

Aufgaben

 Do6 Ein Paar mit gesunden Vorfahren hat zwei gesunde Kinder und ein infolge von unbehandelter **Phenylketonurie** geistig behindertes Kind. Die Schwester des Mannes möchte den Bruder der Frau heiraten.
Mit welcher Wahrscheinlichkeit wäre das erste Kind aus dieser Ehe behindert? Zeichnen Sie den Stammbaum und tragen Sie die Phäno- und Genotypen ein.

 Do7 Das **Retinoblastom** ist eine gefährliche Krankheit der Netzhaut. Sie kann entweder durch ein dominantes Gen Rb oder durch Entwicklungsstörungen ausgelöst werden. Vom Erscheinungsbild her sind beide Formen der Erkrankung nicht voneinander zu unterscheiden.
Zwei Brüder, Hans und Tom, fragen den Genetiker, ob sie gesunde Kinder haben würden. Ihre Mutter wurde im Alter von zwei Jahren am Retinoblastom operiert und blieb nach der Operation auf einem Auge blind.
Der Vater, zwei jüngere Brüder und Tom sind normalsehend, Hans jedoch und seine jüngere Schwester wurden als Kinder operiert und sind völlig blind.
Beide Brüder haben Frauen mit gesunden Augen geheiratet.

Erstellen Sie ein Beratungsgutachten und begründen Sie die getroffenen Entscheidungen.

2. Genetische Beratung und pränatale Diagnose

Die Möglichkeiten der Feststellung genetisch bedingter Krankheiten und Fehlentwicklungen ist in den letzten Jahren immer größer geworden. Gleichzeitig stieg auch das Risikobewusstsein von Paaren. Eltern wünschen sich gesunde Kinder; entsprechend groß ist der Beratungsbedarf.

Babys kommen in der Regel gesund zur Welt und entwickeln sich auch normal. Bei 2–3% der Neugeborenen treten allerdings Fehlbildungen oder Behinderungen auf, die genetisch bedingt sein können. Wenn Paare das Risiko einer Fehlbildung oder Behinderung ihres Kindes bereits vor dessen Zeugung bzw. Geburt ermitteln wollen, können sie eine **genetische Beratungsstelle** aufsuchen.

In der Bundesrepublik Deutschland gibt es in jeder größeren Stadt Einrichtungen, die eine **genetische Beratung** durchführen. Die Beratung erfolgt in erster Linie in Form eines Gespräches zwischen einer humangenetisch ausgebildeten Person und einem Paar, das sich ein Kind wünscht. Gegenstand des Gespräches sind alle Probleme, die sich aus dem Auftreten oder dem Risiko des Auftretens einer genetisch bedingten Erkrankung oder Fehlentwicklung in einer Familie ergeben können.

Da das Risiko einer genetisch bedingten Erkrankung oder Fehlentwicklung nicht bei allen Elternpaaren gleich groß ist, ist eine genetische Beratung nur bei folgenden **Indikationen*** angezeigt:

- Gesunde Eltern haben bereits ein Kind mit einer genetisch bedingten Erkrankung oder Fehlbildung.
- Ein Elternteil leidet an einer genetisch bedingten Krankheit.

- In der Familie eines Elternteils kommen genetisch bedingte Krankheiten gehäuft vor.
- Das Elternpaar ist miteinander verwandt (*Verwandtenehen, vgl. Kap. D.3.2*).
- Eine Frau hatte schon mehrere Fehlgeburten ohne gynäkologisch feststellbare Ursache.
- Die potenzielle Mutter ist bereits älter als 35 Jahre.

In all diesen Fällen ist mit dem Risiko angeborener Fehlbildungen und Behinderungen zu rechnen, die genetisch bedingt sind. Daneben gibt es noch Fehlbildungsrisiken, die von schädigenden Einflüssen während der Schwangerschaft und der Geburt ausgehen, wie z. B. einer Infektion der Mutter mit Rötelviren, der Einnahme bestimmter Medikamente sowie Alkohol- und Drogenkonsum. Im Beratungsgespräch muss deshalb zuerst geklärt werden, ob es sich um eine **genetisch bedingte Krankheit oder Fehlentwicklung** handelt.

Die **Ziele der genetischen Beratung** sind (nach einer Zusammenstellung der WHO), einer betroffenen Familie zu helfen,

- die medizinischen Fakten einschließlich der Diagnose, den vermutlichen Verlauf der Erkrankung sowie die zur Verfügung stehenden Behandlungsmethoden zu erfassen,
- den erblichen Anteil der Erkankung und das Wiederholungsrisiko für bestimmte Verwandte zu begreifen,
- die verschiedenen Möglichkeiten zu erkennen, mit dem Wiederholungsrisiko umzugehen,
- eine Entscheidung zu treffen, die ihrem Risiko, ihren familiären Zielen, ihren ethischen und religiösen Wertvorstellungen entspricht und in Übereinstimmung mit dieser Entscheidung zu handeln und
- sich so gut wie möglich auf die Behinderung des betroffenen Familienmitgliedes einzustellen.

Zur Risikoabschätzung werden verschiedene humangenetische Methoden verwendet. Die nach wie vor wichtigste Methode ist die Erstellung eines Familienstammbaumes. (*Ausführliches dazu in Kap. D.1.*)

Allerdings spielen heutzutage bei der genetischen Beratung verschiedene Methoden der **vorgeburtlichen (pränatalen*) Diagnose** eine immer entscheidendere Rolle. Mit ihrer Hilfe können bereits beim Fötus genetisch bedingte Krankheiten und Fehlbildungen sowie Chromosomenanomalien nachgewiesen werden. Die verschiedenen Methoden unterscheiden sich in der Aussagekraft sowie im Zeitpunkt, der Schwere und dem Fehlgeburtsrisiko des Eingriffs. Die wichtigsten Informationen zu den **Untersuchungsverfahren** sind in der Tabelle (S. 76) zusammengestellt. Die invasiven* Verfahren (Amniozentese und Chorionzottenbiopsie) sind immer mit einem körperlichen Eingriff verbunden, durch den fötale Zellen und Fruchtwasser für genetische und biochemische Untersuchungen entnommen werden. Bei diesen Methoden ist das Risiko einer durch den Eingriff ausgelösten Fehlgeburt gegen das Wiederholungsrisiko einer genetisch bedingten Krankheit oder Fehlbildung abzuwägen.

Aufgabe

 Wie groß ist das Wiederholungsrisiko, dass bei einer erneuten Schwangerschaft eine genetisch bedingte Krankheit auftritt
a) bei autosomal-dominant vererbten Krankheiten?
b) bei autosomal-rezessiv vererbten Krankheiten?

Humangenetik

	Zeitpunkt	Vorgehensweise	Untersuchungsziele	Vor- und Nachteile
Ultraschall	Routinemäßig in der 9.–12., in der 19.–22. und in der 29.–32. Schwangerschaftswoche; Diagnose von Fehlbildung erst ab der 18. Woche möglich	Der Ultraschallkopf wird über den Bauch der Schwangeren geführt.	Festellung der Schwangerschaftswoche, Lage des Fötus in der Gebärmutter, Beurteilung von Wachstum und Entwicklung, Diagnose von inneren und äußeren Fehlbildungen, Geschlechtsbestimmung	Keine unmittelbaren Risiken für Mutter und Kind; keine große Genauigkeit bei der Erkennung von Fehlbildungen
AFP-Bestimmung	15.–20. Schwangerschaftswoche	Blutentnahme bei der Mutter, Untersuchung des Serums auf Alpha-Fero-Protein (ein fötales Protein, das bei schweren Wirbelsäulenerkrankungen in erhöhter Konzentration vorkommt)	Feststellung des Risikos für Neuralrohrdefekte, Fehlbildung von Blase, Nieren und anderen inneren Organen sowie den Trisomien 21 und 18	Keine unmittelbaren Risiken für Mutter und Kind; Interpretation des Testergebnisses ist schwierig, weil zu geringe Genauigkeit
Amniozentese	ab der 13. Schwangerschaftswoche (Frühamniozentese), 15.–17. Schwangerschaftswoche ist der Regelfall, möglich bis unmittelbar vor der Geburt	Einstich mit einer Nadel durch die Bauchdecke in die Gebärmutterhöhle, Entnahme einer geringen Menge von Fruchtwasser, das auch abgelöste Zellen des Fötus enthält; Kultivierung der lebenden Zellen und Herstellung eines Karyogramms	Analyse von Chromosomenanomalien (nach etwa 14 Tagen möglich), Geschlechtsbestimmung, Feststellung von Erbkrankheiten durch gezielte DNA-Analyse, Erkennung von Stoffwechselkrankheiten durch biochemische Untersuchung des Fruchtwassers	Sehr hohe Aussagesicherheit bei der Interpretation der Tests; sehr später Eingriffszeitpunkt (bei Erwägung eines Schwangerschaftsabbruchs); Fehlgeburtsrisiko liegt bei 0,5 bis 1 %.
Chorionzottenbiopsie	9.–12. Schwangerschaftswoche (und auch danach)	Durch die Scheide oder durch die Bauchdecke der Mutter werden mit einer Hohlnadel einige Zellen aus dem Chorionzottengewebe entnommen und unmittelbar untersucht.	wie bei Amniozentese	Sehr hohe Aussagesicherheit bei der Interpretation der Tests; Eingriffszeitpunkt (bei Erwägung eines Schwangerschaftsabbruchs) bis zu 8 Wochen früher als bei Amniozentese; Fehlgeburtsrisiko liegt bei 4 bis 8%.

Tabelle:
Übersicht über vorgeburtliche Untersuchungsverfahren

Mit **pränatalen Untersuchungen** können die verschiedensten genetisch bedingten Erkrankungen erfasst werden:

- Erkrankungen, die mit schweren geistigen und körperlichen Entwicklungsstörungen sowie frühem Tod einhergehen;
- Erkrankungen, die mit schwerwiegenden körperlichen Beeinträchtigungen (ohne geistige Behinderung) und verkürzter Lebenserwartung verbunden sind;
- Störungen, die behandelt werden können oder deren Schweregrad als meist gering empfunden wird;
- Störungen, die erst im späteren Kindes- oder sogar erst im Erwachsenenalter in Erscheinung treten.

Die unterschiedliche Ausprägung vieler genetisch bedingter Krankheiten macht es schwierig, in jedem einzelnen Fall eine vorgeburtliche Vorhersage über den Schweregrad zu treffen.

3. Populationsgenetischer Aspekt

3.1 HARDY-WEINBERG-Gesetz

Für die Genetik ist nicht nur die Frage interessant, wie sich bestimmte Gene bei der Nachkommenschaft bestimmter Eltern verhalten, sondern auch, wie sich Erbfaktoren in großen **Populationen* von Individuen** unter natürlichen Bedingungen verhalten. (Populationen umfassen alle artgleichen Individuen eines Gebietes, im Idealfall alle Individuen einer Art; *vgl. mentor Abiturhilfe Evolution*.)

Haben wir uns bisher hauptsächlich mit **Erbgangsanalysen** beschäftigt, so wollen wir in diesem Teil u. a. folgenden Fragestellungen nachgehen:

- Wie groß ist die **Wahrscheinlichkeit des Auftretens** von bestimmten Genen (beispielsweise für Krankheiten) in einer Bevölkerungsgruppe?
- Wie sind in einer Bevölkerungsgruppe bestimmte **Gene verteilt**?
- Wie häufig kann es zu Ehen zwischen heterozygoten Trägern der Anlagen von rezessiven Erbleiden und damit zu potenziellen kranken Nachkommen kommen?

1908 haben unabhängig voneinander HARDY (1877–1947) und WEINBERG (1862–1937) die gleichen Grundüberlegungen durchgeführt und dabei das sogenannte HARDY-WEINBERG-Gesetz aufgestellt.

Das Gesetz gilt allerdings im statistisch strengen Sinne **nur für ideale Populationen**, d. h. für Populationen, in denen folgende Voraussetzungen erfüllt sind:

- Es findet **keine Selektion** statt, d. h., jedes Individuum hat gleiche Chancen bei der Fortpflanzung und ist z. B. nicht als Merkmalsträger eines „kranken" Erbmerkmals von vornherein von der Fortpflanzung ausgeschlossen.
- Es findet **Panmixie** statt, d. h., jedes Individuum hat die potenzielle Chance, sich mit jedem beliebigen anderen Individuum zu paaren. Es kommt also nicht zur gezielten Auswahl von Ehepartnern.
- Es kommen **keine Mutationen** vor.

Obwohl diese Bedingungen für kaum eine Population zutreffen, schon gar nicht für menschliche, ermöglichen uns die Überlegungen von HARDY und WEINBERG neue Einsichten in das Phänomen der Vererbung und spannen quasi einen Bogen zu Erkenntnissen aus der Abstammungslehre: Sie können verdeutlichen, wie sich Rassen und Arten bilden (**Mikroevolution**; *Details dazu finden Sie in der mentor Abiturhilfe Evolution*).

Humangenetik

HARDY und WEINBERG gehen von der These aus, dass sich in einer idealen Population ein sogenanntes **populationsgenetisches Gleichgewicht** zwischen den einzelnen möglichen Genotypen herstellt.

Angenommen, es gäbe zwei Allele eines Gens: A und a. Wir nehmen weiter an, dass 90% der Gameten das Allel A und 10% der Gameten das Allel a hätten, dann folgt daraus:

A + a = 100%

oder, wenn wir die Häufigkeit des dominanten Allels A mit p und diejenige des rezessiven Allels a mit q bezeichnen:

p = 0,9; q = 0,1

und damit

p + q = 1.

Folgen wir den Überlegungen von HARDY und WEINBERG weiter, so erhalten wir Aussagen über die Häufigkeit des Auftretens der Genotypen AA, Aa und aa durch folgende **Gleichgewichtsbeziehung**:

$(p + q)^2 = p^2 + 2pq + q^2$,

d. h., es gilt für

AA	= p^2	= 0,9 × 0,9	= 0,81 = 81%
Aa	= 2pq	= 2 × 0,9 × 0,1	= 0,18 = 18%
aa	= q^2	= 0,1 × 0,1	= 0,01 = 1%

Daraus ergibt sich:

81% der Individuen haben nur A-Gameten (AA), 1% der Individuen haben nur a-Gameten (aa), 18% der Individuen haben je zur Hälfte A-Gameten und a-Gameten (Aa).

Die Genhäufigkeit innerhalb einer **idealen Population** ist also im **Gleichgewicht**, wenn gilt:

$p^2 + 2pq + q^2 = 1$.

Ist nun ein Parameter der Gleichung bekannt, so lassen sich Rückschlüsse auf die Verteilung der Gene in der gesamten Population ziehen.

Beispiel 17: Phenylketonurie
Die **Phenylketonurie** ist ein rezessiv-autosomales Stoffwechselleiden. Der IQ unbehandelter Kinder liegt etwa bei 20. Die Krankheit beruht auf einem defekten Enzym, der Phenylalaninhydroxylase. Mithilfe des GUTHRIE-Tests lässt sich die Erkrankung frühzeitig nachweisen und eine sofortige Therapie einleiten (*vgl. dazu Kap F.4.1.2*). Sie tritt mit einer Häufigkeit von 1:10 000 auf und wird rezessiv vererbt.

Das heißt also, wir haben in diesem Fall den Faktor

$$q^2 = \frac{1}{10\,000}$$

gegeben und können nun berechnen, wie viele **heterozygote Träger der Erbanlage** in einer idealen Population zu erwarten wären:

$p^2 + 2pq + q^2 = 1$

$q^2 = \dfrac{1}{10\,000} \rightarrow q = \dfrac{1}{100}$

$p + q = 1 \rightarrow p = 1 - q = 1 - \dfrac{1}{100} = \dfrac{99}{100}$

$2pq = 2 \times \dfrac{1}{100} \times \dfrac{99}{100} = \dfrac{198}{10\,000}$

$\dfrac{198}{10\,000} \triangleq \dfrac{1}{50,5}$

Das heißt: In einer idealen Population ist etwa jede fünfzigste Person heterozygoter Träger der rezessiven Erbanlage für Phenylketonurie.

Wir überlegen jetzt, mit welcher Wahrscheinlichkeit zwei Individuen aus einer idealen Population ein krankes Kind bekommen können. Das Ergebnis müsste – wenn unsere bisherigen Gedankengänge korrekt waren – 1 : 10 000 lauten.

Humangenetik

Die Wahrscheinlichkeit des Ehetyps

ist $\frac{1}{50} \times \frac{1}{50} = \frac{1}{2500}$.

Das heißt, jede 2500ste Ehe stellt eine Risikoehe dar.

Gehen wir nun weiter von den MENDELschen Spaltungszahlen aus, dann ist die Wahrscheinlichkeit für ein krankes Kind beim obigen Kreuzungsfall:

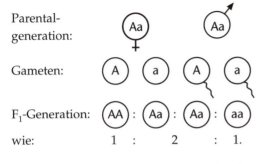

Jedes vierte Kind ist homozygoter Merkmalsträger (aa) und damit krank.

Wir multiplizieren nun die Wahrscheinlichkeit des Ehetyps mit der MENDELschen **Spaltungswahrscheinlichkeit** und erhalten:

$$\frac{1}{2500} \times \frac{1}{4} = \frac{1}{10\,000},$$

was unsere gesamten bisherigen Überlegungen als richtig ausweist und zusätzlich zeigt, dass die **menschliche Population** – trotz aller Einschränkungen, die wir zu Beginn machen mussten – durch ihre Gesamtgröße (Individuenzahl) durchaus einer idealen Population nahekommt und mit dem HARDY-WEINBERG-Gesetz in Einklang steht.

Mithilfe der durchgeführten Überlegungen lassen sich u. a. auch fundierte Aussagen zum **Risiko bei Verwandtenehen** und der besonderen **Problematik von Inzuchtphänomenen** machen. Grundsätzlich ist die Wahrscheinlichkeit, dass rezessive Anlagen homozygot auftreten, bei Inzucht größer als bei einer zufälligen Kombination. Dies gilt besonders für seltene Erbleiden. (Bei Haustieren werden Inzuchtpaarungen gezielt genutzt, um bestimmte Merkmale reinrassig zu züchten).

Aufgaben

D09 Bei einer Population mit drei Phänotypen besteht folgendes Verhältnis:

70 : 21 : 9.

Hierbei sind 70% homozygot AA, 21% heterozygot Aa und 9% homozygot aa. Sind diese Werte mit einem einzigen mendelnden Allel vereinbar?

D10 Berechnen Sie nach dem obigen Muster für folgende rezessive Erbkrankheiten die heterozygoten Träger der Erbanlage. Angegeben ist die durchschnittliche Häufigkeit der homozygoten Träger:

Albinismus-Häufigkeit: 1 : 15 000
Alkaptonurie-Häufigkeit: 1 : 250 000
Galaktosämie-Häufigkeit: 1 : 20 000
Kretinismus-Häufigkeit: 1 : 50 000
Mukoviszidose-Häufigkeit: 1 : 2 500

Humangenetik

3.2 Risiken für Nachkommen aus Verbindungen zwischen Verwandten

Aufgrund des erhöhten Risikos, dass daraus Kinder mit genetisch bedingten Erkrankungen hervorgehen, sind fast überall auf der Erde Ehen zwischen sehr engen Verwandten, wie z. B. Geschwistern, verboten bzw. tabu.

Gesetzlich erlaubt ist dagegen die **Verwandtenehe 1. Grades**, also die Ehe zwischen Cousin und Cousine.

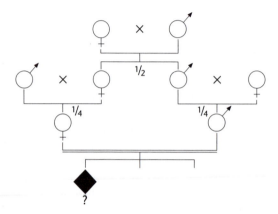

Verwandtenehe 1. Grades und prozentualer Anteil der genetischen Übereinstimmung bei den Nachkommen

Cousins und Cousinen haben **gemeinsame Großeltern**. Ist unter den Nachkommen von Cousin und Cousine in der F_3-Generation ein erbkrankes Kind, dann muss mindestens einer der gemeinsamen Großeltern Merkmalsträger gewesen sein.

Jeder Mensch hat **ein Viertel** seiner Erbanlagen von jedem Großelternteil. Also ist die Wahrscheinlichkeit, dass eine Erbanlage bei Cousins und Cousinen auftritt,

$$\frac{1}{4} \times \frac{1}{4} = \frac{1}{16}.$$

Da rezessive Merkmale von beiden Großeltern stammen können, ohne dass diese selbst erkrankt wären, beträgt die Wahrscheinlichkeit für Cousins und Cousinen aufgrund ihrer Verwandtschaft

$$\frac{1}{16} + \frac{1}{16} = \frac{1}{8}.$$

Mithilfe eines uns schon bekannten Beispiels wollen wir uns die Folgen, die diese verwandtschaftliche Beziehung für selten auftretende rezessive Merkmale hat, verdeutlichen:

Beispiel 18: Phenylketonurie
In Kapitel D.3.1 im Beispiel 17 haben wir errechnet, dass ca. jede 50. Person heterozygoter Träger der Erbanlage ist. Dies gilt natürlich auch für Cousins und Cousinen.

Aus obigen Überlegungen wissen wir, dass die Wahrscheinlichkeit für das gleichzeitige Auftreten eines rezessiven Gens bei Cousins und Cousinen $\frac{1}{8}$ entspricht. Mithin ist die Wahrscheinlichkeit, dass Cousins und Cousinen heterozygote Träger der Erbanlage sind,

$$\frac{1}{50} \times \frac{1}{8} = \frac{1}{400}.$$

Für **Panmixie-Verbindungen** läge die vergleichbare Wahrscheinlichkeit bei

$$\frac{1}{50} \times \frac{1}{50} = \frac{1}{2500}.$$

Geht man nun weiter davon aus, dass bei heterozygoten Eltern die Wahrscheinlichkeit für ein krankes Kind bei rezessiv-autosomalem Erbgang bei $\frac{1}{4}$ liegt, erhalten wir als Ergebnis für das Auftreten von phenylketonuriekranken Kindern bei Verwandtenehen

$$\frac{1}{400} \times \frac{1}{4} = \frac{1}{1600}.$$

Im Vergleich dazu Panmixie-Ehen:

$$\frac{1}{2500} \times \frac{1}{4} = \frac{1}{10\,000}$$

Die Kinder von Verwandtenehen sind also etwa **6-mal so stark gefährdet,** an Phenylketonurie zu erkranken, wie Kinder von nicht verwandten Eltern.

Aufgaben

D11 Wie wirkt es sich auf Kinder aus Verwandtenehen aus, wenn die Häufigkeit für das Auftreten von rezessiven Genen in der Population größer bzw. kleiner ist als bei der Phenylketonurie aus Beispiel 18?

a) Berechnen Sie den „Gefährdungsfaktor" für ein Gen, bei dem ca. jede 250. Person (z. B. Alkaptonurie) und für ein Gen, bei dem ca. jede 15. Person (z. B. Mukoviszidose) heterozygoter Träger der Erbanlage ist.

b) Formulieren Sie einen Vergleichssatz.

D12 Ein rezessives Allel b und ein dominantes Allel A haben die gleiche Genhäufigkeit von 0,01.

Mit welcher Häufigkeit zeigen Individuen das dominante bzw. rezessive Merkmal in der Population?

D13 Die Häufigkeit der Erbkrankheit Otosklerose (Schwerhörigkeit) beträgt 0,3%. Die Anlage wird dominant vererbt.

Berechnen Sie die Häufigkeit der homozygoten Schwerhörigen.

D14 Bei Schafen wird die weiße Fellfarbe durch ein dominantes Allel (A), schwarze Haare werden durch ein rezessives Allel (a) vererbt. Bei einer Population von 1600 Tieren findet man 16 schwarze Schafe.

Wie viele weiße Schafe sind heterozygote Träger des schwarzen Allels?

Humangenetik

4. Zusammenfassung

Auch der Mensch unterliegt grundsätzlich den gleichen genetischen Gesetzmäßigkeiten wie Tier und Pflanze. Da Kreuzungsexperimente jedoch nicht möglich sind, müssen andere Untersuchungsmethoden zur Gewinnung von Erkenntnissen eingesetzt werden: Dies sind je nach Fragestellung die **Stammbaumanalyse** und die **Populationsgenetik**.

Die Aufstellung von korrekten Familienstammbäumen ist deshalb so schwierig, weil die Informationslage kaum zu sichern ist und sich immer auf eine sehr geringe Zahl von Individuen bezieht (keine statistischen Zahlen).

Anhand der **Analyse von Familienstammbäumen** lassen sich Aussagen zum „Typ" des Erbgangs machen. Die Untersuchung wird von zwei Fragestellungen geleitet:
1. der Frage nach der **Dominanz/Rezessivität** und
2. der Frage nach der **Autosomalität/Gonosomalität** des Erbgangs.

Zwei Konstellationen ermöglichen uns eindeutige Aussagen:
1. Die **Rezessivität** (a) ist bewiesen, wenn zwei nicht merkmalstragende Eltern ein merkmalstragendes Kind zeugen (Abb. a).
2. Die **Dominanz** (B) ist bewiesen, wenn zwei merkmalstragende Eltern ein nicht merkmalstragendes Kind zeugen (Abb. b):

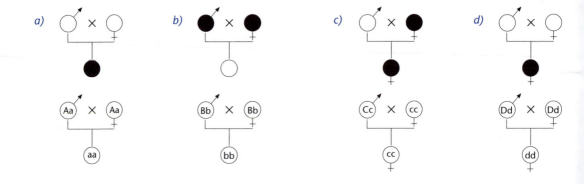

Eine eindeutige Aussage zur Autosomalität bzw. Gonosomalität ist oft ausgesprochen schwierig und kann nur mithilfe von Vorüberlegungen (z. B. zur Rezessivität) zu einer befriedigenden Lösung führen:

1. Da beim gonosomalen Erbgang andere Spaltungszahlen auftreten als beim autosomalen, spricht das gehäufte Auftreten eines Merkmals im heterogametischen, männlichen Geschlecht für die Gonosomalität des Erbgangs. Grundsätzlich sollten jedoch keine voreiligen Schlüsse gezogen werden: So lassen sich, allein auf die vorliegenden Häufigkeiten Bezug nehmend, keine endgültigen Aussagen formulieren, da es sich bei der Betrachtung menschlicher Stammbäume meist nur um sehr kleine Individuenzahlen handelt. Deshalb können erhebliche Abweichungen von den zu erwartenden Spaltungszahlen auftreten.

2. Ist die Rezessivität nachgewiesen und haben ein nicht merkmalstragender Vater und eine merkmalstragende (vgl. Abb. c) oder nicht merkmalstragende Mutter (vgl. Abb. d) eine merkmalstragende Tochter, so ist dies ein Beweis für die Autosomalität des Merkmals.

3. Hat in einem dominanten Erbgang ein kranker Vater gesunde Töchter, so ist dies ein Beweis für die Autosomalität.

Ob ein erwartetes Kind krank sein wird oder gesund, ist letztendlich für die betroffenen Eltern – bei potenziell vorhandener „Erbbelastung" – eine 1:1-Möglichkeit: Es wird krank zur Welt kommen oder nicht.

Gegenstand der **genetischen Beratung** sind alle Probleme, die sich aus dem Auftreten oder dem Risiko des Auftretens einer genetisch bedingten Erkrankung oder Fehlentwicklung in einer Familie ergeben.

Mithilfe der **pränatalen Diagnose** können beim Fötus vor der Geburt genetisch bedingte Krankheiten und Fehlbildungen sowie Chromosomenanomalien nachgewiesen werden. Die verschiedenen Methoden unterscheiden sich in der Aussagekraft sowie im Zeitpunkt, dem Umfang der Untersuchung und dem Fehlgeburtsrisiko des Eingriffs.

Mithilfe der **Populationsgenetik** lassen sich Aussagen über die Verteilung von Genen in sogenannten idealen Populationen machen.

Trotz aller Einschränkungen scheint die menschliche Population so groß zu sein, dass die durchgeführten Betrachtungen greifen.

Hardy und Weinberg gehen bei ihren Überlegungen von einem **populationsgenetischen Gleichgewicht in idealen Populationen** aus, das sich mathematisch in dieser Form beschreiben lässt:

$$p + q = 1$$

und $\quad p^2 + 2pq + q^2 = \text{konstant} = 1.$

Genetik der Bakterien und Viren

Die bisherigen Kapitel befassten sich mit Inhalten der klassischen Genetik. Diese untersuchte die Gesetzmäßigkeiten der Vererbung an hoch entwickelten Organismen wie z. B. den Fruchtfliegen.

Um die Mitte des 20. Jahrhunderts begann eine neue Epoche der Genetik, die die **Frage nach den stofflichen Grundlagen der Vererbung** stellte. Diese Fragestellung konnte nicht mehr an den bisherigen Versuchsobjekten untersucht werden. Vielmehr wurde es erforderlich, sich **einfacher organisierten Lebewesen** zuzuwenden. Deshalb wurden **Bakterien** und **Viren** die wichtigsten Objekte der genetischen Forschung.

1. Bakterien und Viren als genetische Versuchsobjekte

Ein Bakterium besteht nur aus einer sehr **einfach gebauten Zelle**. Diese ist viel kleiner und hat eine grundlegend andere Struktur als eine pflanzliche oder tierische Zelle (vgl. dazu die mentor Abiturhilfe Zellbiologie).

Bakterien gehören zu den sogenannten **Prokaryoten***. Darunter versteht man Lebewesen mit **Zellen ohne „echten" Zellkern** (**Protocyten***). Das genetische Material ist von keiner Kernmembran umgeben und wird häufig als **Nukleoid** bezeichnet.

Tiere und Pflanzen hingegen werden zu den **Eukaryoten*** gerechnet, weil sie Zellen mit Zellkern (**Eucyten***) aufweisen.

Am besten erforscht ist *Escherichia coli* (meist als *E. coli* abgekürzt), ein Bakterium, das normalerweise im Darm des Menschen angesiedelt ist.

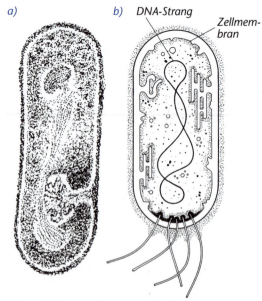

Schematische Darstellung einer Bakterienzelle

Bakterien werden meist in **Petrischalen** gezüchtet. Das sind Glas- oder Kunststoffschalen, in die Nährlösungen eingefüllt werden können. Die Nährlösung erstarrt zu einem festen Medium (z. B. **Agar***, *Abb. rechts*). Bringt man verdünnte Proben bakterienhaltiger Lösungen auf dem Nährboden auf, so vermehren sich die Bakterien. An jeder Stelle, auf die ein einzelnes Bakterium zu liegen kommt, bildet sich eine **Bakterienkolonie**, d. h. eine Ansammlung von Bakterien, die deutlich sichtbar ist.

Bakterien lassen sich also ohne großen Aufwand züchten. Besonders wichtig ist ihre **kurze Generationsdauer**. Unter optimalen Bedingungen teilen sie sich alle 20 Minuten. Genetiker haben also schnellen Zugriff auf Folgegenerationen. Außerdem wirken sich Veränderungen im bakteriellen Erbgut sofort aus, da die **Erbinformation nur einfach vorhanden** ist.

Aus diesen Gründen sind Bakterien zum wichtigsten Untersuchungsobjekt der Molekulargenetik geworden. Das bereits erwähnte Bakterium *E. coli* gilt mittlerweile als das am besten erforschte Lebewesen überhaupt.

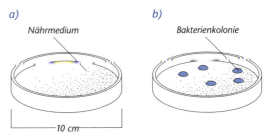

Petrischale, a) gefüllt mit Nährmedium (Agar), b) mit gewachsenen Bakterienkolonien

2. Konjugation und Rekombination bei Bakterien

Die **Fortpflanzung bei Bakterien** erfolgt meist durch **Zweiteilung**, sodass erbgleiche Individuen entstehen.

Unter bestimmten Bedingungen stellt man allerdings fest, dass es bei Bakterien zur **Neukombination von Merkmalen** kommt.

Beispiel 19:
Zwei verschiedene *E. coli*-Stämme werden gezüchtet.

E. coli-Stamm A kann in seinem Stoffwechsel
- die Aminosäure Threonin bilden (thr⁺),
- den Zucker Laktose nicht abbauen (lac⁻).

E. coli-Stamm B hingegen kann umgekehrt
- die Aminosäure Threonin nicht bilden (thr⁻),
- den Zucker Laktose abbauen (lac⁺).

Beide Stämme werden jeweils auf einen Nährboden ausgebracht, der als einzige Kohlenstoffquelle nur Laktose enthält und dem die Aminosäure Threonin fehlt.

Aufgabe

E01 a) Warum wächst Stamm A (lac⁻ thr⁺) nicht auf dem genannten Nährboden?
     b) Warum wächst Stamm B (lac⁺ thr⁻) nicht auf dem genannten Nährboden?

Mischt man die beiden *E. coli*-Stämme A und B und gibt nach einiger Zeit diese Mischung wieder auf einen Nährboden, der **als C-Quelle nur Laktose** enthält und dem **Threonin fehlt**, so stellt man fest, dass einige Bakterienkolonien wachsen. Die in diesen Kolonien befindlichen *E. coli*-Zellen müssen sowohl die Fähigkeit zum **Laktoseabbau** als auch zum **Threoninaufbau** besitzen, sind also wie folgt zu kennzeichnen:

lac⁺ thr⁺

Zwischen Bakterien des Stammes A und des Stammes B muss also eine **Genübertragung** stattgefunden haben. Der dazu führende Vorgang ist mittlerweile erforscht und wird als **Konjugation*** bezeichnet.

An einer Konjugation können, wie die Abbildung zeigt, F⁻-Zellen, F⁺-Zellen und Hfr-Zellen beteiligt sein:

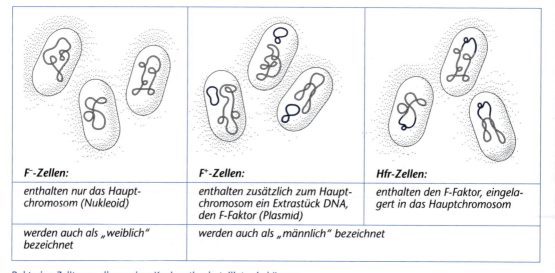

F⁻-Zellen:	F⁺-Zellen:	Hfr-Zellen:
enthalten nur das Hauptchromosom (Nukleoid)	enthalten zusätzlich zum Hauptchromosom ein Extrastück DNA, den F-Faktor (Plasmid)	enthalten den F-Faktor, eingelagert in das Hauptchromosom
werden auch als „weiblich" bezeichnet	werden auch als „männlich" bezeichnet	

Bakterien-Zelltypen, die an einer Konjugation beteiligt sein können

Wir erläutern die **Vorgänge bei der Konjugation** der Reihe nach:

① Eine „männliche" Zelle, also eine mit freiem oder eingelagertem F-Plasmid, bildet ein dünnes Rohr aus, mit dem sie Kontakt zu einer „weiblichen" Zelle aufnimmt. Über die entstandene **Plasmabrücke** kann dann eine **Genübertragung** zwischen der **Spenderzelle** und der **Empfängerzelle** erfolgen. Bei F⁺-Zellen wird außer dem F-Faktor kein weiteres Erbmaterial übertragen.

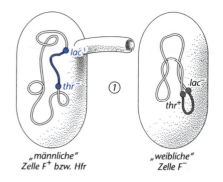

„männliche" Zelle F⁺ bzw. Hfr   „weibliche" Zelle F⁻

Genetik der Bakterien und Viren

② Anders bei Hfr-Zellen: Im gewählten Beispiel ist die Spenderzelle lac⁺ thr⁻, die Empfängerzelle lac⁻ thr⁺.

③ Die DNA in der Spenderzelle wird verdoppelt. Ein Teil des F-Plasmids dringt in die Empfängerzelle ein und „schleppt" dabei einen Tochterstrang der DNA des Hauptchromosoms mit sich. Man spricht hierbei auch von einem **„parasexuellen" Vorgang**.

④ Oft dringt nur ein Stück des Spendergenoms in die Empfängerzelle ein, weil das Verbindungsrohr während der meisten Paarungen frühzeitig zerbricht.

⑤ Abschließend wird der übertragene DNA-Faden gegen das entsprechende Stück des Empfängerchromosoms ausgetauscht (**Rekombination***). Das ursprüngliche (eigene) DNA-Stück wird von der Zelle abgebaut.

Neben diesen Konjugationsvorgängen gibt es noch eine andere Form der Genübertragung zwischen Bakterien. Dabei spielen **Bakteriophagen*** eine entscheidende Rolle. So werden Viren bezeichnet, die Bakterienzellen befallen.

Um diese zweite Möglichkeit der Informationsübertragung zu verstehen, muss man erst mit Bau und Vermehrungsweise der Phagen vertraut sein.

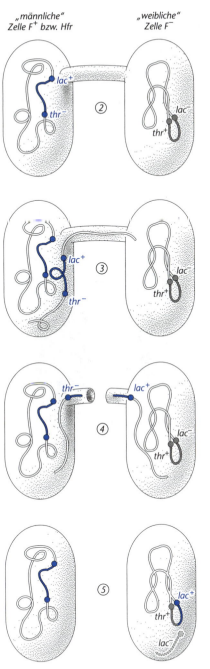

Konjugation und Rekombination bei Bakterien

3. Bau und Vermehrung von Bakteriophagen

Bakteriophagen bestehen genau wie jedes andere Virus aus einer kompliziert gebauten **Eiweißhülle** und einem aufgewickelten **Nukleinsäurefaden** (entweder DNA oder RNA), der die Erbinformationen enthält.

a)
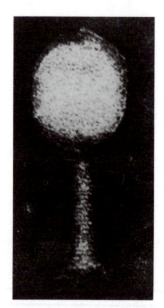

b)
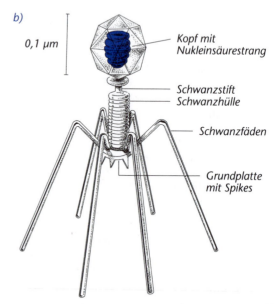

Bau eines Bakteriophagen a) im elektronenmikroskopischen Bild, b) in schematischer Darstellung

Viren sind große Spezialisten: Bakteriophagen befallen nur Bakterien, Pflanzenviren nur Pflanzen und Tierviren in der Regel nur Tiere, manchmal allerdings auch Menschen. Wir Menschen kennen Viren vor allem als Erreger zahlreicher Krankheiten wie Masern, Grippe, Röteln, Tollwut usw. Aber alle Viren haben eines gemeinsam: Sie besitzen **keinen eigenen Stoffwechsel**; sie sind zu ihrer Vermehrung deshalb **auf lebende Zellen** angewiesen.

Wir erläutern die Virusvermehrung am Beispiel eines Bakteriophagen:

- **Lytischer Zyklus**
(Dauer 20 bis 30 Min.; Bildung von 50 bis 200 neuen Phagen)

① Ein freier Phage, der zufällig mit der Zellwand eines passenden Bakteriums (Wirtsorganismus) in Berührung kommt, heftet sich an diese an.

② Der Schwanzstift des Phagen durchdringt die Zellwand. Die Phagen-DNA wird in die Bakterienzelle eingespritzt (**Injektion**). Die leere Proteinhülle bleibt auf der Oberfläche zurück.

③ Die DNA des Phagen bewirkt die **Auflösung des Bakterienchromosoms**. Aus dem frei werdenden Nukleinsäurematerial werden Kopien der Phagen-DNA hergestellt.

④ Ferner bewirkt die Phagen-DNA den Aufbau der Phagenhüllproteine wie z. B. Kopfhülle, Schwanzhülle, Schwanzfäden etc. Aus diesen Teilstücken werden komplette Phagen aufgebaut (**Phagenreifung**).

⑤ Das durch Anweisung der Phagen-DNA hergestellte Enzym **Lysozym** löst die Bakterienzellwand auf (Lyse; daher auch die Bezeichnung **lytischer Zyklus**).

Genetik der Bakterien und Viren

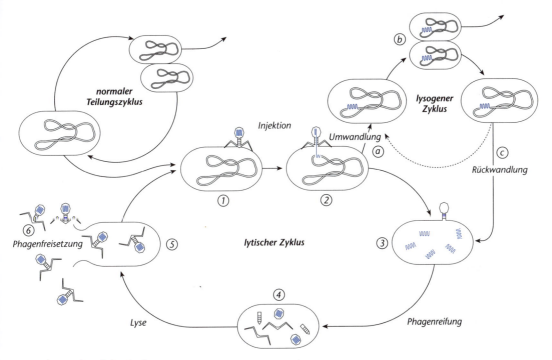

Vermehrung eines Bakteriophagen

ⓖ 50 bis 200 neue Phagen treten aus (**Phagenfreisetzung**).

- **Lysogener Zyklus**

① und ② verlaufen wie beim lytischen Zyklus.

ⓐ Die injizierte Phagen-DNA wird in das Bakterienchromosom eingebaut. Man spricht hier auch von der Umwandlung eines aktiven Phagen in einen **inaktiven Prophagen**.

ⓑ Bei jeder Zellteilung wird die Phagen-DNA zusammen mit der Bakterien-DNA verdoppelt und gelangt auf diese Weise in sämtliche Abkömmlinge der Bakterienzelle.

ⓒ Irgendwann kommt es zu einer **Umwandlung** des „schlummernden" Prophagen in ein Stück **aktiver Phagen-DNA**. Diese Veränderung kann spontan auftreten oder durch äußere Einflüsse ausgelöst werden.

③ bis ⑥ entspricht dem lytischen Zyklus.

- Ein Phage, der direkt den lytischen Zyklus durchläuft, wird als virulenter* Phage bezeichnet.
- Ein Phage, der zunächst den lysogenen Zyklus durchläuft, wird als **temperenter* (gemäßigter) Phage** bezeichnet.

Nachdem wir nun mit Bau und Vermehrungsweise der Phagen vertraut sind, können wir uns einer weiteren Möglichkeit der Genübertragung zwischen Bakterien zuwenden.

Aufgabe

E02 Schätzen Sie ab, wie viele Abkömmlinge ein Bakteriophage nach dreimaligem Durchlaufen des lytischen Zyklus hat.

4. Transduktion

Unter **Transduktion*** versteht man die **Übertragung bakterieller Genorte durch Bakteriophagen**. Das Prinzip dieses Vorgangs wird an einem Experiment verdeutlicht:

Bakterienstamm A stellt die natürlich vorkommende Form des Organismus dar. Der Stamm kann die Aminosäure Leucin selbst bilden (leu⁺), also auch auf einem Nährboden wachsen, der Leucin nicht enthält. Bakterienstamm B ist eine sogenannte **Leucin-Mangelmutante**. In diesen Bakterien ist die genetische Information für die Leucinsynthese verloren gegangen (leu–). Sie können nur auf solchen Nährböden wachsen, die Leucin enthalten.

 Man lässt zunächst auf den Stamm A die Phagen (P) einwirken und isoliert nach einigen Zyklen die neu gebildeten Phagennachkommen (P_1). Diese P_1-Phagen werden dann einige Zeit mit dem Bakterienstamm B zusammen kultiviert.

Bringt man anschließend die ursprüngliche Mangelmutante (Bakterienstamm B) auf leucinfreie Nährböden, so wachsen überraschenderweise einige Bakterienkolonien. Die Information zur Leucinbildung muss also durch die Phagen auf die leu⁻-Bakterien übertragen worden sein.

Erklärung:
Die P-Phagen haben die **Anleitung zur Leucinbildung** (leu⁺) zuerst vom Bakterienstamm A in ihr Erbgut **übernommen**.

In einem zweiten Schritt haben die P_1-Phagen dann die leu⁺-Anlage auf das Erbgut einiger Bakterien des Stammes B übertragen.

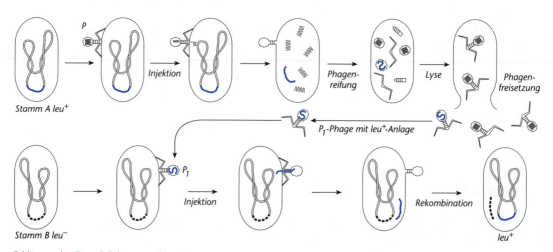

Erklärung des Transduktionsexperiments

5. Transformation – DNA als stofflicher Träger der Erbinformation

Das Transformationsexperiment von AVERY

Wir haben in Kapitel C bereits erwähnt, dass die Speicher der Erbinformation – die Chromosomen – aus zwei verschiedenen Molekülsorten bestehen: aus **Histonen** – das sind Proteine, die nur im Zellkern vorkommen – und aus **DNA**. (DNA ist die übliche Abkürzung für „Desoxyribonukleinsäure". Der Buchstabe A steht für das englische Wort *acid = Säure*. In deutschsprachigen Büchern kann man auch noch auf die Bezeichnung DNS stoßen).
Eine der beiden Molekülsorten musste also der Träger der Erbinformation sein. Aber welche? Die DNA, die bereits 1869 von MIESCHER als phosphorhaltige Säure beschrieben worden war, kam für diese Aufgabe lange Zeit nicht infrage, weil sie **zu einfach gebaut** schien. Die Proteine mit ihren 20 verschiedenen Bausteinen – den Aminosäuren – boten in dieser Hinsicht mehr **Vielfalt**. Es war sehr gut vorstellbar, dass in der immer wieder variierten Reihenfolge dieser Bausteine – der Aminosäuresequenz – die **genetische Information verschlüsselt** war.

Die ersten Versuche zur Klärung dieser Frage wurden 1928 von GRIFFITH durchgeführt.

Experiment

① GRIFFITH verwendete als Versuchsobjekte die Erreger der Lungenentzündung (Pneumokokken), die in 2 Stämmen auftreten, die sich leicht voneinander unterscheiden lassen:
  • **S-Stamm**: Pneumokokken mit Schleimkapsel (S von *smooth = glatt*, da die Bakterienkolonien einen glatten Rand haben),
  • **R-Stamm**: Pneumokokken ohne Schleimkapsel (R von *rough = rau*, da die Bakterienkolonien einen rauen Rand haben).

② Als man Mäusen diese Pneumokokken injizierte, ergab sich: S-Pneumokokken **töteten** die Mäuse. R-Pneumokokken waren **ungefährlich**.

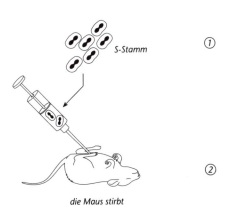

die Maus stirbt

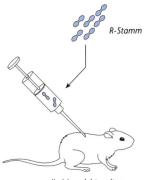

die Maus lebt weiter

Genetik der Bakterien und Viren

③ In einem weiteren Versuch injizierte man Mäusen **durch Erhitzen abgetötete** S-Pneumokokken. Erwartungsgemäß überlebten die Mäuse.

④ Eine Überraschung jedoch brachte der nächste Versuch: Man injizierte Mäusen eine **Mischung** aus
- abgetöteten S-Pneumokokken (ungefährlich, siehe letzter Versuch) und
- lebenden R-Pneumokokken (ebenfalls ungefährlich).

⑤ Die Mäuse starben, obwohl ihnen eine Mischung aus zwei ungefährlichen Pneumokokkenstämmen eingespritzt worden war. Die krankheitserregende Eigenschaft musste auf unbekannte Weise von den abgetöteten S-Pneumokokken auf die harmlosen R-Pneumokokken übertragen worden sein.

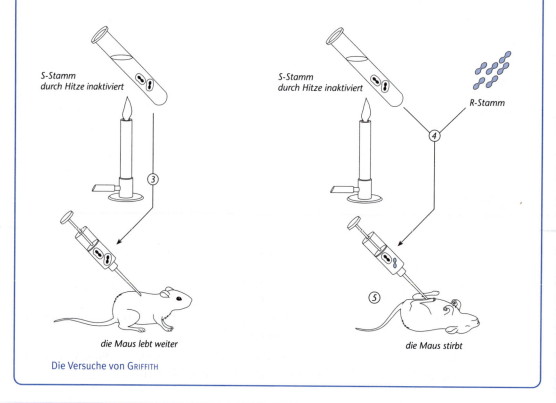

Die Versuche von GRIFFITH

Der Mechanismus der Übertragung blieb zunächst unaufgeklärt. Im Jahre 1944 griff jedoch der amerikanische Forscher AVERY die eben beschriebenen Untersuchungen wieder auf und stellte weitere Versuche an, die im Folgenden dargestellt werden.

Experiment

① AVERY **isolierte DNA** aus S-Pneumokokken.

② Diese mischte er mit Kulturen von R-Pneumokokken.

Genetik der Bakterien und Viren

③ Unter den Nachkommen dieser R-Pneumokokken (ungefährlich, ohne Schleimkapsel) fanden sich nun auch welche mit Schleimkapsel. Eine Überprüfung ergab, dass die neu entstandenen Pneumokokken mit Schleimkapsel jetzt für Mäuse gefährlich waren.

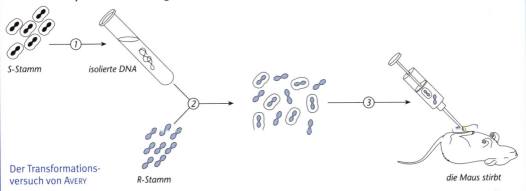

Der Transformationsversuch von AVERY

Führte man diesen Versuch in gleicher Weise durch, gab aber zur S-Pneumokokken-DNA vor der Vermischung mit den R-Pneumokokken einen DNA-zerstörenden Wirkstoff, so kam es zu keiner Informationsübertragung.

AVERY hatte damit bewiesen, dass die **Information** für die Ausbildung bestimmter Merkmale **in der DNA** enthalten ist und in dieser Form auf andere Zellen übertragen werden kann.

Definition Die Übertragung genetischer Information durch „nackte" DNA aus einer Zelle in eine andere nennt man **Transformation***.

Aufgabe

 HERSHEY und CHASE ließen eine Bakterienkultur in einem Medium mit radioaktiv markiertem Phosphor (^{32}P) wachsen, das in die DNA der Bakterien eingebaut wurde. In einem Parallelversuch wurden die Bakterien auf radioaktivem Schwefel (^{35}S) kultiviert, der in Proteine eingebaut wurde. Beide Bakterienkulturen wurden mit T-Phagen beimpft, die sich in den Bakterien vermehrten. Mit diesen beiden Phagenkulturen wurde anschließend jeweils eine frische unmarkierte Bakterienkultur infiziert. Kurz vor der Lyse der Bakterien wurden mithilfe eines Mixers die außen noch vorhandenen Phagenreste von den Bakterien getrennt und abzentrifugiert.

a) In welcher der neu infizierten Bakterienkulturen erwarten Sie messbare Radioaktivität?

b) Welche Schlussfolgerung kann daraus gezogen werden?

Damit war die Frage nach dem Träger der Erbinformation zugunsten der DNA entschieden. Nun stellte sich die Frage nach dem Aufbau dieser Substanz und der Art der Informationsspeicherung. Dieses Thema wird im nächsten Kapitel behandelt.

6. Zusammenfassung

Möglichkeiten der Übertragung von Erbinformationen von einer Bakterienzelle auf eine andere Bakterienzelle sind:

Konjugation: Übertragung von DNA durch eine Plasmabrücke
Transduktion: Übertragung bakterieller DNA durch Bakteriophagen
Transformation: Übertragung „nackter" DNA

Bakteriophagen haben wie alle Viren keinen eigenen Stoffwechsel. Sie sind zu ihrer Vermehrung deshalb auf lebende Zellen angewiesen. Dabei unterscheidet man zwischen **lytischem** und **lysogenem Zyklus**.

AVERY bewies, dass die Information für die Ausbildung bestimmter Merkmale in der DNA enthalten ist und auf andere Zellen übertragen werden kann.

F Molekulargenetik

1. Struktur von Nukleinsäuren

1.1 Die Bausteine der Nukleinsäuren

Die DNA ist ein riesiges Kettenmolekül. Die Kettenglieder werden als **Nukleotide** bezeichnet. Jedes Nukleotid besteht seinerseits aus drei verschiedenen Bestandteilen:

Bestandteil 1
Desoxyribose: ein Einfachzucker mit einem Grundgerüst aus fünf Kohlenstoffatomen C

Bestandteil 2
Phosphorsäure: eine anorganische Säure mit der Formel H_3PO_4

Bestandteil 3
Eine von vier verschiedenen organischen Basen, die ringförmig gebaut sind und neben Kohlenstoffatomen auch Stickstoffatome (N) im Ring enthalten. Sie werden als **Adenin**, **Cytosin**, **Guanin** und **Thymin** bezeichnet (s. Abb. c-f).

a) Desoxyribose b) Phosphorsäure c) Adenin d) Cytosin e) Guanin f) Thymin

Die Bestandteile der DNA. Obere Reihe: die chemischen Strukturformeln, untere Reihe: die von uns verwendeten Symbole für a) Desoxyribose, b) Phosphorsäure, c) Adenin, d) Cytosin, e) Guanin, f) Thymin

Die Anordnung dieser Bestandteile erfolgt nach strengen Gesetzmäßigkeiten: Ein Molekül Desoxyribose, ein Molekül Phosphorsäure und jeweils eine der vier organischen Basen ergeben ein **Nukleotid**. Die Verbindung zwischen dem Zuckermolekül und einer der organischen Basen allein bezeichnet man hingegen als **Nukleosid**.

Viele Millionen Nukleotide zusammen bilden ein **DNA-Molekül**. Die Nukleotide sind hierbei zu langen Ketten verbunden, wobei immer das C_5-Atom eines Desoxyribosemoleküls über eine Phosphorsäuregruppe mit dem C_3-Atom des nächsten Zuckermoleküls in Verbindung steht (zur Nummerierung der C-Atome vgl. oben stehende Abb.).

Molekulargenetik

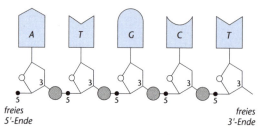

freies 5'-Ende

freies 3'-Ende

Ausschnitt aus einer Nukleotidkette (mit allen vier Nukleotiden)

1.2 Das WATSON-CRICK-Modell der DNA

Mit dieser Verknüpfung der Nukleotide untereinander ist aber erst ein Strang des DNA-Moleküls beschrieben. Jede DNA besteht jedoch aus zwei zusammengelagerten DNA-Einzelsträngen. Der Zusammenschluss erfolgt über sogenannte **Wasserstoffbrückenbindungen**. Das sind auf sehr kurze Entfernung wirkende schwache Anziehungskräfte, die von entgegengesetzt „geladenen" Atomen aufeinanderwirken.

Solche Wasserstoffbrückenbindungen werden allerdings nicht zwischen allen vier Nukleotiden ausgebildet. Bei genaueren Analysen verschiedener DNA-Moleküle hatte sich nämlich herausgestellt, dass immer genauso viel **Zytosin wie Guanin** und **Adenin wie Thymin** vorhanden ist. Das legte den Schluss nahe, dass sich die vier Basen aufgrund der räumlichen Anordung ihrer Atome stets nur zu den Paaren, die in der nebenstehenden Abbildung dargestellt sind, zusammenschließen. Man nennt die jeweils zuein-

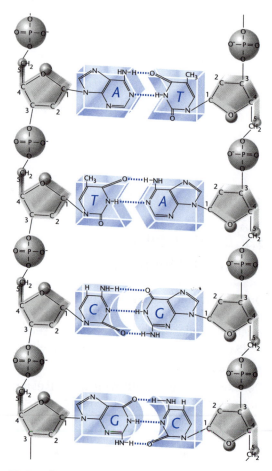

Die komplementären Basenpaarungen der DNA

anderpassenden Basen **komplementäre* Basen**. Andere Paarungen als AT bzw. TA und CG bzw. GC sind aus chemischen Gründen ausgeschlossen.

 Eselsbrücke:
Die beiden runden Buchstaben (d. h. Anfangsbuchstaben der Basen) und die beiden eckigen gehören jeweils zusammen.

Molekulargenetik

Die Nukleotide bzw. deren Basen, die oft einfach mit ihren Anfangsbuchstaben (A, C, G, T) bezeichnet werden, bilden die **Buchstaben des genetischen Alphabets**; sie codieren (verschlüsseln) also die Erbinformation durch die Reihenfolge ihrer Anordnung in der Kette. Sie wird als Nukleotidsequenz oder einfach als **Basensequenz** bezeichnet.

Da die Basenpaarungen chemisch festgelegt sind, bestimmt die Abfolge der Bausteine in dem einen Strang immer auch unweigerlich und eindeutig die Nukleotid- bzw. Basenfolge im zweiten Strang. Diese Tatsache ist für die genetischen Eigenschaften des DNA-Moleküls von entscheidender Bedeutung. Wir kommen darauf noch zurück.

Auch solche gepaarten kompletten DNA-Stränge werden als komplementär bezeichnet. Allerdings verlaufen die Stränge in entgegengesetzter Richtung: die eine Kette von 5' nach 3' und die andere von 3' nach 5'. Auch diese **Gegenläufigkeit** der beiden DNA-Stränge hat eine funktionelle Bedeutung (*vgl. Kap. F.3.2.2*).

Die DNA kann mit einer **Strickleiter** verglichen werden, deren
- Sprossen durch ein Basenpaar und deren
- Tragseile durch Desoxyribose und Phosphorsäure gebildet werden.

Der Vergleich mit einer Strickleiter (und nicht mit einer „normalen" Leiter) liegt nahe, da sich auf Röntgenaufnahmen von DNA gezeigt hatte, dass der DNA-Doppelfaden um eine Mittelachse gewunden vorliegt. Wissenschaftlich nennt man das eine **Doppelhelix**.

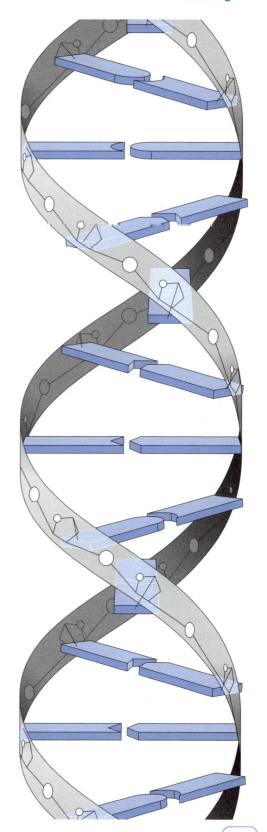

Die Doppelhelix (WATSON-CRICK-Modell der DNA)

Molekulargenetik

Anfang der 50er-Jahre des 20. Jahrhunderts haben die Wissenschaftler JAMES D. WATSON und FRANCIS H. C. CRICK (*Nobelpreis 1962*) diese komplizierte Struktur erschlossen.

Das von ihnen entwickelte DNA-Modell wird seither nach ihnen benannt.

JAMES WATSON und FRANCIS CRICK vor ihrem Demonstrationsmodell im Januar 1953

Aufgabe

F01 Für ein bestimmtes DNA-Molekül wird der Gehalt an den vier Nukleotiden (Basen) A, C, G und T bestimmt. Die Analyse ergibt für Adenin einen Anteil von 27%. Wie groß ist der Anteil der drei anderen Nukleotide (Basen)?

1.3 Die „Verpackung" der DNA

Die gesamte DNA eines Bakteriums wie *E. coli* besteht aus einem einzigen ringförmigen Molekül mit etwa 5 Millionen (5×10^6) Nukleotidpaaren. Die genetische Information eines Menschen, die aus etwa 3 Milliarden (3×10^9) Nukleotidpaaren besteht, ist dagegen auf 23 fadenförmige DNA-Moleküle verteilt, die zudem noch doppelt vorhanden sind (außer in den Keimzellen). Diese einzelnen DNA-Moleküle enthalten zwischen 50 Millionen und 250 Millionen Nukleotidpaare und sind in gestreckter Form zwischen 1,7 cm und 8,5 cm lang; für alle zusammen ergibt das eine Strecke von über 2 Metern. Diese 2 Meter DNA befinden sich aber im Inneren eines Zellkerns, der „nur" einen Durchmesser von etwa 5 μm hat. Ohne „Verpackung" ist das nicht zu leisten.

Die extremste Variante der „Verpackung" erfolgt bei allen Zellteilungen (Mitose und Meiose) zur Transportform der DNA-Moleküle: den **Chromosomen** (*vgl. Kap. C.4*). Aber auch im Chromatin des Interphasekerns liegen die DNA-Moleküle nicht alle gestreckt, sondern in mehr oder weniger kondensierter Form vor. Aus elektronenmikroskopischen Aufnahmen und biochemischen Untersuchungen konnten folgende Ordnungsprinzipien ermittelt werden (*vgl. Abb. S. 99*):

Molekulargenetik

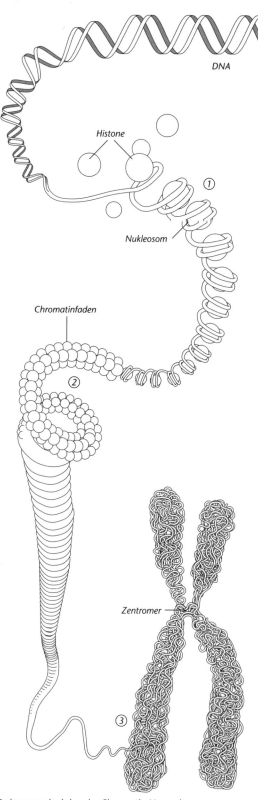

Ordnungsprinzipien der Chromatin-Verpackung

In der **Interphase** besteht das Chromatin zu etwa gleichen Teilen aus den DNA-Molekülen und DNA-bindenden Proteinen. Die kleinen, aus nur 100–135 Aminosäuren bestehenden, kugelförmigen Proteine werden als **Histone** bezeichnet. Nach Behandlung der DNA mit einem „Streckungsmittel" ist im elektronenmikroskopischen Bild zu sehen, dass der DNA-Faden mit perlschnurartig aufgereihten Gebilden besetzt ist. Der Bereich ① im Modell zeigt, dass die DNA in regelmäßigen Abständen spulenartig um Histonmoleküle gewickelt ist. Die „Spulen" werden als **Nukleosomen*** bezeichnet. In dieser Form hat der DNA-Faden einen Durchmesser von etwa 10 nm.

In der lebenden Zelle liegt das Chromatin noch kompakter vor. EM-Bilder zeigen eine typische Chromatinfaser mit einem Durchmesser von etwa 30 nm. Der Bereich ② im Modell erklärt, wie diese Struktur entstehen könnte – durch **Spiralisierung der Perlschnurform**, sodass zwei bis drei Nukleosomen nebeneinander zu liegen kommen.

Bei Zellteilungen kondensieren die Chromatinfasern durch weitere **Spiralisierungen zu noch kompakteren Strukturen**, bis schließlich die Chromatidstruktur eines Metaphase-Chromosoms erreicht ist. In diesem Zustand ③ hat ein DNA-Faden einen Durchmesser von etwa 700 nm, ist aber von durchschnittlich 5 cm Länge auf nur noch 5 μm Länge „geschrumpft".

Molekulargenetik

2. Die Replikation der Erbinformation

Nach dem Beweis, dass die DNA der Speicher der Erbinformation ist, und nach der Erschließung der Struktur des DNA-Moleküls lautete die Frage: Wie wird eigentlich die Erbinformation auf der DNA von Zellgeneration zu Zellgeneration weitergegeben? Es darf ja keine genetische Information verloren gehen. Dieser Vorgang wird als identische Verdoppelung (Replikation*) der Erbinformation bezeichnet.

2.1 Das Grundprinzip der Replikation

Das Grundprinzip der Replikation wird an folgender Aufgabe deutlich:

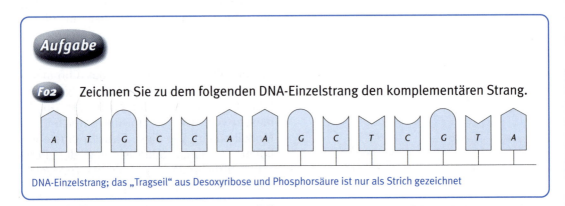

Aufgabe

F02 Zeichnen Sie zu dem folgenden DNA-Einzelstrang den komplementären Strang.

A T G C C A A G C T C G T A

DNA-Einzelstrang; das „Tragseil" aus Desoxyribose und Phosphorsäure ist nur als Strich gezeichnet

Der Schlüssel zur Lösung des Problems liegt im **Prinzip der komplementären Basenpaarung**. Das hatten bereits Watson und Crick erkannt, als sie ihr Modell der DNA-Struktur veröffentlichten: Da immer nur A mit T und C mit G gepaart wird, kann ein DNA-Einzelstrang als **Matrize** für die Bildung des komplementären Stranges dienen.

Das **Grundprinzip der Replikation** ist also denkbar einfach (vgl. Abb. rechts):

① Die beiden komplementären Stränge der DNA trennen sich voneinander. Dieser Vorgang wird gerne mit dem Öffnen eines Reißverschlusses verglichen.

② An die nunmehr frei liegenden Basen lagern sich jeweils Nukleotide mit komplementären Basen an.

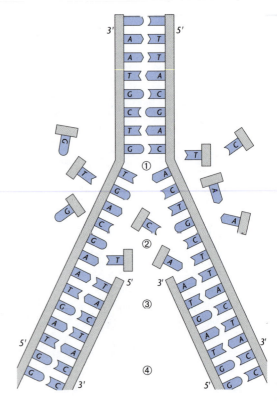

Das Grundprinzip der DNA-Replikation

③ Die Nukleotide werden miteinander zu Ketten verknüpft.

④ Dadurch entstehen zwei Doppelstränge, die **völlig identisch** sind.

Auf diese Weise besteht jeder Doppelstrang aus einem alten Einzelstrang und einem vollkommen neuen Einzelstrang. Die Replikation der DNA erfolgt also nach einem **semikonservativen* Mechanismus**. Der Beweis dafür gelang 1958 den Forschern Matthew Meselson und Frank Stahl im California Institute of Technology.

2.2 Der Beweis für den semikonservativen Mechanismus der Replikation

E04 Experiment von Meselson und Stahl

Bakterien, die sich in kurzer Folge teilen und dabei ihre DNA replizieren, werden auf einem speziellen Nährboden gehalten. Dieser enthält in seinen Stickstoffverbindungen das Isotop* ^{15}N anstelle des gewöhnlichen Stickstoffisotops ^{14}N. Entscheidend ist, dass das ^{15}N-Isotop schwerer ist als das ^{14}N-Isotop. Die Bakterien bauen aus diesem „schweren" Stickstoff die Nukleotidbasen (Adenin, Cytosin, Guanin, Thymin) auf. Die derart beschaffenen ^{15}N-haltigen Basen werden dann bei der Replikation in die DNA eingebaut, die dadurch schwerer wird als normalerweise üblich.

Die verschieden schweren **DNA-Sorten** lassen sich durch ein bestimmtes Verfahren unterscheiden. Dieses Verfahren wird als **Dichtegradienten-Zentrifugation** bezeichnet:

Eine hoch konzentrierte Cäsiumchloridlösung wird mehrere Tage lang zentrifugiert. Dabei wandern die Ionen einerseits entsprechend der Zentrifugalkraft zum Boden des Zentrifugenröhrchens, andererseits diffundieren sie in Richtung der niedrigeren Salzkonzentration zurück. Nach einigen Tagen hat sich ein Gleichgewicht zwischen diesen Kräften eingestellt und einen Konzentrationsgradienten hervorgebracht.

Dieser Konzentrationsgradient wird nun mit einer DNA-Probe überschichtet. Bei erneutem Zentrifugieren sinken die unterschiedlich schweren DNA-Moleküle in dem Konzentrationsgradienten unterschiedlich weit ab. Moleküle derselben (gleich schweren) Sorte lagern sich in gleicher Höhe ab und sind als „Bande" sichtbar:

Bande 1 — leichter Stoff

Bande 2 — schwerer Stoff

Zentrifugenröhrchen

Zentrifugenröhrchen mit unterschiedlich schwerer DNA

Molekulargenetik

Aufgabe

Untersucht man die „leichte" DNA normal ernährter Bakterien (¹⁴N-Stickstoff), so ergibt sich:

Hält man Bakterien über mehrere Generationen in Nährmedium mit „schwerem" Stickstoff (¹⁵N), so ergibt sich:

Überführt man Bakterien mit ¹⁵N-DNA in ¹⁴N-haltiges Medium und belässt sie dort für die Dauer eines Replikationszyklus, so ergibt sich:

Überführt man die Bakterien mit ¹⁵N-DNA in ¹⁴N-haltiges Medium und belässt sie dort für die Dauer zweier Replikationszyklen, so ergibt sich:

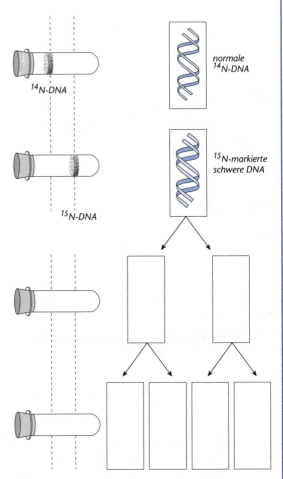

Zentrifugenröhrchen beim MESELSON-STAHL-Experiment; damit man die Lage der Banden besser miteinander vergleichen kann, sind die Zentrifugenröhrchen um 90° gedreht

Ermitteln Sie die weiteren Resultate zunächst selbst. Die erwarteten Banden und der erwartete DNA-Aufbau sollten auf ein gesondertes Blatt mit Bleistift eingetragen werden.

Molekulargenetik

2.3 Der Ablauf der DNA-Replikation im Detail

An diesem Vorgang sind mehrere **Enzyme*** beteiligt, die wichtige Teilaufgaben übernehmen.

① Zu Beginn der Replikation müssen – da die DNA ja als Doppelhelix vorliegt – die beiden Stränge zunächst entwunden und dann als Einzelstränge auseinandergeschoben werden.
Diese Aufgabe wird von sogenannten **Helikasen** geleistet. Das sind Enzyme, die auf die Helix einwirken (s. Abb.).

② An die Nukleotidbasen der Einzelstränge lagern sich komplementäre Nukleotide an, die miteinander verkettet werden.
Diese Aufgabe übernehmen die sogenannten **DNA-Polymerasen**: Das sind Enzyme, die eine Polymerisation (Verkettung) von DNA-Einzelbausteinen bewirken (s. Abb.).

Es ergeben sich jedoch Unterschiede in den Vorgängen an den beiden Ästen der „Replikationsgabel": Am rechten Gabelast heftet die DNA-Polymerase die jeweils komplementären Nukleotide Stück um Stück an das 3'-Ende des wachsenden Stranges. Dieser wächst durchgehend und wird deshalb als **kontinuierlicher Strang** bezeichnet.

Am linken Gabelast geht das so nicht, da die Laufrichtung des Stranges eine andere ist (s.

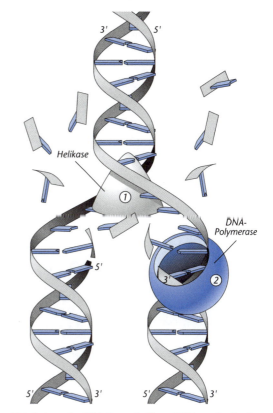

Entwindung der DNA-Doppelhelix und Bildung der Replikationsgabel

Abb.). Hier bilden die DNA-Polymerase-Moleküle in 5' → 3'-Richtung zunächst sogenannte **Okazaki-Fragmente** (benannt nach einem japanischen Wissenschaftler).

 DNA-Polymerasen verbinden die Nukleotide, die den neuen Strang bilden, nur in der Richtung 5' → 3'.

Molekulargenetik

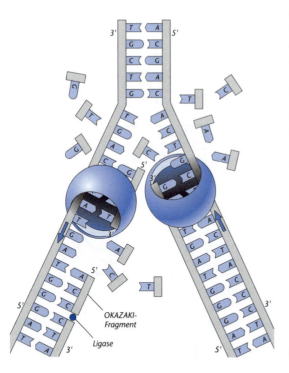

Die Lücken, die dabei entstehen, werden dann durch die Wirkung der **DNA-Ligase** miteinander verknüpft. Da am linken Gabelast das Wachstum demnach nicht durchgehend erfolgt, spricht man hier vom **diskontinuierlichen Strang**.

Die Geschwindigkeit der Replikation beläuft sich bei Bakterien auf 1000 Nukleotide pro Sekunde, beim Menschen auf etwa 50 Nukleotide pro Sekunde.

Kontinuierliche und diskontinuierliche Replikation

Aufgabe

F04 Fassen Sie den Ablauf der DNA-Replikation in Stichpunkten zusammen.

Eine der erstaunlichsten Tatsachen ist die **Präzision**, mit der die Verdoppelung der DNA erfolgt. Die Kopiergenauigkeit ist die Voraussetzung dafür, dass die genetische Information an jede Zelle und an jede weitere Generation unverändert weitergegeben wird. Schon ein winziger Fehler kann sich lebensbedrohlich auswirken (*zu den Auswirkungen von Punktmutationen vgl. Kap. F.4.1*).

Wenn als Folge eines solchen Fehlers bei der Replikation eine nicht komplementäre Base im Tochterstrang der DNA eingebaut wird, entsteht eine **Fehlpaarung**. (Solche Fehlpaarungen können auch durch verschiedene Umwelteinflüsse zustande kommen, *vgl. dazu Kap. F.4.2.*) Drei **enzymatisch gesteuerte Prozesse** sorgen bei der Replikation dafür, dass solche Fehlpaarungen nur äußerst selten auftreten:

1. Die **DNA-Polymerase**, die für die Verknüpfung der angelagerten Nukleotide an den Matrizenstrang sorgt, wählt quasi aus den

4 verschiedenen Nukleotiden dasjenige aus, das zu der jeweiligen Base des Matrizenstrangs komplementär ist. Komplementäre Nukleotidpaarungen sind nämlich energetisch am stabilsten. Trotzdem wird bei diesem Auswahlverfahren noch jedes hunderttausendste Nukleotid fehlgepaart.

2. Die DNA-Polymerase arbeitet gleichzeitig als **Exonuklease***, die nicht komplementäre Nukleotide vom wachsenden Ende der DNA-Kette abtrennt. Dabei wird zunächst gar nicht zwischen komplementären und nicht komplementären Nukleotiden unterschieden; beide können abgetrennt werden. Ein Nukleotid wird nur dann abgetrennt, wenn eine Fehlpaarung vorliegt, die das Anheften des nächsten Nukleotids stark behindert. Durch die kurze Unterbrechung des Verdopplungsvorgangs hat das Enzym Zeit, das falsche Nukleotid zu entfernen.

3. Nach Fertigstellung der DNA-Tochterstränge greift ein dritter Korrekturmechanismus, die sogenannte **Fehlpaarungsreparatur**. Dieser Mechanismus entspricht der Reparatur von DNA-Schäden (*wird ausführlich in Kap. F.4.3 erläutert*).

Durch die Kombination von Nukleotidauswahl und sofortigem Korrekturlesen wird die Replikation so genau, dass **Fehlpaarungen nur mit einer Häufigkeit von 1 : 10 000 000** auftreten.

2.4 Schmelzen und Hybridisieren von DNA

Da die beiden Stränge der Doppelhelix nur durch schwache Anziehungskräfte zusammengehalten werden, reicht bereits eine geringe Energiezufuhr aus, um sie voneinander zu trennen. Es reicht aus, eine DNA-Lösung in Wasser auf etwa 80°C zu erhitzen, damit sich die **Wasserstoffbrückenbindungen lösen**, ohne dass die Bindungen, die die Nukleotide in der Kette zusammenhalten, zerstört werden. Dieser Vorgang wird als **„Schmelzen" von DNA** (*s. Abb.*), die „geschmolzene" DNA als **denaturiert** bezeichnet.

Wird die Temperatur wieder gesenkt, kehrt sich der ganze Vorgang langsam um: Die Wasserstoffbrückenbindungen zwischen ursprünglichen Basenpaaren der Doppelhelix bilden sich wieder und die beiden Einzelstränge lagern sich wieder richtig zusammen. Die auf diese Weise wiederhergestellte DNA wird als **renaturiert** bezeichnet.

Stammen die DNA-Einzelstränge bei der Renaturierung von einer gemeinsamen Doppelhelix ab, erfolgt die Zusammenlagerung unter günstigen Bedingungen vollständig, da die beiden Stränge über die gesamte Kettenlänge komplementär zueinander sind.

Es ist aber auch möglich, DNA unterschiedlicher Herkunft auf diese Weise zusammenzubringen. Der Vorgang wird dann als **Hybridisierung*** bezeichnet. Mit diesem Verfahren kann beispielsweise festgestellt werden, wie ähnlich die Basensequenz von zwei verschiedenen DNA-Abschnitten ist.

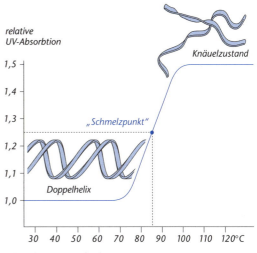

Schmelzen und Hybridisieren von DNA

Molekulargenetik

> **Aufgabe**
>
> **Fo5** Die DNA-Einzelstränge von drei verschiedenen Arten (Gorilla, Schimpanse, Mensch) werden auf die beschriebene Weise zusammengebracht. Dabei stellt sich heraus, dass die DNAs von Mensch und Schimpanse zu 90%, die von Mensch und Gorilla zu 85% hybridisieren. Welcher Schluss kann daraus gezogen werden?

3. Die molekulare Wirkungsweise der Gene

Bei der DNA-Replikation kommt es regelmäßig zu einer Verdoppelung der Erbinformation. Diese setzt sich aus vielen Erbanlagen, den Genen, zusammen. Rein stofflich betrachtet ist ein **Gen** ein bestimmter **DNA-Abschnitt**, der in der Regel über 1000 Basenpaare umfasst.

Es ergeben sich mehrere Fragen:
- Welche Informationen beinhalten Gene?
- Wie sind diese Informationen codiert (verschlüsselt)?
- Wie werden diese Informationen in der Zelle umgesetzt?

Wenden wir uns zunächst der Frage nach dem **Informationsgehalt** zu.

3.1 Die Ein-Gen-ein-Enzym-Hypothese

Petrischalen mit Pilzkultur auf „Minimal-Nährmedium"; a) der Pilz wächst, b) kein Wachstum, c) mit Zusatz von Arginin: Der Pilz (Arginin-Mangelmutante) wächst

Schimmelpilze der Gattung *Neurospora* haben die Fähigkeit, auf sogenanntem „Minimal-Nährmedium" zu wachsen (*Abb. a*). Dieses enthält nur Mineralstoffe und als einzige organische Substanz einen Zucker. Die zum Leben notwendigen Aminosäuren – wie z. B. Arginin – kann sich der Pilz selbst aufbauen.

Nun sind aber auch *Neurospora*-Stämme bekannt, die auf Minimalmedium nur wachsen, wenn Arginin dazugegeben wird (*Abb. c*). Diese Stämme haben die Fähigkeit zur Argininherstellung verloren und werden deshalb als Arginin-**Mangelmutanten** bezeichnet,

d. h., dass sie bei einem Mangel an Arginin nicht gedeihen können (*Abb. b*).

Aufgrund seiner chemischen Natur vermutete man, dass Arginin über mehrere Vorstufen hergestellt wird. Die Umwandlung der verschiedenen Vorstufen ineinander wird durch bestimmte Enzyme ermöglicht. Chemisch gesehen handelt es sich bei diesen Umwandlungsschritten um Synthesevorgänge:

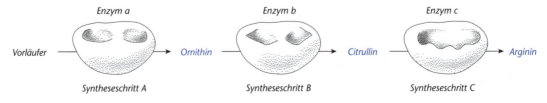

Die Syntheseschritte bei der Herstellung der Aminosäure Arginin

Molekulargenetik

Experiment

E05 Man züchtete verschiedene Stämme (I, II, III) von Arginin-Mangelmutanten auf folgenden Nährmedien:
(1) Minimalmedium mit Zusatz von Ornithin
(2) Minimalmedium mit Zusatz von Citrullin
(3) Minimalmedium mit Zusatz von Arginin

Bei der Auswertung stellte sich heraus:
- Einige Stämme konnten Citrullin nicht verwerten (man bezeichnete sie als Gruppe I).
- Unter den Stämmen, die Citrullin verwerten konnten, gab es einige, die mit Ornithin nichts anzufangen wussten (Gruppe II).
- Der Rest der Arginin-Mangelmutanten konnte auch mit Ornithin wachsen (Gruppe III).

Das Resultat dieses Experiments mit verschiedenen Stämmen von Arginin-Mangelmutanten lässt sich in einer tabellarischen Übersicht wiedergeben:

Verschiedene Stämme von Mangelmutanten	Dem Minimal-Nährmedium wurde zugefügt:			
	Ornithin (1)	Citrullin (2)	Arginin (3)	nichts
I	—	—	+	—
II	—	+	+	—
III	+	+	+	—

Ergebnis der Experimente zum Beweis der Ein-Gen-ein-Enzym-Hypothese

Zur Vereinfachung der Deutung des Versuchsergebnisses stellen wir uns zunächst die Frage nach einem Teilergebnis: Wieso wachsen Pilze der Gruppe II auch bei Citrullinzugabe (2), während Pilze der Gruppe I nur bei Argininzugabe (3) gedeihen?

Molekulargenetik

Pilze der Gruppe II können offensichtlich aus Citrullin Arginin herstellen. Bei Pilzen der Gruppe I ist dieser Syntheseschritt C hingegen blockiert. Es ergibt sich:

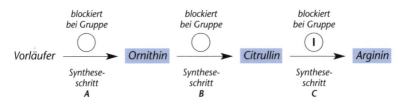

Deutung der Experimente mit Mangelmutanten von Neurospora

Aufgabe

Fo6 Überlegen Sie, bei welchen Mutantengruppen die Syntheseschritte A und B blockiert sind, und ergänzen Sie dementsprechend das Schema.

Die Forscher BEADLE und TATUM, die die eben beschriebenen Experimente durchführten, zogen daraus folgenden Schluss:
Für **jeden einzelnen Syntheseschritt** existiert offensichtlich **je ein Gen**. Nun wird aber jeder Syntheseschritt von einem Enzym gesteuert. Demnach kann die eingangs gestellte Frage nach dem Informationsgehalt eines Gens folgendermaßen beantwortet werden:

! Ein Gen beinhaltet die Information zum Aufbau eines Enzyms (Ein-Gen-ein-Enzym-Hypothese).

Mit ihren Versuchen hatten BEADLE und TATUM um 1940 erstmals den direkten Zusammenhang zwischen dem Informationsgehalt definierter DNA-Abschnitte (Gene) und der Bildung von Enzymen, erkennbar an ihrer Wirkung, hergestellt. In den Folgejahren wurde klar, dass dieser Zusammenhang auch für Proteine besteht, die nicht als Enzyme arbeiten. Jedes Protein besteht aus einer oder mehreren Ketten von Aminosäuren, die als **Polypeptide** bezeichnet werden. Die Information für den Aufbau jedes Polypeptids ist in einem bestimmten Gen enthalten. In diesem allgemeingültigen Sinn sollte also von der **Ein-Gen-ein-Polypeptid-Hypothese** gesprochen werden.

3.2 Die Proteinbiosynthese bei Prokaryoten

Eine Erbanlage – ein Gen – beinhaltet, wie BEADLE und TATUM zeigen konnten, die Information zum Aufbau eines Enzyms. Nun zur zweiten Frage: Wie wird der Informationsgehalt eines Gens in der Zelle umgesetzt? Oder anders gefragt: Welche Vorgänge laufen in der Zelle ab, um entsprechend des „Rezepts" auf der DNA ein Enzym aufzubauen?

Molekulargenetik

Enzyme gehören zur Gruppe der Proteine. Sie werden aus 20 verschiedenen Bausteinen aufgebaut, den Aminosäuren. Bei der Herstellung eines Proteins (Enzyms) werden Dutzende bis Hunderte Aminosäuren „perlschnurartig" aneinandergehängt. Dabei ist die Aminosäuresequenz für jede Protein-/Enzymsorte festgelegt.

> Einer charakteristischen Nukleotidsequenz in einem Gen entspricht also eine charakteristische Aminosäuresequenz in einem Protein/Enzym. Die Nukleotidsequenz determiniert (bestimmt) die Aminosäuresequenz (Prinzip der Kolinearität).

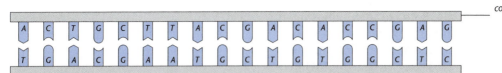

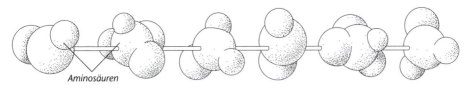

Determinierung der Aminosäuresequenz durch die Nukleotidsequenz

3.2.1 Der genetische Code (Teil 1)

Wie bereits erläutert, bilden die vier Nukleotidbasen **A, C, G** und **T** (Adenin, Zytosin, Guanin und Thymin) die **Buchstaben des genetischen Alphabets**. Aus ihnen müssen mindestens **20 verschiedene „Wörter"** gebildet werden, um jede mögliche Aminosäure genau „benennen" zu können. Um diese Anzahl zu erreichen, bilden immer drei der Buchstaben (A, C, G, T) zusammen ein „Wort", das für eine bestimmte Aminosäure steht, z. B. GCA für Alanin oder AGA für Arginin. Diese **Drei-Buchstaben-Wörter** werden als **Basentripletts** bezeichnet. Insgesamt sind $4^3 = 64$ Tripletts möglich, also mehr als genug für 20 Aminosäuren.

Molekulargenetik

An dieser Stelle lässt sich folgendes Bild der Proteinbiosynthese zeichnen:

- Die **Basentripletts** bilden die Wörter eines „Rezeptes" auf dem DNA-Faden mit der Anweisung für die Herstellung eines bestimmten Proteins.
- Das Protein wird aus einzelnen **Aminosäuren** zusammengesetzt.
- Ort dieses Zusammenbaus sind die als **Ribosomen** bezeichneten Zellorganellen.
- Das Ablesen und Übersetzen des „Rezeptes" kann aus räumlichen Gründen **nicht direkt an der DNA** erfolgen.
- Deshalb wird das „Rezept" (auf der DNA) umgeschrieben in eine **Kopie**, die die Information als **Bote** zu den Ribosomen trägt. Diesen Vorgang der Umschreibung nennt man **Transkription***. Der gebildete Botenstoff wird als m-RNA („**messenger-RNA**") bezeichnet.

Neben der DNA spielen also für die Verwirklichung der Erbinformation auch noch andere Nukleinsäuren eine Rolle. Diese werden als **Ribonukleinsäuren** (RNA oder manchmal noch RNS) bezeichnet.

Eine Zelle enthält folgende unterschiedliche Typen von RNA:

m-RNA = „messenger-RNA" (Boten-RNA)

t-RNA = „transfer-RNA" (Transport-RNA)

r-RNA = „ribosomale RNA"

Sämtliche RNA-Formen unterscheiden sich in zwei wesentlichen Punkten von der DNA: Sie enthalten
- als Zuckerbestandteil **Ribose** (anstelle von Desoxyribose, *Abb. a*),
- die organische Base **Uracil** (anstelle von Thymin, *Abb. b*).

Außerdem liegen RNA-Moleküle in der Regel **einsträngig** vor.

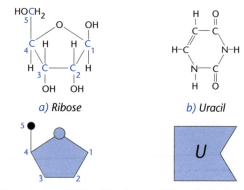

Bausteine von RNAs: a) Struktur von Ribose, b) Struktur von Uracil

---

Aufgabe

 Vergleichen Sie anhand der *Abbildungen oben* die Struktur der Ribose mit der der Desoxyribose (*Abb. S. 95*). Worin besteht der Unterschied zwischen den beiden Molekülen?

3.2.2 Die Transkription

Wir erläutern den Ablauf der Transkription Schritt für Schritt anhand der Abbildung auf S. 111:

① Die **RNA-Polymerase**, ein sehr kompliziert gebautes Enzym, das die Transkription katalysiert, erkennt den Beginn des „Rezeptes" auf der DNA an einer Nukleotidsequenz, die als **Promotor*** bezeichnet wird. Sie ist durch eine bestimmte Basenfolge charakterisiert, die häufig als Element **TATA** enthält.

Molekulargenetik

② Die RNA-Polymerase bewegt sich an der DNA entlang. Dabei werden die **Wasserstoffbrückenbindungen** zwischen den komplementären Basenpaaren **aufgetrennt**.

③ Der DNA-Doppelstrang wird auf einer Strecke von etwa 20 Nukleotidpaaren aufgetrennt. Hierzu sind recht komplizierte Entwindungsreaktionen notwendig, auf deren Darstellung hier allerdings verzichtet wird.

④ **Freie RNA-Nukleotide** heften sich nach dem Basenpaarungsprinzip an die freien Basen des **„Sinnstranges"** der DNA.

⑤ Sie werden durch die RNA-Polymerase zu einem **RNA-Strang** verknüpft. Hierbei ist zu beachten, dass anstelle von Thymin Uracil in die RNA eingebaut wird. Uracil paart sich wie Thymin komplementär mit Adenin.

⑥ Das **Ende** des Kopiervorgangs wird durch eine bestimmte Basenfolge angezeigt, die als **Terminator** bezeichnet wird. Die RNA-Polymerase löst sich von der DNA ab (in der Abbildung nicht dargestellt).

⑦ Die fertige **m-RNA löst sich und wird freigesetzt** und kann sich „auf den Weg" zu den Ribosomen machen.

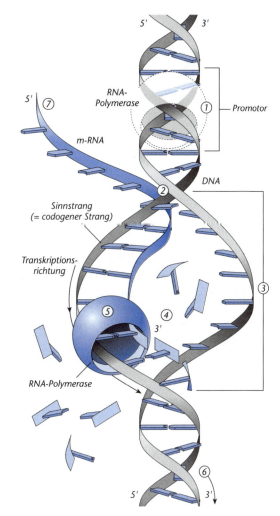

Ablauf der Transkription

An die Ribosomen gelangt also eine **Kopie der Erbinformation**. Die Reihenfolge der Basentripletts auf dieser m-RNA steht für eine bestimmte Aufeinanderfolge von Aminosäuren. An den Ribosomen erfolgt nun die **Übersetzung der Basensequenz in eine Aminosäuresequenz**. Dieser Vorgang wird als **Translation*** bezeichnet.

Im Prinzip könnten an jedem Abschnitt der DNA zwei verschiedene m-RNA-Moleküle abgelesen werden, nämlich an jedem Strang der Doppelhelix eines. Tatsächlich wird aber immer nur ein DNA-Strang als Matrize benutzt; dieser wird als **codogener* Strang** oder einfacher als **„Sinnstrang"** bezeichnet. Welcher der beiden Stränge in m-RNA umgeschrieben wird, ändert sich entlang eines DNA-Moleküls und hängt von der Lage des Promotors des jeweiligen Gens ab (vgl. hierzu Kap. F.5): Die DNA-Sequenz jedes Promotors besitzt eine Orientierung, welche die RNA-Polymerase in die eine oder andere Richtung dirigiert, und diese Orientierung bestimmt auch, welcher Strang der DNA kopiert wird (s. folgende Abb.).

Molekulargenetik

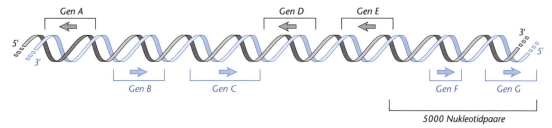

Lage der codogenen DNA-Abschnitte und Transkriptionsrichtung auf einem kurzen Abschnitt des Chromosoms von E. coli

3.2.3 Die Translation

Ein Basentriplett der m-RNA, das eine Aminosäure codiert, wird als **Codon*** bezeichnet. Die Aufgabe, entsprechend der Codonfolge ausgewählte Aminosäuren zur m-RNA zu bringen, wird von transfer-RNA-Molekülen (t-RNAs) übernommen.

Solche **t-RNA-Moleküle** bestehen aus einem Einzelstrang von 70 bis 80 Nukleotiden. Die Nukleotide sind streckenweise gepaart, daraus ergibt sich eine kleeblattähnliche Form, die wie folgt dargestellt werden kann:

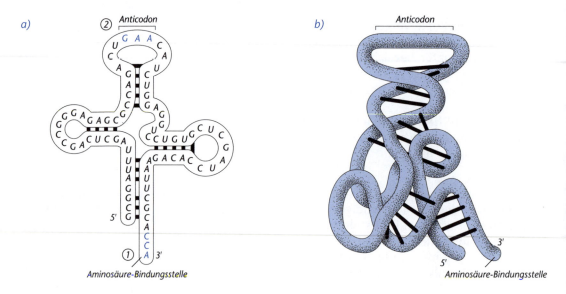

t-RNA-Molekül a) vereinfachte Darstellung, b) räumliche Struktur

Wie diese Abbildung zeigt, hat ein t-RNA-Molekül

① eine **Anheftungsstelle**, an die eine Aminosäure angehängt wird,

② ein **Anticodon***, d. h. ein Triplett, das komplementär zu einem Codon der m-RNA ist.

Trotz immer gleicher Anheftungsstelle „CCA" erhält jede t-RNA die zum jeweiligen Anti-

Molekulargenetik

codon gehörende Aminosäure! Paart sich eine t-RNA über ihr Anticodon mit einem Codon der m-RNA, so wird dabei einem Basentriplett eine bestimmte Aminosäure zugeordnet.

Die Translation läuft immer in mehreren Phasen ab. Die wichtigsten Schritte sind in der folgenden *Abbildung* dargestellt:

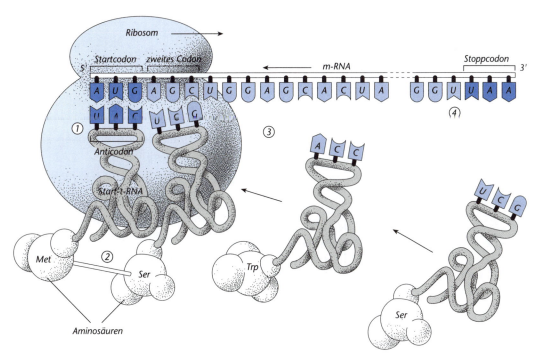

Ablauf der Translation

① Die **m-RNA** nimmt Kontakt zur **kleinen Untereinheit eines Ribosoms** auf. Da jede m-RNA mit dem Startcodon AUG beginnt, bringt sich die **Start-t-RNA**, die Aminosäure Methionin im Schlepptau, mit ihrem Anticodon (UAC) in die richtige Position. Damit ist das **„Leseraster"** für die Translation festgelegt. Dann erst lagert sich die große Untereinheit an.

② An einem Ribosom haben zwei **t-RNA-Moleküle gleichzeitig** Platz. An das zweite Codon der m-RNA lagert sich ein weiteres t-RNA-Molekül an, das die zum Basentriplett passende Aminosäure mitbringt. Die dadurch direkt zusammenkommenden Aminosäuren werden miteinander verknüpft. Dies geschieht durch Ausbildung einer soenannten **Peptidbindung** *(Näheres dazu in der mentor Abiturhilfe Zellbiologie)*.

③ Das Ribosom und die m-RNA gleiten um drei Basen aneinander vorbei. Dadurch wird das nächste Codon zur Paarung angeboten. Aus der Fülle der t-RNA-Moleküle kann sich wiederum nur das passende anlagern. Die nächste Aminosäure gelangt damit in die richtige Position und wird mit der vorhergehenden Aminosäure verknüpft. Auf diese Weise entsteht eine Polypeptidkette mit genau **festgelegter Aminosäuresequenz**. t-RNA-Moleküle, die ihre Aminosäure abgegeben haben, werden wieder frei und können erneut mit „ihrer" Aminosäure beladen werden.

④ Die Translation wird dadurch beendet, dass zu einigen Codons keine t-RNA-Moleküle passen. Wenn sie in der m-RNA auftauchen, wird die letzte Aminosäure von ihrer t-RNA gelöst, die t-RNA verlässt das Ribosom und die beiden Untereinheiten des Ribosoms trennen sich voneinander. Wegen dieser Wirkung werden die entsprechenden Codons als **Stoppcodons** bezeichnet.

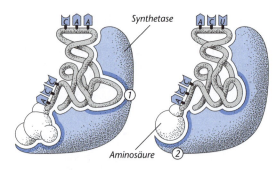

Wirkungsweise von Synthetasen

Interessant ist sicherlich auch die Geschwindigkeit, mit der die Vorgänge in der Zelle ablaufen:

Transkription: 60 Nukleotide pro Sekunde,
Translation: 20–40 Aminosäuren pro Sekunde.

Diese Werte sind für Bakterienzellen gültig.

Wir haben bei der Beschreibung der Translation eine wesentliche Frage noch offengelassen: Wie lagert sich die jeweils **richtige Aminosäure** (von 20 verschiedenen!) an ein „**passendes**" t-RNA-Molekül mit dem „richtigen" Anticodon an? Die Aminosäureanheftungsstellen sind ja bei den transfer-RNAs mit dem Triplett „CCA" alle gleich beschaffen (*vgl. Abb. S. 112 links*)!

Die Lösung besteht darin, dass sich t-RNA-Moleküle mit verschiedenen Anticodons auch in ihrer jeweiligen **räumlichen Struktur** unterscheiden. Dieser Unterschied in der Struktur wird für die Aminosäureanheftung ausgenutzt. Der Zusammenbau zwischen der t-RNA und der passenden Aminosäure wird nämlich durch bestimmte Enzyme bewirkt.

Diese sogenannten **Synthetasen** – das sind Enzyme, die eine Synthese (Vereinigungsvorgang) bewirken – weisen zwei wichtige Regionen auf:

① mit der einen Region erkennen sie den typischen Bau einer t-RNA,

② mit der anderen erkennen sie die typische Struktur einer Aminosäure.

Solche Synthetasen werden in der Abbildung rechts oben gezeigt.

Auf diese Weise wird durch die verschiedenen Synthetasen einem bestimmten t-RNA-Molekül die jeweils passende Aminosäure zugeordnet. Darüber hinaus bereitet eine Synthetase eine Aminosäure auch für die (Energie verbrauchende) Verknüpfung mit der „Partner"-Aminosäure vor.

3.2.4 Der genetische Code (Teil 2)

Das Prinzip der Basentripletts bedeutet, dass für eine bestimmte Aminosäure, die in eine Polypeptidkette eingebaut wird, eine Folge von drei Nukleotidbasen auf der DNA codiert. Wir haben andererseits erläutert, dass 64 verschiedene Basentripletts möglich sind, die aber nur 20 Aminosäuren codieren müssen. Die Frage ist nun, welches Triplett für jeweils welche Aminosäure steht. Der genetische Code muss sozusagen geknackt werden.

Molekulargenetik

Diese **Entzifferung des genetischen Codes** gelang den US-amerikanischen Biochemikern MARSHALL W. NIRENBERG und H. GOBIND KHORANA (Nobelpreis 1968). Die Forscher gaben zu einem Gemisch von Ribosomen und mit Aminosäuren beladenen transfer-RNA-Molekülen künstlich hergestellte m-RNA-Moleküle hinzu.

Für die künstliche m-RNA mit der Basenfolge UUUUUUUUUUUUUUUU....... ergab sich bei diesem Experiment beispielsweise, dass nur die Aminosäuren Phenylalanin in die entstehende Polypeptidkette eingebaut wurde. Damit war klar:
Das Basentriplett „UUU" auf der m-RNA steht für die Aminosäure Phenylalanin.

Aufgabe

Fo8 Welches Triplett steht im codogenen Strang der DNA für die Aminosäure Phenylalanin?

Mit dieser und ähnlichen Techniken gelang die vollständige Entzifferung des genetischen Codes. Die Ergebnisse dieser Entzifferung können in einer **Code-„Sonne"** dargestellt werden:

Startcodonen signalisieren den Beginn einer Proteinsynthese. Zu den Stoppcodonen passen keine t-RNA-Moleküle und damit auch keine Aminosäuren. Bei UGA, UAA und UAG wird die Proteinsynthese abgebrochen.

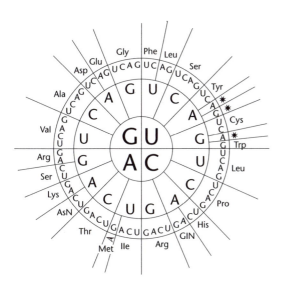

➤ = Startcodon
✶ = Stoppcodonen

Triplett auf der m-RNA (5' → 3')	codierte Aminosäure
UCU	Serin
CCA	Prolin
AGA	Arginin
GCA	Alanin

Tabelle:
Beispiele für die Anwendung der „Code-Sonne"

Der genetische Code; die Codonen sind von innen (5') nach außen (3') zu lesen. Sie geben die Basensequenz der m-RNA-Codonen wieder, die für die außerhalb des Kreises stehenden Aminosäuren codieren

Molekulargenetik

> **Aufgabe**
>
> **F09** Ermitteln Sie die Tripletts, die
> a) für die Aminosäure Leucin (Leu) und
> b) für die Aminosäure Glycin (Gly) stehen.

Eine Aminosäure kann also durch mehrere Tripletts codiert sein.

Ferner bedeutet ein bestimmtes Codon bei den meisten der bisher untersuchten Organismen dieselbe Aminosäure. Ob Mensch, Maus oder Elefant, ob Seeigel, Regenwurm oder Klapperschlange, ob Kartoffelpflanze, Eiche oder Tannenbaum: Der genetische Code gilt für fast alle Lebewesen in gleicher Weise. Die Allgemeingültigkeit des genetischen Codes ist ein deutlicher Beleg für den gemeinsamen Ursprung und damit für die Verwandtschaft aller Lebewesen.

Wir fassen die wesentlichen **Eigenschaften des genetischen Codes** zusammen:

1. Von den 64 möglichen Tripletts codieren 61 den Einbau der 20 verschiedenen Aminosäuren. Die übrigen 3 dienen als Stoppzeichen. Treten sie, meist in Mehrzahl, in der Basenfolge auf, wird die Proteinbiosynthese abgebrochen (Terminatorsequenz).

2. Der Code ist **nicht überlappend**, weil die Tripletts hintereinander abgelesen werden. (Ausnahmen hiervon gibt es nur bei Viren, deren Genom überlappend gelesen wird, weil es zu kurz ist, um die gesamte genetische Information fortlaufend zu speichern.)

3. Der Code ist **kommafrei**, weil die Tripletts lückenlos aufeinanderfolgen. (Das ist nicht zu verwechseln mit den Introns, die in den Mosaikgenen von Eukaryoten vorkommen; Details dazu werden im nächsten Abschnitt F.3.3. erläutert.)

4. Der Code ist **degeneriert**. Damit ist gemeint, dass der Einbau einer bestimmten Aminosäure durch mehrere verschiedene Tripletts codiert werden kann. Überwiegend codieren die Basenfolgen der ersten und zweiten Base.

5. Der Code ist **universell**, weil er von allen Organismen benutzt wird. Es gibt allerdings so etwas wie Dialekte. Unterschiedliche Organismengruppen bevorzugen für die gleiche Aminosäure eine jeweils andere Version aus dem degenerierten Code.

6. Der Code ist **eindeutig**, da ein bestimmtes Triplett immer nur den Einbau einer ganz bestimmten Aminosäure festlegt.

Molekulargenetik

> **Aufgabe**
>
> **F10** Für einen Abschnitt auf dem codogenen Strang einer DNA wurde folgende Basensequenz ermittelt:
>
> 3'ACCATGGGCAAA5'
>
> Wie lautet die Sequenz der vier verknüpften Aminosäuren?

3.3 Die Proteinbiosynthese bei Eukaryoten

Lange Zeit gingen die Molekularbiologen davon aus, dass die Erkenntnisse, die sie über Struktur und Wirkungsweise des genetischen Materials bei Prokaryoten, insbesondere bei *E. coli* herausgefunden hatten, auch für alle anderen Organismen gelten würden, einschließlich uns Menschen. An dieser Vorstellung ist im Prinzip auch etwas Richtiges. Die genetischen Systeme von Pro- und Eukaryoten haben einige **grundsätzliche Gemeinsamkeiten**:

- Die genetische Information ist in der Basensequenz der DNA gespeichert.
- Der genetische Code ist universell.
- Replikation, Transkription und Translation stimmen in den allgemeinen Mechanismen überein.

Ein wesentlicher Unterschied folgt aus der Tatsache, dass **eukaryotische Zellen kompartimentiert** sind (*vgl. dazu die mentor Abiturhilfe Zellbiologie*). Eines dieser Kompartimente, das bei Prokaryoten nicht vorkommt, ist der **Zellkern**, in dem das genetische Material aufbewahrt wird. Durch diese Zellstruktur sind bei Eukaryoten **Transkription und Translation** auch **räumlich voneinander getrennt**.

Weitere Unterschiede vermuteten die Forscher in der **Genomgröße**. Tatsächlich zeigte sich, dass mit zunehmender Komplexität der Organismen sowohl die DNA-Menge als auch die Anzahl der Gene zunimmt (*s. Tabelle*).

Art	Größe des Genoms (in Millionen Basenpaaren)	Größenordnung der Zahl der Gene
Escherichia coli	4	10^3
Drosophila melanogaster	170	10^5
Homo sapiens	3000	10^7

Tabelle:
Beispiele für Genomgrößen und Genzahl

Es war daher eine kleine wissenschaftliche Revolution, als sich herausstellte, dass auch die **Struktur** eukaryotischer Gene viel komplexer ist als erwartet.

Molekulargenetik

3.3.1 Mosaikgene

Eukaryotische Gene sind gestückelt. Die DNA-Basensequenz, die für ein bestimmtes Protein codiert, liegt nicht als kontinuierlicher „Text" vor. Stattdessen sind codierende Abschnitte durch nicht codierende Einschübe voneinander getrennt (*vgl. Abb. unten*).

Bei der Proteinbiosynthese werden allerdings nur die codierenden Abschnitte in eine Aminosäuresequenz übersetzt. Da sich das hergestellte Protein in der Regel in einer erkennbaren Eigenschaft ausdrückt, spricht man auch von **Genexpression***.

Davon abgeleitet werden die codierenden DNA-Abschnitte als **Exons*** bezeichnet, während die dazwischengeschobenen nicht codierenden Abschnitte **Introns*** genannt werden.

> **Aufgabe**
>
> **F11** Zeichnen Sie ein Schema der Struktur eines eukaryotischen Gens.

Das erste eukaryotische Gen, dessen gestückelte Mosaikstruktur entdeckt wurde, enthält das „Rezept" für das Hauptprotein im Eiweißanteil eines Hühnereis mit Namen **Ovalbumin**. Als die Forscher die Länge der Boten-RNA mit der Länge des Gens auf der DNA verglichen, stellten sie zu ihrer Überraschung fest, dass das Gen mehr als viermal so lang war: 7700 Nukleotide im Gegensatz zu den 1872 Nukleotiden der m-RNA.

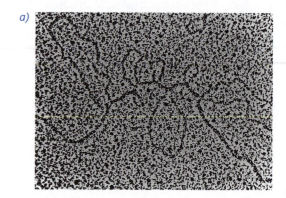

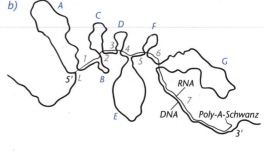

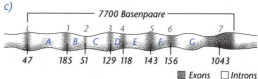

a) EM-Aufnahme der Hybridisierung des Ovalbumin-Gens mit der m-RNA für Ovalbumin,
b) schematische Darstellung,
c) Struktur des Ovalbumin-Gens

Molekulargenetik

Die weiteren Untersuchungen zeigten, dass das Ovalbumin-Gen aus 8 Exons besteht, die durch 7 Introns voneinander getrennt sind (*Abb. c*), *S. 118*). Aus der Differenz der beiden Nukleotidlängen ist erkennbar, dass die **Introns im Allgemeinen länger** sind **als die Exons** (*vgl. Tabelle*): Beim Gen für Faktor VIII, der an der Blutgerinnung beteiligt ist, machen die 25 Introns sogar über 90% der Genlänge aus!

Gen (nach dem jeweils codierten Protein benannt)	Organismus	Exons (Basenpaare)	Introns (Basenpaare)	Anzahl der Introns
Thyrosin-Transfer-RNA	Hefe	76	14	1
Hämoglobin-β-Kette	Maus	432	762	2
Erythropoietin	Mensch	582	1562	4
Adenosindesaminase	Mensch	1500	30 000	11
Cytochrom b	Hefe	2200	5100	6
LDL-Rezeptor	Mensch	5100	40 000	17
CFTR (Chlorid-Kanal)	Mensch	6200	250 000	27
Thyroglobulin	Mensch	8500	100 000	> 40
Blutgerinnungsfaktor VIII	Mensch	9000	177 000	25

Tabelle
Exons und Introns verschiedener eukaryotischer Gene

Die *Abbildung S. 118* macht auch deutlich, dass die 8 Exons nach der Transkription in der Boten-RNA in der gleichen Reihenfolge hintereinander angeordnet sind wie auf der DNA (mit Unterbrechungen). Da von den **Introns** keine Gegenstücke auf der Boten-RNA existieren, müssen sie **im Verlauf der Transkription eliminiert** werden.

3.3.2 Die Prozessierung der m-RNA

Die Eliminierung der Introns erfolgt während der Transkription im Zellkern. Dabei werden weitere Veränderungen (Modifikationen) an der Boten-RNA vorgenommen (*vgl. Abb. S. 120*):

① Zunächst wird die gesamte DNA-Basensequenz des codogenen Strangs eines Gens (mit allen Exons und allen Introns) in eine komplementäre RNA-Basensequenz transkribiert. Diese Vorläufer- oder **prä-mRNA**, die noch alle Exons und Introns der codierenden DNA enthält, wird nun **modifiziert**.

② Am 5'-Ende wird ein Nukleotid als eine Art „Mütze" (**cap**) angefügt, die für die Bindung der m-RNA an die Ribosomen erforderlich ist.

③ Am 3'-Ende fügt eine spezielle Polymerase eine lange Kette aus Adenin-Nukleotiden an (**Poly-A-Schwanz**), die die Lebensdauer der m-RNA verlängert.

④ Nun werden mithilfe spezieller Enzyme die **Introns herausgeschnitten** und die **Exons** zu einem kontinuierlichen RNA-Molekül **verbunden**. Dieser Vorgang wird als **Spleißen*** bezeichnet. Bei den Spleiß-Enzymen handelt es sich um Partikel aus Proteinen und kurzen RNAs, die als **Spleißosomen** oder **Snurps** (abgeleitet von *small nuclear ribonucleoproteins)*

Molekulargenetik

bezeichnet werden. Sie erkennen die Schnittstellen an charakteristischen Basensequenzen. Die Vorläufer-mRNA bildet lassoartige Schleifen aus, wodurch zwei Schnittstellen zusammenkommen. Das Herausschneiden der Introns erfolgt mit absoluter Präzision.

⑤ Die so gewonnene **„reife" m-RNA** enthält nur noch die Exons. Sie verlässt nun den Zellkern durch die Kernporen.

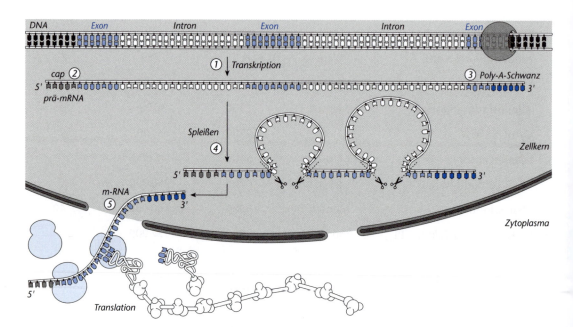

Schematische Darstellung der Prozessierung einer Boten-RNA

3.3.3 Besonderheiten der Translation

Eine eukaryotische Zelle stellt eine Vielzahl von Proteinen mit ganz unterschiedlichen Funktionen her. Je nach späterem Bestimmungsort werden die Proteine entweder an freien Ribosomen im Zytoplasma oder an Ribosomen am endoplasmatischen Retikulum hergestellt:

- **Zellkern-Proteine** (z. B. DNA- und RNA-Polymerasen, Histone) werden an freien Ribosomen hergestellt und „wandern" dann durch die Kernporen in das Karyoplasma.
- **Zytoplasmatische Proteine** (z. B. die Enzyme der Glykolyse) werden ebenfalls an freien Ribosomen hergestellt und verbleiben im Zytoplasma.
- Die Herstellung von **Sekret-Proteinen** (z. B. Verdauungsenzyme, Hormone) erfolgt an Ribosomen, die dem ER angelagert sind. Da sich diese Ribosomen von freien Ribosomen ableiten, werden sie durch eine Signalsequenz ans ER gebunden. Die hergestellten Proteine gelangen über Vesikel vom ER zum GOLGI-Apparat, der sie schließlich in eine Sekret-Vakuole oder in ein Lysosom verpackt.
- **Membran-Proteine** (z. B. Rezeptorproteine, Kanalproteine, Carrier-Proteine) werden auf die gleiche Weise hergestellt; nur gelangen sie nicht vollständig ins Innere

des ER, sondern bleiben mit ihren hydrophoben Aminosäuresequenzen in der Lipidschicht der Membran stecken. Membranteile mit solchen Proteinen werden ebenfalls als Vesikel ausgeknospt und wandern über den GOLGI-Apparat zur Zellmembran, mit der sie fusionieren.

4. Genmutationen

Aus den bisherigen Kapiteln lässt sich entnehmen, dass im „Normalfall" die Erbinformation einer Zelle ohne „Abschreibfehler"

- kopiert wird (Replikation der DNA; *vgl. Kap. F.2*),
- weitergegeben wird (im Verlaufe von Mitose und Meiose; *vgl. Kap. C.2*),
- in Proteine umgesetzt wird (durch Transkription und Translation; *vgl. Kap. F.3*).

Alle diese Vorgänge sind so angelegt, dass die Erbinformation unverändert erhalten bleibt. Dabei können jedoch manchmal **Fehler** auftreten, die zu Veränderungen in diesem Gefüge führen. Solche Änderungen nennt man **Mutationen**.

In Kapitel C haben wir bereits zwei Mutationstypen vorgestellt:

- **Chromosomenmutationen** (Chromosomenbaumutationen; *vgl. Kap. C.5*) und
- **Genommutationen** (Chromosomenzahlmutationen; *vgl. Kap. C.6*).

In diesem Abschnitt erläutern wir den dritten Typ, die **Genmutationen**. Sie stellen den geringsten Grad von Veränderung am Erbgut dar: Nur ein einziges Gen – zuweilen nur eine einzige Base in einem Triplett – liegt mutiert vor; man bezeichnet sie daher auch als **Punktmutationen**.

Da ein Basentriplett aber für eine bestimmte Aminosäure steht, kann die Veränderung einer Base zur Folge haben, dass in ein Protein eine falsche Aminosäure eingebaut wird und damit das gebildete Protein in seiner Aktivität gestört ist.

Die Auswirkungen, die eine Veränderung in der Nukleotid- bzw. Basensequenz in einem Gen zur Folge haben kann, werden anhand eines Modellsatzes erläutert (*vgl. folgende Tabelle*).

Molekulargenetik

DIE EVA SAH AUF DEM WEG DEN BUS	DNA	Die korrekte Aufeinanderfolge der Buchstaben (Nukleotidbasensequenz) liefert Sinn.
	Aminosäuresequenz	Die Aminosäuren werden in der richtigen Reihenfolge verknüpft.
	räumliche Gestalt des Proteins	Das Protein erhält die richtige Struktur und ist voll aktiv.
DIE EVA SAH AUF DEM WEG DEN BUB	DNA	In einem Wort (Triplett) ist ein Buchstabe (Nukleotidbase) ausgetauscht. Der Satz liefert Fehlsinn.
	Aminosäuresequenz	In die Aminosäurekette wird eine falsche Aminosäure eingebaut. Das Protein erhält eine mehr oder weniger falsche Struktur.
	räumliche Gestalt des Proteins	Seine Aktivität ist dadurch mehr oder weniger vermindert.
DIE EAS AHA UFD EMW EGD ENB UB-	DNA	Ein Buchstabe (Nukleotidbase) ist verloren gegangen. Infolge der Verschiebung des Leserasters ergibt sich überhaupt kein Sinn mehr.
	Aminosäuresequenz	Die Aminosäuresequenz ist vollständig verändert.
	räumliche Struktur des Proteins	Das Protein erhält eine völlig andere Struktur. Seine ursprüngliche Funktion geht verloren.

Tabelle:
Modellsatz der Auswirkungen von Punktmutationen

Molekulargenetik

Aufgaben

Ermitteln Sie anhand der Code-Sonne einige Beispiele für Basenaustausche, die bei der Translation zum Einbau einer falschen Aminosäure führen.
Beginnen Sie mit dem Triplett GCC aus der Code-Sonne.

Warum haben Genmutationen, bei denen es zum Austausch einer Nukleotidbase kommt, häufig keine Auswirkung auf die Ausbildung von Merkmalen?

4.1 Punktmutationen beim Menschen

Für Mutationen, die durch Fehler in der Nukleotidbasensequenz verursacht werden, gibt es zahlreiche Beispiele. Ein etwas „exotisches" und zwei besonders gut erforschte werden im Folgenden erläutert.

4.1.1 Albinismus

Weiße Mäuse oder weiße Kaninchen sind allgemein bekannt. Gelegentlich finden sich solche „**Albinos**" auch unter größeren Tieren. Ein bekanntes Beispiel ist der weiße Gorilla namens „Schneeflöckchen".

Albinos fehlt es am Farbstoff **Melanin,** der normalerweise je nach Konzentration die zunehmende Dunkelfärbung der Haare bewirkt.

Ursache für dieses Fehlen ist die Mutation eines Gens, das die Information für ein Enzym enthält, das zum Melaninaufbau benötigt wird. Diese Mutation tritt auch beim Menschen auf.

4.1.2 Phenylketonurie (PKU)

Es handelt sich um eine genetisch bedingte **Stoffwechselerkrankung** des Menschen, die unbehandelt zu Schwachsinn führt. Die molekularen Ursachen dieser Krankheit sind mittlerweile bekannt (*zur Vererbung der PKU vgl. Aufgabe D/8*).

Normalerweise wird im menschlichen Körper die Aminosäure Phenylalanin mittels des Enzyms Phenylalaninhydroxylase in die Aminosäure Tyrosin umgebaut (*vgl. hierzu Abb. a, S. 124 links*).

„Schneeflöckchen", der erste bekannte Albino-Gorilla. Er wurde 1966 zweijährig in Spanisch Äquatorial Guinea gefunden, angeklammert an seine erschossene Mutter, eine schwarze Äffin. Er wurde in den Zoo von Barcelona gebracht; hier wurde „Schneeflöckchen" im Alter von 40 Jahren eingeschläfert. Er litt an Hautkrebs.

Molekulargenetik

Im Falle der Phenylketonurie hingegen ist dieser Stoffwechselschritt blockiert, da entweder das Enzym völlig fehlt oder ein defektes Enzym vorliegt, das die Reaktion nur vermindert katalysieren kann (*Abb. b*).

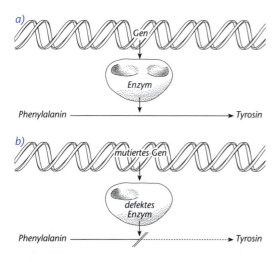

a) Normaler Stoffwechsel der Aminosäure Phenylalanin,
b) gestörter Stoffwechsel bei PKU

Inzwischen wurden mehr als 50 verschiedene Mutationen im Phenylalaninhydroxylase-Gen nachgewiesen. In allen Fällen kommt es im Körper eines betroffenen Menschen zu einem **erhöhten Spiegel an Phenylalanin** sowie zu einem **Mangel an Tyrosin**. Phenylalanin wird nun auf Stoffwechselnebenwegen u. a. zu Phenylbrenztraubensäure, Phenylessigsäure und Phenylmilchsäure umgebaut. Diese Stoffwechselprodukte beeinflussen in noch ungeklärter Weise die Gehirnentwicklung. Eine gravierende Folge ist die **Schädigung der Nervenzellen im Gehirn**, die zu Schwachsinn führt.

Glücklicherweise ist heutzutage eine **erfolgreiche Behandlung** der Krankheit möglich. Diese muss unmittelbar nach der Geburt eines betroffenen Menschen einsetzen. Während der Schwangerschaft ist das ungeborene Kind noch durch die Enzyme der gesunden Mutter vor den Folgen der Phenylketonurie geschützt. Nach der Geburt jedoch kommt es zu einem Anstieg des Phenylalaninspiegels, und bei einem unbehandelten Kind würden sich die beschriebenen Schädigungen einstellen.

Der Anstieg des Phenylalaninspiegels kann schon aus einem Tropfen Blut des Säuglings ermittelt werden. Bei diesem sogenannten **Guthrie-Test** lässt man Mangelmutanten des Bakteriums *Bacillus subtilis*, die Phenylalanin nicht synthetisieren können, auf Nährböden wachsen, in deren Mitte ein Stück Filterpapier gelegt wird, das mit dem Blut aus der Ferse eines Kindes getränkt wurde. Die Mangelmutanten wachsen nun in Abhängigkeit vom Phenylalaningehalt der Probe (*s. Abb.*).

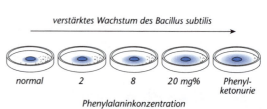

Wachstum von Bacillus subtilis bei verschiedenen Phenylalaninkonzentrationen

Diese Untersuchung wird in Deutschland mittlerweile routinemäßig durchgeführt – eines von 10 000 Neugeborenen kommt mit der Krankheit zur Welt. Wird bei einem Baby Phenylketonurie entdeckt, kann mit einer **phenylalaninarmen und tyrosinreichen Diät** erreicht werden, dass es sich körperlich und geistig normal entwickelt. Nach Ausreifung des Gehirns kann die strikte Diät abgebrochen und auf weitgehend normale Ernährung umgestellt werden.

Da immer mehr Frauen mit PKU das zeugungsfähige Alter erreichen, besteht neben einem erhöhten genetischen Risiko für deren Kinder die Gefahr einer **Embryopathie***. Bei 90% nicht PKU-kranker Kinder von unbehandelten Müttern wurde eine geistige Behinderung festgestellt. In diesen Fällen muss die Diät bis zum Ende des fortpflanzungsfähigen Alters fortgesetzt werden.

Für die genetische Beratung von betroffenen Familien (*vgl. Kap. D.2*) steht außerdem ein Belastungstest zur Verfügung, mit dem die **heterozygoten Träger** des rezessiv vererbten PKU-Gens identifiziert werden können: Den Testpersonen werden hohe Gaben von Phenylalanin verabreicht. Der Phenylalaninspiegel ist bei heterozygot Gesunden nach einiger Zeit deutlich höher als bei homozygot Gesunden, da bei ihnen das Enzym Phenylalaninhydroxylase in geringeren Mengen vorhanden ist (**Gen-Enzym-Relation**).

Aufgabe

a) Weshalb zeigt sich die geringere Enzymmenge bei Heterozygoten nur im Belastungstest mit hohen Phenylalaningaben?

b) Weshalb haben Heterozygote im Belastungstest niedrigere Tyrosinspiegel?

4.1.3 Mukoviszidose

Mukoviszidose ist eine genetisch bedingte, **rezessiv vererbte Funktionsstörung der Sekretproduktion** in verschiedenen Organen des menschlichen Körpers (*s. Tabelle*). Die Krankheitssymptome können bereits im Jugendalter in Erscheinung treten: Hauptmerkmal ist die Absonderung eines dicken, zähflüssigen Schleims (daher die Bezeichnung der Krankheit: *mucus* lat. für Schleim, *viscidus* lat. für zähflüssig).

Organ	Wirkung des Gendefekts
Lunge	Verlegung durch Schleim und Infektionen der Luftwege behindern die Atmung. Die chronischen Infekte zerstören nach und nach das Organ.
Leber	Verstopfung der feinen Gallengänge beeinträchtigt die Abgabe des zur Verdauung benötigten Gallensafts.
Bauchspeicheldrüse	Verschluss ihrer Kanäle verhindert das Abfließen des enzymhaltigen Verdauungssaftes in den Darm bei 85 % der Patienten. Das fibrös vernarbende Gewebe kann auch die Produktion solcher Hormone wie Insulin beeinträchtigen; Diabetes ist die Folge.
Dünndarm	Darmverschluss durch zu zähes Kindspech (den ersten Stuhl) erfordert bei etwa 10 % aller Neugeborenen eine Operation.
Fortpflanzungsorgane	Anomalie der Nebenhoden und Samenleiter macht 95 % der männlichen Patienten zeugungsunfähig. Frauen können unfruchtbar werden, weil ein dicker Schleimpfropf den Spermien den Zugang zur Gebärmutter verwehrt.
Haut	Infolge einer Fehlfunktion der Schweißdrüsen enthält der Schweiß ungewöhnlich viel Kochsalz (Natriumchlorid).

Tabelle:
Die von Mukoviszidose betroffenen Organe

Molekulargenetik

Von der Vermehrung des Bindegewebes in der Bauchspeicheldrüse leitet sich die zweite gebräuchliche Bezeichnung der Krankheit ab: **zystische Fibrose***. Eines von etwa 2500 Neugeborenen der weißen Bevölkerung in Europa und Nordamerika ist betroffen, d.h., es ist homozygot bezüglich des Mukoviszidose-Gens und erkrankt (*zur Vererbung der Mukoviszidose vgl. Beispiel 13 in Kap. D.1*).

Mit gentechnischen Methoden (*vgl. Kap. G*) gelang es vor einigen Jahren, die Ursache der Krankheit zu enträtseln: In den Epithelschichten der betroffenen Organe ist die **Funktion eines Kanalproteins für Chloridionen gestört**. Normalerweise sorgt dieser Ionenkanal dafür, dass Chloridionen aus den Epithelzellen unter ATP-Verbrauch in die Schleimschicht transportiert werden. Die Chloridionen ziehen osmotisch* Wasser an; dadurch bleibt der Schleim dünnflüssig und kann z.B. in der Lunge durch die Tätigkeit der Flimmerhärchen – zusammen mit Staub und Bakterien – aus dem Rachenraum befördert werden (*s. Abb. a*). Unterbleibt der Ionentransport, fehlt das Wasser, der Schleim wird dick und zähflüssig und die Atemwege verstopfen (*Abb. b*).

Wegen der Veränderung der Durchlässigkeit der Zellmembran wurde der Kanal etwas umständlich als „**Regulator der Transmembran-Leitfähigkeit bei zystischer Fibrose**" bezeichnet (im englischen Original: *cystic fibrosis transmembrane conductance regulator, kurz **CFTR***).

Das **CFTR-Gen** ist auf Chromosom 7 lokalisiert und umspannt etwa 250000 Basenpaare. Die 27 Exons sind nur 6200 Basenpaare lang und codieren für ein Protein von 1480 Aminosäuren.

Es gibt **über 600 verschiedene Mutationen** in diesem Gen, die zu unterschiedlichen Schweregraden von Mukoviszidose führen. In etwa 70% aller Fälle fehlen 3 Nukleotide im Exon 10; das führt zu einem Verlust der Aminosäure Phenylalanin an Position 508 des Proteins (*s. Abb. S. 127*). Der Verlust dieser einen Aminosäure führt zu einer **fehlerhaften Faltung des Proteins**, das deswegen nach seiner Herstellung an den Ribosomen das endoplasmatische Retikulum nicht verlassen kann (*vgl. Kap. F.3.3.3*). Stattdessen wird es wieder abgebaut. Es gelangt also nur sehr selten zur Zellmembran; entsprechend gravierend sind deshalb die Auswirkungen.

Andere Mutationen erlauben zwar die Herstellung und den Einbau in die Zellmembran, verhindern aber ein korrektes Funktionieren. In diesen Fällen können die Symptome deutlich abgeschwächt sein, bis hin zur Symptomlosigkeit.

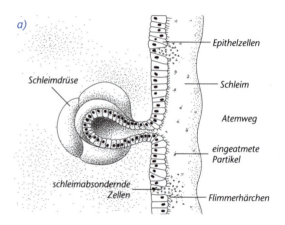
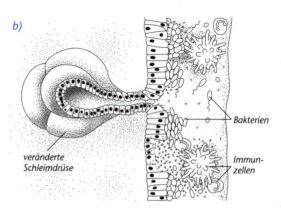

Die Wirkung des CFTR-Kanals
a) bei Gesunden,
b) bei Mukoviszidose-Kranken

Molekulargenetik

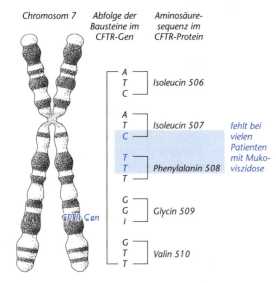

Wirkung der häufigsten Genmutation bei Mukoviszidose

wird oder einen versteckten Gendefekt trägt. (In Europa und Nordamerika ist jede 25. Person heterozygoter Genträger für Mukoviszidose!)

4.2 Ursachen und Häufigkeit von Mutationen

Mutationen treten bei allen Organismen auf. Ihre Häufigkeit wird durch die **Mutationsrate** ausgedrückt. Darunter versteht man – bei geschlechtlicher Fortpflanzung – das Verhältnis der Keimzellen mit Neumutationen zur Gesamtheit aller Keimzellen.

Für Einzelgene von *Drosophila melanogaster* bestimmte man z. B. spontane Mutationsraten von 1:10 000 bis 1:1 000 000. Dies zeigt, dass unterschiedliche Gene unterschiedlich stabil sind.

Die Mutationsrate ist abhängig von verschiedenen äußeren Einflüssen, von denen zwei besonders wichtige Gruppen im Folgenden erläutert werden.

- **Chemische Substanzen**

Viele verschiedene Substanzen, wie beispielsweise Formaldehyd, salpetrige Säure oder Colchicin wirken **mutagen*** (mutationsauslösend). Letzteres bewirkt – wie bereits im Kapitel über Genommutationen besprochen wurde (vgl. Kap. C.6) – die Polyploidisierung von Zellen. Salpetrige Säure hingegen bewirkt eine Genmutation. Diese Säure wandelt die Nukleotidbase Zytosin in die Nukleotidbase Uracil um.

Die **Frühdiagnose** der Krankheit ist ab dem 3. Lebensmonat durch einen **Schweißtest** möglich. In den Schweißdrüsen sorgt das CFTR-Protein nämlich normalerweise für eine Rückresorption von Chloridionen aus der Schweißflüssigkeit. Bei Mukoviszidose-Kranken ist deshalb der Salzgehalt der Schweißflüssigkeit etwa 4-mal höher als bei gesunden Kindern.

In der **pränatalen Diagnostik** können inzwischen die häufigsten Mutationen im CFTR-Gen direkt nachgewiesen werden, aber immer noch nicht alle. Ein negativer Befund kann also nicht zu 100% ausschließen, dass ein Baby von der Krankheit betroffen sein

Aufgabe

 Zeichnen Sie das Schema eines kurzen DNA-Abschnittes, das zeigt, welche Auswirkungen die Umwandlung von Zytosin in Uracil bei der Replikation hat.

Molekulargenetik

• Strahlung

Röntgenstrahlung, Neutronenstrahlung, Alpha-, Beta- und Gammastrahlung, sogar die **Sonnenstrahlen** haben eine mutagene Wirkung auf Organismen. Der weitaus größte Teil dieser Mutationen wirkt sich dabei schädlich aus. Mit zunehmender Strahlendosis steigt die Mutationsrate an. Zu beachten ist hierbei, dass keine unschädliche Minimaldosis nachgewiesen werden kann.

4.3 DNA-Reparatur

Obwohl in der DNA aller Zellen jeden Tag Tausende von Zufallsänderungen stattfinden, „sammeln" sich im Jahr nur wenige stabile Mutationen an; alle anderen werden durch DNA-Reparatur wieder rückgängig gemacht.

Fast alle **Reparaturmechanismen** machen sich die Tatsache zunutze, dass die DNA aus **zwei komplementären Strängen** besteht. Wenn die Sequenz in einem Strang zufällig beschädigt wird, ist also die Information noch nicht endgültig verloren, denn die In-

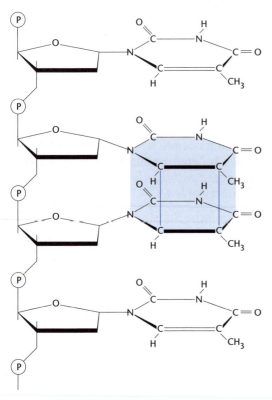

Eine durch UV-Strahlung entstandene Mutation

Eine der häufigsten Mutationen wird durch die ultraviolette Strahlung des Sonnenlichts hervorgerufen: Zwei in einem DNA-Strang benachbarte Thyminbasen werden untereinander verbunden. Durch die stabile Verknüpfung der beiden Basen kommt es zu einer räumlichen Veränderung der DNA an dieser Stelle. Replikation und Transkription sind nicht mehr möglich.

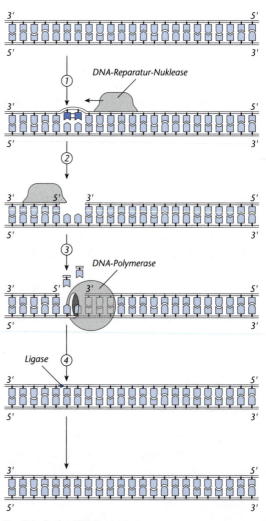

Das Prinzip der DNA-Reparatur

formation ist ja auch in der Nukleotidsequenz des zweiten Stranges komplementär gespeichert.

Die DNA-Reparatur erfolgt in vier Schritten (s. Abb. S. 128, rechts):

① Der veränderte Abschnitt in dem beschädigten DNA-Strang wird von einem speziellen Enzym, der **DNA-Reparatur-Nuklease**, an einer räumlichen Veränderung des DNA-Moleküls erkannt.

② Die Reparatur-Nuklease **entfernt die beschädigten Nukleotide,** indem sie die Phosphor-Zucker-Bindungen öffnet, die Nukleotide mit der übrigen DNA verbinden. Danach ist die DNA in diesem Bereich nur einzelsträngig.

③ Ein weiteres Enzym, die DNA-Polymerase, bindet an das 3'-Ende des aufgeschnittenen Stranges und **ersetzt die entfernten Nukleotide** mithilfe der Information im intakten Strang.

④ Die **Lücke,** die die DNA-Polymerase hinterlässt, wird von einem dritten Enzym, der DNA-Ligase, geschlossen; damit ist der Reparaturprozess abgeschlossen.

Aufgabe

 DNA-Polymerase und DNA-Ligase sind nicht nur für die DNA-Reparatur von Bedeutung. Bei welchem Vorgang im DNA-Stoffwechsel spielen sie noch eine wichtige Rolle?

5. Regulation der Genaktivität

Alle Zellen eines Lebewesens, und seien sie noch so verschieden, wie z. B. Nervenzellen, Leberzellen oder Hautzellen, besitzen jeweils die gesamte genetische Information des Organismus.

Die **Spezialisierung der Zellen** besteht darin, dass von Zelltyp zu Zelltyp **unterschiedliche Gene aktiv oder inaktiv** sind. Und selbst bei Zellen derselben Sorte können Gene zu einem bestimmten Zeitpunkt **eingeschaltet** und zu einem anderen Zeitpunkt **ausgeschaltet** sein. So produzieren z. B. die β-Zellen der Bauchspeicheldrüse das Hormon Insulin nicht etwa fortlaufend, sondern nur bei Bedarf.

Die Erforschung der Mechanismen, die dieser Regulation der Genaktivität zugrunde liegen, begann aber wieder bei vergleichsweise „einfachen" Systemen wie dem Bakterium E. coli.

5.1 Modelle der Genregulation bei Prokaryoten

Der Frage, wie das „Ein- und Ausschalten" von Genen vor sich geht, gingen die beiden französischen Forscher FRANCOIS JACOB und JACQUES MONOD nach (Nobelpreis 1965).

Das von den beiden Forschern entwickelte Modell zur Regelung der Genaktivität wird

Molekulargenetik

an zwei Beispielen erläutert. Es ist in dieser Form für Bakterien nachgewiesen, kann als Modell aber auch für Regelungsprozesse bei anderen Organismen angenommen werden.

5.1.1 Anschalten der Enzymproduktion durch ein abzubauendes Substrat (Substratinduktion)

Coli-Bakterien sind ausgesprochene Opportunisten*: Normalerweise finden sie in ihrer Umgebung vor allem den Zucker Glukose und stellen alle Enzyme her, die zur Verwertung dieser Substanz nötig sind (vgl. zu den Details die mentor Abiturhilfe Stoffwechsel). Enzyme zur Verarbeitung anderer Zucker werden hingegen nicht produziert. Werden die Coli-Bakterien allerdings in ein **Nährmedium** überführt, das **statt Glukose Laktose** enthält, beginnen die Bakterienzellen umgehend mit der **Herstellung des Enzyms**, das zur Laktoseverwertung benötigt wird. Dieses Enzym, die b-Galaktosidase, spaltet den Zweifachzucker Laktose in seine Bestandteile Glukose und Galaktose, die anschließend im Stoffwechsel weiter abgebaut werden.

Betrachten wir zunächst die Verhältnisse in der Zelle bei Abwesenheit von Laktose.

Die Bakterien verfügen über einen DNA-Abschnitt, der für die Laktoseverwertung zuständig ist. Auf diesem Teil der DNA befinden sich verschiedene Bereiche, die von JACOB und MONOD mit folgenden Bezeichnungen versehen wurden:

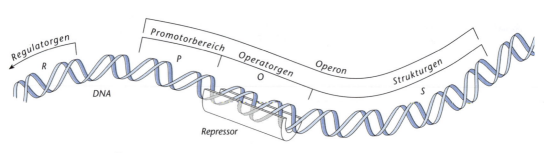

Das lac-Operon von E. coli

S = Strukturgen
Es enthält die Information zur Herstellung des Enzyms, das zur Laktoseverwertung benötigt wird.

O = Operatorgen:
Es kontrolliert die Tätigkeit des nachfolgenden Strukturgens.

P = Promotor:
Dieser Abschnitt ist der Startplatz für die RNA-Polymerase (vgl. Kap. F.3.2.2).

Promotor, Operatorgen und Strukturgen zusammen werden als **Operon*** bezeichnet.

R = Regulatorgen:
Es enthält die Information für ein Protein, den Repressor, der an der Regulation des Operons beteiligt ist, aber nicht in dessen unmittelbarer Nachbarschaft liegt.

Die Abbildung S. 131 zeigt das Zusammenwirken dieser Teile, wenn keine zu verwertende Laktose vorhanden ist:

① Das Regulatorgen bewirkt die Herstellung eines aktiven Repressors.

② Der Repressor bindet an das Operatorgen.

③ Die RNA-Polymerase kann **nicht** zum Strukturgen gleiten, um dort die Transkription zu beginnen.

Molekulargenetik

Die nachfolgende Abbildung zeigt das Zusammenwirken dieser Teile bei Zufuhr von Laktose:

① Der Zucker Laktose gelangt in die Zelle.

② Laktosemoleküle lagern sich an die Repressormoleküle an und verändern deren räumliche Struktur.

③ Die in ihrer Form veränderten **Repressormoleküle sind inaktiv** und können nicht mehr an das Operatorgen binden.

④ Die RNA-Polymerase hat jetzt „freie Bahn", kann über das Strukturgen gleiten und die Transkription durchführen.

⑤ Die entstandene m-RNA wird an Ribosomen „übersetzt" und das für die Laktoseverwertung notwendige Enzym wird hergestellt.

⑥ Die Laktosemoleküle werden verarbeitet.

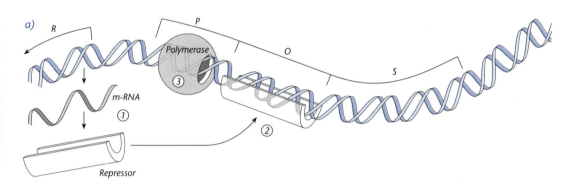

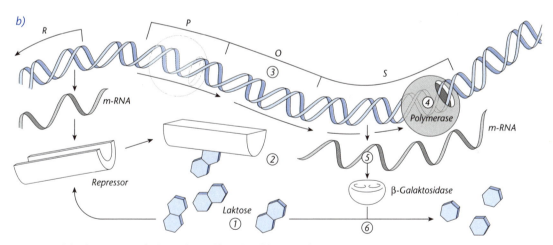

Der Zustand des lac-Operons a) ohne Laktose, b) nach Zufuhr von Laktose

Aufgabe

F17 Was geschieht, nachdem die zugeführten Laktosemoleküle vollständig verarbeitet sind und auch keine neuen mehr zugeführt werden?

Molekulargenetik

Wir haben die Darstellung der Verhältnisse beim Laktoseabbau durch *E. coli* vereinfacht, um das Prinzip zu verdeutlichen. Tatsächlich werden die Gene für zwei weitere Enzyme angeschaltet, die auf dem *lac*-Operon hinter dem Gen für β-Galaktosidase liegen: Das eine Gen codiert für eine Permease, die für den Transport von Laktose durch die bakterielle Zellwand sorgt; das andere Gen codiert für eine Transacetylase, deren Funktion ungeklärt ist.

5.1.2 Abschalten der Enzymproduktion durch ein Endprodukt (Endproduktrepression)

Im eben behandelten Falle der Laktoseverwertung sorgt das abzubauende Substrat für das Anschalten der Enzymproduktion. Daneben gibt es auch Fälle, in denen es für eine Zelle notwendig wird, eine laufende **Enzymproduktion abzuschalten**. Dabei handelt es sich in vielen Fällen um Stoffwechselwege, an denen mehrere Enzyme beteiligt sind. Die Strukturgene (S_1, S_2, S_3), die für eine solche Enzymkette codieren, sind auch auf der DNA hintereinander angeordnet und werden von einem gemeinsamen Operator kontrolliert.

Betrachten wir zunächst die Verhältnisse in der Zelle bei laufender Produktion (*Abb. a*):

① Das Regulatorgen bewirkt in diesem Fall die Herstellung eines inaktiven Repressors.

② Der inaktive Repressor kann sich **nicht** an das Operatorgen anlagern.

③ Die RNA-Polymerase hat „freie Bahn", kann über die Strukturgene gleiten und die Transkription durchführen.

④ Die entstandene m-RNA führt zur **Herstellung der Enzyme**.

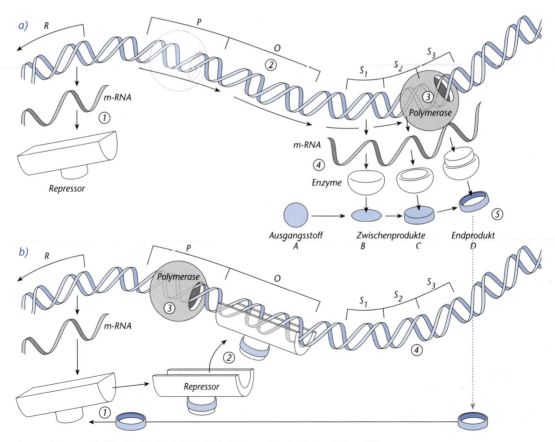

Das trp-Operon a) bei laufender Produktion, b) bei Repression durch das Endprodukt

Molekulargenetik

⑤ Die Enzyme katalysieren eine Stoffwechselkette, die zur **Herstellung des Endproduktes (D)** führt.

Verfügt die Zelle über eine ausreichende Menge des Endproduktes (D), so ist die weitere Herstellung dieses Stoffes nicht mehr nötig. Die **Produktion wird abgeschaltet** (Abb. b):

① Das Endprodukt (D) kann sich aufgrund seiner Form an eine bestimmte Stelle des inaktiven Repressors heften und dabei dessen räumliche Gestalt verändern.

② Der in seiner Form veränderte, nun **aktive Repressor** kann an das Operatorgen binden.

③ Die RNA-Polymerase kann nicht zu den Strukturgenen gleiten; die Transkription unterbleibt.

④ Es werden keine weiteren Enzyme hergestellt; die weitere Bildung des Endproduktes wird somit eingestellt.

Aufgabe

 Welcher grundlegende Unterschied besteht zwischen den Repressormolekülen, die

a) im Falle der Substratinduktion und

b) im Falle der Endproduktrepression gebildet werden?

Sowohl im Falle der Endproduktrepression als auch der Substratinduktion spielt ein Repressor die Schlüsselrolle beim Regulationsprozess. In seiner aktiven Form verhindert dieser Repressor das „Ablesen" der Strukturgene. Man spricht deshalb von einer **negativen Kontrolle der Genaktivität**. Inzwischen hat man auch Beispiele für eine positive Kontrolle der Genaktivität entdeckt.

5.1.3 Anschalten der Enzymproduktion mithilfe eines Aktivators

Bei der Darstellung der Substratinduktion am Beispiel der Laktoseverwertung bei Coli-Bakterien haben wir (um die Verwirrung nicht zu groß werden zu lassen) ein weiteres Phänomen nicht erläutert: Wenn Coli-Bakterien wirklich so große Opportunisten sind, sollten sie sich der „Mühe" der Laktoseverwertung nur dann unterziehen, wenn in ihrem Nährmedium keine Glukose mehr vorhanden ist. Das ist auch tatsächlich der Fall: **Das Ablesen des *lac*-Operons kann durch Laktose nur induziert werden, wenn gleichzeitig Glukose fehlt.** Wie wird der Glukosemangel zum zweiten Startsignal für die Transkription des *lac*-Operons?

Tatsächlich unterliegt das *lac*-Operon sowohl einer negativen als auch einer positiven Regulation (vgl. Abb. S. 134). Die **positive Kontrolle der Genaktivität** erfolgt durch ein **Aktivator-Protein**, das die Anlagerung der RNA-Polymerase an den *lac*-Promotor **erleichtert**. Die Aktivität dieses sogenannten CAP-Proteins (von engl. *catabolite activator protein*) wird durch ein intrazelluläres Signalmolekül reguliert (cAMP). Eine sinkende Glukosekonzentration führt zu einer verstärkten Produktion von cAMP, das sich an CAP anlagert. CAP wird dadurch aktiviert und bindet an eine DNA-Sequenz vor dem *lac*-Promotor; die RNA-Polymerase kann sich anlagern.

Molekulargenetik

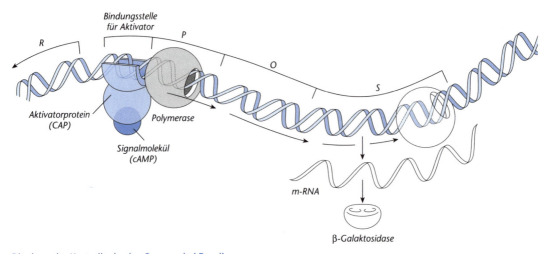

Die doppelte Kontrolle des lac-Operons bei E. coli

Aufgabe

F19 In welchem Zustand befindet sich das lac-Operon, wenn die folgenden Bedingungen vorliegen:
a) Glukose und Laktose sind im Medium vorhanden;
b) Glukose ist vorhanden, Laktose fehlt;
c) Glukose und Laktose fehlen im Medium;
d) Glukose fehlt, aber Laktose ist vorhanden.
Begründen Sie!

5.2 Modelle der Genregulation bei Eukaryoten

Auch bei der Genregulation gingen die Forscher zunächst davon aus, dass in Eukaryoten die gleichen Mechanismen wirksam sein würden wie bei Bakterien. Und auch in diesem Bereich stellte sich heraus, dass die Grundstrategien der Regulation zwar ziemlich **ähnlich**, aber **sehr viel komplexer** sind.

Die Regulation der Transkription eukaryotischer Gene unterscheidet sich in dreierlei Hinsicht von der bei Bakterien:

- Die RNA-Polymerase kann die Transkription nur beginnen, wenn gleichzeitig eine ganze Batterie von Proteinen am Promotor versammelt ist. Diese Proteine werden als **Transkriptionsfaktoren** bezeichnet. Die schrittweise Ansammlung dieser Transkriptionsfaktoren bietet viele Möglichkeiten, die Transkription durch äußere oder zelluläre Kontrollsignale zu beeinflussen.

- Die Ansammlung der Transkriptionsfaktoren wird von **Regulator-Proteinen** beeinflusst, die größtenteils nicht unmittelbar an den Promotor, sondern an DNA-Abschnitte binden, die Tausende von Basenpaaren entfernt liegen können. Wenn eine **Regulator-Sequenz** auf die Transkription einwirkt, bildet die DNA eine passende **Schleife** aus, die die Regulatur-Sequenz in räumliche Nähe zur Promotor-Region bringt. An eine Regulator-Sequenz können sowohl Aktivator-Proteine als auch Repressor-Proteine binden, die die Transkription beschleunigen oder hemmen.

- Aufgrund der **Chromatinstruktur** der DNA (vgl. Kap. F.1.3) können die meisten eukaryotischen Gene nur transkribiert werden, wenn sie nicht in ein Nukleosom verpackt sind. Nukleosomen verhindern in der Regel die Ansammlung der Transkriptionsfaktoren. Gene, die auf diese Weise blockiert sind, können nur transkribiert werden, wenn die Chromatinstruktur aufgelockert wird. Dazu muss das entsprechende Teilstück der DNA kurzfristig „entrollt" werden, um die Promotor-Region und die Regulator-Sequenzen freizulegen.

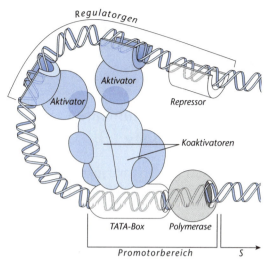

Die Regulationseinheiten eines typischen Eukaryoten-Gens

6. Krebs

Krebserkrankungen gehören in den Industrieländern inzwischen zu den häufigsten Todesursachen. Obwohl das Risiko, an Krebs zu erkranken, sehr stark von **Umwelteinflüssen** und **Lebensgewohnheiten** beeinflusst wird, spielen bei allen Krebsarten **genetische Faktoren** ebenfalls eine entscheidende Rolle.

Krebszellen zeichnen sich durch zwei genetisch bedingte Eigenschaften aus:

- Ihre **Zellteilung** kann **nicht mehr kontrolliert** werden; sie vermehren sich unabhängig von den üblichen Einschränkungen.

- Sie **geben ihre Spezialisierung auf** und dringen in andere Bereiche des Körpers ein, die ihnen sonst vorenthalten sind.

Durch die Vermehrung von Krebszellen entsteht in der Regel ein wachsender Zellhaufen, der als Geschwulst oder **Tumor*** bezeichnet wird. Bleiben die Zellen in ihrem Ausgangsgewebe als Haufen beisammen, gilt der Tumor als **gutartig**; er kann chirurgisch entfernt werden. Bei einem **bösartigen** Tumor verlassen die Zellen das Ausgangsgewebe und dringen in benachbartes oder sogar weit entferntes Gewebe ein und bilden dort Tochtergeschwülste (**Metastasen***), die sich nur selten entfernen lassen.

Molekulargenetik

Um das veränderte Zellteilungsverhalten von Krebszellen erklären zu können, erläutern wir zunächst, wie die normale Zellteilung gesteuert wird.

6.1 Kontrollmechanismen der Zellteilung

In einem wachsenden Embryo teilen sich die Zellen schnell und regelmäßig. In einem **ausgewachsenen Organismus** erfolgen Zellteilungen nur noch, um abgestorbene oder verloren gegangene Zellen zu ersetzen. Allerdings sind nicht alle Gewebearten in gleicher Weise zu dieser **Regeneration** fähig. Es lassen sich unterscheiden:

- **Gewebe mit Dauerzellen (Dauergewebe)**, von denen während der Wachstumsphase ein großes Zellreservoir geschaffen wird, die sich aber nach Abschluss der Embryonalentwicklung nicht mehr teilen (z. B. Nervenzellen);

- **regenerationsfähiges Dauergewebe**, dessen Zellen sich auch nach Abschluss der Embryonalentwicklung bei Bedarf wieder teilen können (z. B. Leberzellen);

- **Gewebe mit Stammzellen (Wechselgewebe)**, bei dem wegen des Zellverlustes ein kontinuierlicher Zellnachschub aus noch nicht differenzierten (pluripotenten*), ständig teilungsfähigen Stammzellen gewährleistet wird (z. B. Blutzellen, Hautzellen).

 Am häufigsten entstehen Tumore in Organen mit Wechselgewebe (Schleimhäute der Atemwege und des Verdauungssystems, Blutstammzellen). Welcher Zusammenhang besteht zwischen der Tumorhäufigkeit und dem Gewebetyp?

Alle teilungsfähigen Zellen durchlaufen einen **Zellzyklus**, der in **vier Phasen** unterteilt wird (vgl. Kap. C.2.1). Ob eine Zelle nach vollendeter Mitose in einen weiteren Teilungszyklus eintritt oder in der G_1-Phase verharrt, entscheidet sich zu einem ganz bestimmten Zeitpunkt nach der abgelaufenen Mitose. Dieser Zeitpunkt wird als **G_1-Restriktionspunkt** bezeichnet.

In Experimenten mit Zellkulturen stellte sich heraus, dass das Überschreiten des G_1-Restriktionspunktes und der Eintritt in einen weiteren Zellteilungszyklus von der Anwesenheit von **Wachstumsfaktoren** im Kulturmedium abhängt. Einer der zuerst identifizierten Faktoren war der Blutplättchen-Wachstumsfaktor PDGF (von engl. *platelet derived growth factor*), der die Vermehrung von Bindegewebszellen anregt, um z.B. eine Wunde zu verschließen. Inzwischen wurden über 50 verschiedene Wachstumsfaktoren entdeckt, die sehr selektiv die Zellteilungsmuster der verschiedenen Gewebearten regulieren.

Wie ein Wachstumsfaktor die Zellteilung stimuliert, erläutern wir anhand eines Schemas (vgl. Abb. S. 137):

① Bei allen Wachstumsfaktoren handelt es sich um Proteine, die in sehr geringen Konzentrationen ihre Wirkung entfalten.

② Über einen **Wachstumsfaktor-Rezeptor** wird das Signal zur Aktivierung der Zellteilung ins Zellinnere weitergegeben. Alle

Molekulargenetik

bisher untersuchten Wachstumsfaktor-Rezeptoren **ähneln dem Insulin-Rezeptor**, d. h., sie sind in die Lipiddoppelschicht der Zellmembran integriert und arbeiten als Tyrosinkinase.

③ Durch die aktivierte Tyrosinkinase werden im Zellinneren ein bis zwei weitere Proteinkinasen aktiviert.

④ Eine von diesen Proteinkinasen gelangt schließlich in den Zellkern und aktiviert dort Regulator-Proteine.

⑤ Die Regulator-Proteine binden an die Regulator-Sequenzen bestimmter Gene, die für die Einleitung der Zellteilung zuständig sind.

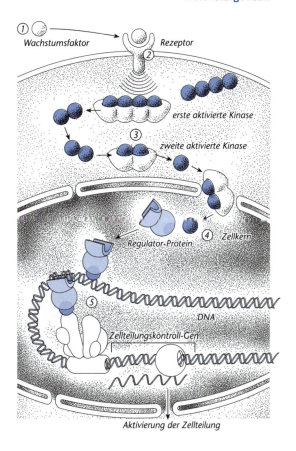

Der typische Signalweg, der eine Zelle durch einen Wachstumsfaktor zur Zellteilung stimuliert

Aufgabe

F21 Wovon hängt es ab, ob eine Zelle von einem bestimmten Wachstumsfaktor zu Zellteilungen angeregt wird?

6.2 Unkontrollierte Zellteilung bei Krebs

Die **genetischen Ursachen** der unkontrollierten Zellteilung bei Krebs wurden über einen „Umweg" aufgeklärt: Die ersten Anhaltspunkte, dass **Zellteilungskontroll-Gene** an der Krebsentstehung beteiligt sind, lieferten Untersuchungen an Viren.

Ein schon lange bekanntes **krebserregendes Virus** ist das **Rous-Sarkom-Virus**; es verursacht Bindegewebstumore bei Hühnern.

Ausgelöst wird die Tumorbildung durch ein besonderes Gen (*src*), das die Viren mit sich schleppen, das aber keine Aufgabe bei der Virusvermehrung hat. Nach der Entdeckung des *src*-Gens stellten sich den Forschern zwei Fragen:

1. Wenn das *src*-Gen für die Virusvermehrung unnötig ist, warum ist es dann vorhanden und woher kommt es?

2. Wie bewirkt das *src*-Gen die Tumorentstehung?

Molekulargenetik

Die erste Frage klärte sich, als mit einer radioaktiv markierten *src*-Gensonde (*zu Gensonden vgl. Kap. G.2.3*) nach verwandten DNA-Sequenzen im Genom der Hühner gesucht wurde. Dabei stellte sich heraus, dass es DNA-Abschnitte gibt, die dem viralen *src*-Gen sehr ähnlich sind. Allerdings sind diese Abschnitte, wie es sich für ein eukaryotisches Gen gehört, auf mehrere Exons verteilt:

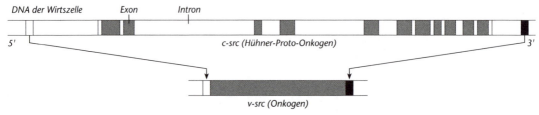

Vergleich des viralen src-Gens (unten) mit dem zellulären Gegenstück (oben) in der DNA der Wirtszelle

Das virale *src*-Gen, das die Tumorbildung auslöst, wird als **Onkogen*** bezeichnet. (Die ebenfalls geläufige Bezeichnung „Krebsgen" halten wir für unbrauchbar, weil irreführend.) Weil angenommen wird, dass das sehr ähnliche zelluläre *src*-Gen, das keine Tumorbildung auslöst, das urspüngliche Gen ist, wird dieses als **Proto-Onkogen*** bezeichnet; es wurde von einem Virus im Zuge einer Infektion mitgenommen und hat danach eine **Mutation** durchgemacht. Inzwischen wurden weitere virale Onkogene entdeckt, deren entsprechende Proto-Onkogene die Forscher nicht nur in den Wirtszellen, sondern in allen normalen Zellen fanden.

Die meisten **Proto-Onkogene sind normale Zellteilungskontroll-Gene**, d. h., sie codieren für Bestandteile der Signalkette, über die Wachstumsfaktoren die Zellteilung stimulieren (*vgl. Abb. S. 137*). Durch Mutationen können sich diese Gene so verändern, dass die Signalkette auch dann aktiviert wird, **wenn gar keine neuen Zellen gebraucht werden**.

Ein Beispiel soll das Prinzip verdeutlichen: Das Proto-Onkogen *erbB* codiert für den **Rezeptor des Epidermis-Wachstumsfaktors EGF**; wenn EGF außen an den Rezeptor bindet, erzeugt er im Zellinneren ein Signal, das Schleimhautzellen zur Teilung anregt. Durch eine Mutation kann *erbB* zum Onkogen werden, das einen Rezeptor erzeugt, dem die EGF-bindende Domäne fehlt, sodass **ständig ein Zellteilungssignal** erzeugt wird, auch wenn gar kein EGF vorhanden ist.

> Onkogene sind normale Zellteilungskontroll-Gene (Proto-Onkogene), die durch eine Mutation so verändert wurden, dass deren Produkte nun ständig Signale zur Stimulierung der Zellteilung erzeugen.

Proto-Onkogene können auf unterschiedliche Art und Weise in Onkogene umgewandelt werden:
- durch Strahleneinwirkung oder chemische Karzinogene (*vgl. Kap. F.4.2*);
- durch chromosomale Translokationen (*vgl. Kap. C.5*);
- durch Infektionen mit Viren.

Obwohl Mutationen in Proto-Onkogenen **dominant** sind (d.h., es reicht aus, wenn in einem diploiden Organismus eines der beiden Allele verändert ist), werden sie **in der Regel nicht vererbt**, da sie sich meist in Körperzellen ereignen. Es gibt allerdings auch eine **erbliche Veranlagung für Krebs**, die von sogenannten Tumorsuppressor-Genen ausgeht. **Tumorsuppressor-Gene** sind ebenfalls normale Zellteilungskontroll-Gene, die aber (im Gegensatz zu Proto-Onkogenen) die Zellteilung nicht ankurbeln, sondern in Schach halten. Deshalb werden sie auch manchmal als **Anti-Onkogene** bezeichnet.

Das erste Tumorsuppressor-Gen wurde bei einer seltenen Krebserkankung des Auges, dem **Retinoblastom**, entdeckt. Es gibt zwei Formen der Krankheit, von denen eine erblich ist. Bei dieser „familiären" Form fanden die Forscher eine **Deletion** auf dem Chromosom 13 (*zu Chromosomenmutationen vgl. Kap. C.5*). Auf dem verloren gegangenen Abschnitt liegt ein Gen, das Zellteilungen bremst. Da der Verlust dieses Gens zum Retinoblastom führen kann, wird es als Retinoblastom-Gen (*Rb*-Gen) bezeichnet. Das *Rb*-Gen kommt nicht nur im Auge, sondern in allen Körperzellen vor. Es codiert für ein Protein, das in aktivem Zustand Regulator-Proteine daran hindert, sich an Regulator-Sequenzen der DNA zu binden, die eine Zellteilung stimulieren. Wird das Protein durch entsprechende Signale von außen um den G_1-Restriktionspunkt herum inaktiviert, kann ein neuer Zellteilungszyklus eingeleitet werden. Das Fehlen eines *Rb*-Allels hat noch keine Konsequenzen, da der Mangel durch die zweite Kopie kompensiert wird. Geht aber durch eine Neumutation auch das zweite Allel verloren, kommt es zur Tumorbildung.

Eine Mutation in einem Proto-Onkogen oder der Verlust eines Tumorsuppressor-Gens reicht allerdings allein nicht aus, um eine normale Körperzelle in eine Krebszelle zu verwandeln; vielmehr müssen **mehrere Ereignisse im Laufe der Zeit zusammentreffen**. Würde eine einzige Mutation ausreichen, die jederzeit mit einer bestimmten Wahrscheinlichkeit auftreten kann, wäre die Krebshäufigkeit unabhängig vom Alter. Tatsächlich steigt aber diese Wahrscheinlichkeit mit dem Alter stark an. Je nach Art des Tumors müssen zwischen 3 und 7 Zufallsmutationen zusammenkommen.

Jeder Krebs entwickelt sich deshalb aus zunächst nur leicht veränderten Zellen in langsamen Schritten über viele Jahre hinweg. Wegen dieser **Tumorprogression*** liegt bei Krebstypen, die auf eine äußere Ursache zurückgehen, fast immer eine lange Zeitspanne zwischen dem auslösenden Ereignis und dem Ausbruch der Krankheit: So steigt die **Häufigkeit von Lungenkrebs** erst nach 10 bis 20 Jahren starken Zigarettenkonsums steil an. Das bedeutet andererseits, dass sich ein hoher Prozentsatz von Krebserkrankungen vermeiden ließe (Krebsforscher schätzen 80–90%), wenn die betroffenen Personen sich den krebsauslösenden Faktoren weniger oder gar nicht mehr aussetzen würden.

Molekulargenetik

7. Zusammenfassung

Die Erbinformationen sind in der DNA gespeichert.

Die **DNA** ist ein doppelsträngiges Riesenmolekül, das aus vier verschiedenen Nukleotiden aufgebaut ist. Die **Nukleotide** bestehen aus den Bausteinen Desoxyribose, Phosphorsäure und einer der vier Basen Adenin, Cytosin, Guanin und Thymin.

Die beiden Stränge der **Doppelhelix** sind infolge der Basenpaarung (A mit T und C mit G) zueinander **komplementär**.

Die DNA ist in regelmäßigen Abständen spulenartig um Histon-Moleküle gewickelt. Die „Spulen" werden als Nukleosomen bezeichnet.

Die **Replikation** der DNA erfolgt nach einem **semikonservativen Mechanismus**. Dabei wird der Doppelstrang (durch Helikasen) entwunden und die Einzelstränge voneinander getrennt. An die unveränderten (alten) Einzelstränge lagern sich komplementäre Nukleotide an, die miteinander zu (neuen) Strängen verkettet werden (Wirkung von Polymerase). An einem der Stränge erfolgt dabei kontinuierliches, am anderen diskontinuierliches Wachstum. Die Kopiergenauigkeit, mit der die Verdoppelung der DNA erfolgt, ist die Voraussetzung dafür, dass die genetische Information an jede Zelle und an jede weitere Generation unverändert weitergegeben wird.

Wird eine DNA-Lösung in Wasser auf etwa 80°C erhitzt, damit die Wasserstoffbrückenbindungen sich lösen, ohne dass die Bindungen zerstört werden, die die Nukleotide in der Kette zusammenhalten, trennen sich die beiden Ketten der Doppelhelix („**Schmelzen**" **von DNA**). Wird die Temperatur wieder gesenkt, kehrt sich der ganze Vorgang langsam um.

Ein Gen enthält die Information zum Aufbau eines Enzyms: **Ein-Gen-ein-Enzym-Hypothese**.

Die vier Nukleotidbasen Adenin, Cytosin, Guanin und Thymin bilden die Buchstaben des genetischen Alphabets. Jeweils drei Buchstaben = **Basentripletts** bilden die Wörter des genetischen Codes, wobei jedes Wort für eine der 20 verschiedenen Aminosäuren steht (Ausnahme: Start- und Stopp-Codons).

Bei der **Proteinbiosynthese** wird die Nukleotid- oder Basensequenz eines DNA-Abschnitts umgesetzt in die Aminosäuresequenz eines Proteins. Die grundlegenden Vorgänge lassen sich in folgendem Schema zusammenfassen:

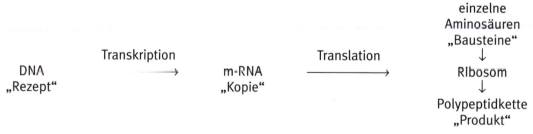

Die **RNA** unterscheidet sich von der DNA durch einen anderen Zuckerbestandteil (Ribose statt Desoxyribose) und durch eine andere Nukleotidbase (Uracil statt Thymin). Außerdem liegt RNA in der Regel einsträngig vor.

Eukaryotische Gene sind gestückelt. Die DNA-Basensequenz, die für ein bestimmtes Protein codiert, liegt nicht als kontinuierlicher „Text" vor, sondern codierende Abschnitte (**Exons**) sind durch nicht codierende Einschübe (**Introns**) voneinander getrennt. Die Eliminierung der

Introns erfolgt während der Transkription im Zellkern. Dabei werden weitere Veränderungen (Modifikationen) an der Boten-RNA vorgenommen, die ihre Lebensdauer verlängern und die Bindung an Ribosomen ermöglicht.

Genmutationen stellen den geringsten Grad von Veränderung am Erbgut dar: Nur ein einziges Gen – zuweilen nur eine einzige Base in einem Triplett – liegt mutiert vor.

Die **Mutationsrate** ist abhängig von verschiedenen äußeren Einflüssen, von denen zwei besonders wichtig sind: Strahlung und Chemikalien.

Reparaturmechanismen machen sich die Tatsache zunutze, dass die DNA aus zwei komplementären Strängen besteht. Wenn die Sequenz in einem Strang zufällig beschädigt wird, ist also die Information noch nicht endgültig verloren, denn die Information ist ja auch in der Nukleotidsequenz des zweiten Stranges gespeichert.

Die **Regulation der Genaktivität bei Prokaryoten** erfolgt nach dem JACOB-MONOD-Modell durch das Zusammenwirken von Regulatorgen und Operon (Promotor, Operator, Strukturgene).

Die Grundstrategien der **Genregulation bei Eukaryoten** sind zwar ziemlich ähnlich, aber sehr viel komplexer.

Krebszellen zeichnen sich durch zwei genetisch bedingte Eigenschaften aus: Ihre Zellteilung kann nicht mehr kontrolliert werden und sie geben ihre Spezialisierung auf und dringen in andere Bereiche des Körpers ein, die ihnen sonst vorenthalten sind.

Onkogene sind ursprünglich normale Zellteilungskontroll-Gene, die für Bestandteile der Signalkette codieren, über die Wachstumsfaktoren die Zellteilung stimulieren. Durch Mutationen können sich diese Gene so verändern, dass die Signalkette auch dann aktiviert wird, wenn gar keine neuen Zellen gebraucht werden.

Gen- und Reproduktionstechnik

Die Erkenntnisse der Molekulargenetik beruhten in der Anfangszeit ausschließlich auf der Analyse des genetischen Materials von Bakterien und Viren (besonders Bakteriophagen, *vgl. Kap. E*). Seit Anfang der 70er-Jahre des 20. Jahrhunderts haben sich die Methoden zur Untersuchung von Genen dramatisch verändert: DNA kann nunmehr gezielt **zerlegt, vermehrt, neu kombiniert** und in Empfängerzellen **exprimiert*** werden. Diese Methoden werden in ihrer Gesamtheit als **Gentechnik** bezeichnet. Durch die neuartigen biochemischen sowie zell- und molekularbiologischen Verfahren lassen sich nun auch die Gene von Pflanzen, Tieren und Menschen analysieren.

Gentechnische Methoden lassen sich aber auch **anwenden, um Lebewesen gezielt genetisch umzuprogrammieren,** d. h., ihnen „fremde" Gene einzupflanzen und ihnen damit neue, vom Menschen gewünschte Eigenschaften zu verleihen. So wird heute bei der Behandlung der „Zuckerkrankkeit" (Diabetes mellitus) Insulin eingesetzt, das mit dem menschlichen Insulin absolut identisch ist (Humaninsulin), aber in großtechnischem Maßstab von Bakterien hergestellt wird (*vgl. Kap. G.2.1*).

Der Begriff „Gentechnik" wird also in zwei verschiedenen Bedeutungen verwendet; er bezeichnet:
- Methoden und Verfahren, mit denen Struktur und Funktion des genetischen Materials der Organismen analysiert werden (**Grundlagenforschung**);
- Methoden und Verfahren zur gezielten Neuprogrammierung von Lebewesen zum Zwecke der industriellen Nutzung (**Anwendung der Gentechnik**).

In der öffentlichen Diskussion ist auch immer wieder von „Gentechnologie" die Rede. Sprachlich korrekt ist mit „Gentechnologie" nur die Erforschung der Methoden zur Neukombination von DNA, mit „Gentechnik" aber die Anwendung dieser Methoden in Forschung und Technik gemeint. In diesem Sinne verwenden wir hier nur den Begriff Gentechnik.

1. Grundlagen der Gentechnik

1973 erschien in einem amerikanischen Wissenschaftsmagazin ein Artikel von STANLEY COHEN und Mitarbeitern über ein Experiment, das als die Geburtsstunde der Gentechnik angesehen wird: Es war ihnen gelungen, **im Reagenzglas (in vitro*) DNA-Fragmente aus zwei verschiedenen Bakterienarten neu miteinander zu kombinieren** und in *E. coli* einzuschleusen. Die DNA-Fragmente enthielten die Gene für die Resistenz gegenüber zwei verschiedenen Antibiotika. Nach der „Operation" waren die **transgenen*** Coli-Bakterien gegen beide Antibiotika resistent.

Es sind immer fünf grundlegende Schritte, die durchgeführt werden, damit fremde DNA in eine Zelle eingeschleust werden kann.

Gen- und Reproduktionstechnik

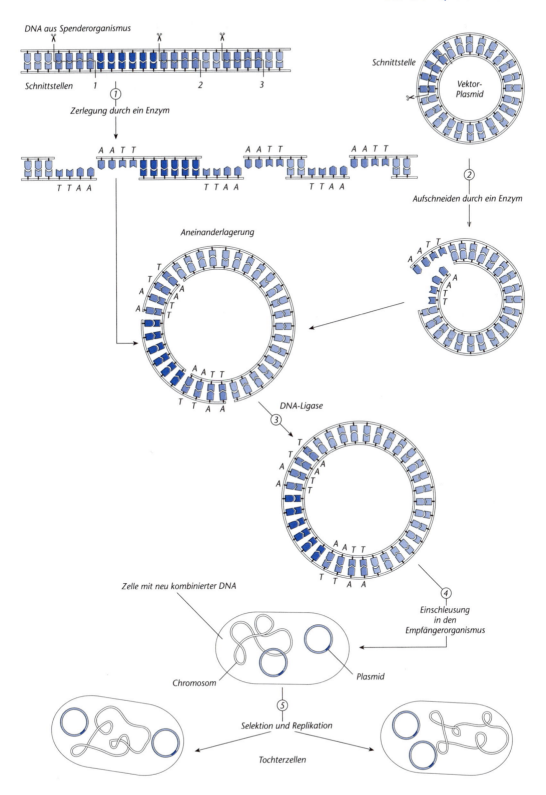

Grundoperationen beim Einschleusen fremder DNA (Plasmide bestehen in Wirklichkeit aus sehr viel mehr Basenpaaren.)

Die Abbildung auf der letzten Seite zeigt:

① Die DNA aus dem Spenderorganismus wird isoliert und mithilfe eines Enzyms in kleinere Fragmente zerlegt.

② Ein geeignetes Transportmolekül (ein **Vektor***) wird isoliert und mithilfe des gleichen Enzyms für den Einbau der Spender-DNA aufgeschnitten.

③ Spender-DNA und Vektor-DNA werden mithilfe von DNA-Ligase (*vgl. Kap. F.2.3*) **verbunden**.

④ Die neu kombinierte DNA wird mit einem geeigneten Verfahren in die Zellen eines Empfängerorganismus **eingeschleust**.

⑤ Die Zellen, die die neu kombinierte DNA aufgenommen haben, werden **ausgelesen** (selektiert) und **vermehrt**.

Was dann mit den transgenen Zellen weiter passiert, hängt von der Zielsetzung des Experiments ab:

- Ist das Ziel, größere Mengen der eingeführten Fremd-DNA zu gewinnen, müssen die Einzelzellen vermehrt werden; die Fremd-DNA wird anschließend daraus isoliert.

- Geht es um die Gewinnung einer größeren Menge des Proteins, das von der Fremd-DNA codiert wird, müssen ebenfalls die Einzelzellen vermehrt und zur Genexpression angeregt werden (*vgl. Kap. G.2.1*).

- Ist das Ziel, einem höheren Lebewesen (z. B. einer Pflanze) eine neue Eigenschaft zu verleihen, werden aus den einzelnen transgenen Zellen mehrzellige Organismen regeneriert (*vgl. Kap. G.2.4*).

In allen Fällen entstehen Zellen mit identischer Erbinformation, die als **Klone*** bezeichnet werden. Dementsprechend wird dieses Verfahren auch als **Genklonierung** bezeichnet.

1.1 Restriktionsenzyme

Sowohl das **Zerlegen der Fremd-DNA** aus dem Spenderorganismus in Fragmente geeigneter Größe (Schritt ①) als auch das **Aufschneiden der Transport-DNA** zum Einfügen des Spender-DNA-Fragments (Schritt ②) erfolgt durch ein spezielles Enzym, das aus Bakterien gewonnen werden kann. Die Bakterien schützen sich mithilfe dieses Enzyms vor eingedrungener Fremd-DNA, z. B. der DNA von Bakteriophagen (*vgl. Kap. E.4*). Dazu wird die Phagen-DNA durch das Enzym in Bruchstücke zerlegt („zerschnitten"); die betroffenen Bakteriophagen können sich in diesen Bakterien in der Regel nicht vermehren. Nur einem von 10 000 Phagen gelingt die Vermehrung. Wegen dieser Einschränkung (**Restriktion***) der Phagenvermehrung werden die entsprechenden Enzyme als **Restriktionsenzyme*** bezeichnet. (Exakt heißen sie Restriktionsendonukleasen, weil sie DNA nicht vom Ende her, sondern von innen abbauen.)

Die **Schnittstellen,** die von den Restriktionsenzymen erkannt und „angegriffen" werden, sind bei jeder Enzymart **hochspezifisch**; die Erkennungssequenzen einiger Restriktionsenzyme sind in der Abbildung auf S. 145 dargestellt. Das Besondere der **Erkennungssequenzen** besteht darin, dass sie eine spezielle Form der **Symmetrie** zeigen: Wird die Sequenz um 180° gedreht, hat man wieder die gleiche Basenfolge vor Augen. (Sie können das selbst durch Drehen des Buches ausprobieren.) Ähnliche Strukturen sind aus unserer Sprache bekannt: Wörter, die rückwärts gelesen denselben Sinn ergeben (z. B. stets, Regallager, Reliefpfeiler); sie werden als **Palindrom*** bezeichnet. Bei den Erkennungssequenzen der DNA besteht das Palindrom darin, dass vom 5'-Ende des einen Strangs die gleiche Basensequenz existiert wie vom 5'-Ende des komplementären Strangs.

Gen- und Reproduktionstechnik

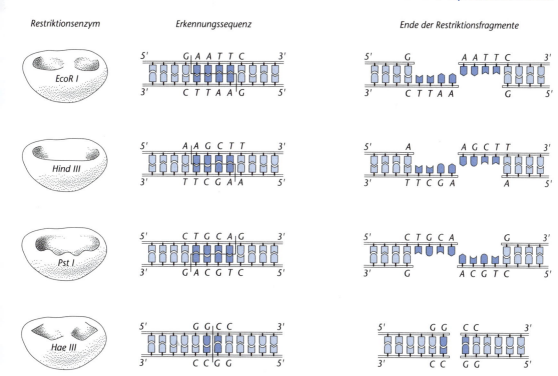

Erkennungssequenzen und „Schnittmuster" einiger gebräuchlicher Restriktionsenzyme

Die **Benennung** eines Restriktionsenzyms richtet sich nach den Bakterien, aus denen es isoliert wurde: Eco steht für *Escherichia coli*, Hae für *Haemophilus aegypticus*, Hin für *Haemophilus influenzae*. Der Buchstabe R hinter Eco bezeichnet den Bakterienstamm RY 13, das d hinter Hin den Stamm Rd und die römische Ziffer kennzeichnet die zeitliche Reihenfolge ihrer Entdeckung.

Alle Restriktionsenzyme greifen die Zucker-Phosphat-Verbindungen der DNA an und spalten beide Stränge. Die beiden Schnitte erfolgen hochspezifisch zwischen den gleichen Nukleotiden (z. B. bei HaeIII zwischen G und C) und liegen bei manchen Enzymen (z. B. wiederum bei HaeIII) so genau gegenüber, dass **„glatte" Enden** entstehen (vgl. Abb. oben). Bei den meisten Enzymen sind allerdings die Einzelstrangschnitte um einige Basenpaare versetzt (z. B. bei EcoRI um vier Basenpaare), sodass nach dem Schnitt einzelsträngige Enden stehen bleiben. Da diese Einzelstrangenden zueinander komplementär sind, d. h. sich wegen der Basenpaarung wieder zusammenfinden können, werden sie als **„klebrige" Enden** bezeichnet.

Inzwischen sind mehr als 300 verschiedene Restriktionsenzyme aus über 200 verschiedenen Bakterienstämmen bekannt. Damit steht für die Gentechnik ein breites Repertoire an Enzymen zum **Zerschneiden von DNA beliebiger Herkunft in Fragmente beliebiger Größe** zur Verfügung.

Die Bakterien **schützen ihre eigene DNA** vor dem „Angriff" durch die Restriktionsenzyme, indem die Erkennungsstellen durch eine chemische Veränderung (Methylierung) „getarnt" werden. Da die Methylierung „versehentlich" auch an der DNA einiger weniger Phagen vorgenommen wird, entgehen diese dem Angriff des Restriktionsenzyms und können sich vermehren.

1.2 Plasmide als Vektoren

Bis vor Kurzem waren Gentechniker davon überzeugt, dass fremde DNA nicht ohne Transportmittel (sozusagen „nackt") in einen Empfängerorganismus einzubringen sei, da sie sonst nicht repliziert und auch nicht exprimiert werden könne. Deshalb suchten sie nach geeigneten Methoden, Fremd-DNA einzuschleusen. Jahrelang verwendeten sie bestimmte DNA-Moleküle als **Vektoren**. Inzwischen wird Fremd-DNA auch ohne Vektoren erfolgreich in Empfängerorganismen verfrachtet.

Ein Vektor eignet sich als Transportmittel (als „**Genfähre**"), wenn er folgende **Eigenschaften** erfüllt:

- Er muss sich möglichst einfach mittels Dichtegradientenzentrifugation **isolieren** lassen.
- Er muss eine Replikationsstartstelle (*ori* von „*origin of replication*") besitzen, um sich **eigenständig zu replizieren**.
- Er sollte **nicht zu groß** sein (weniger als 10 000 Basenpaare).
- Er muss geeignete **Schnittstellen für Restriktionsenzyme** besitzen, um den Einbau von Fremd-DNA zu ermöglichen.
- Er muss der Empfängerzelle einen selektiven Vorteil verschaffen; damit können die Zellen, die den Vektor aufgenommen haben, **ausgelesen** und **gezielt vermehrt** werden.

Diese Voraussetzungen gelten für **Klonierungsvektoren**, mit deren Hilfe Fremd-DNA eingeschleust und vermehrt werden kann.

Aufgabe

 Soll die eingeschleuste Fremd-DNA exprimiert, d.h. zur Herstellung des codierten Proteins veranlasst werden, muss die Transkription der Fremd-DNA angeschaltet werden. Über welche zusätzlichen DNA-Sequenzen muss ein solcher Expressionsvektor verfügen?

Die gebräuchlichsten Vektoren können (wie die Restriktionsenzyme) aus Bakterien gewonnen werden. Es handelt sich um kleine, ringförmige DNA-Moleküle, die neben dem Hauptchromosom vorkommen. Sie werden als **Plasmide*** bezeichnet (*vgl. Kap. E.2*). Die Gene, die auf Plasmiden lokalisiert sind, codieren niemals für wesentliche Zellfunktionen, sondern verleihen den Bakterien **zusätzliche Eigenschaften**, die die Bakterien zu ungewöhnlichen Stoffwechselleistungen befähigen. Sie ermöglichen ihnen dadurch das Überleben unter besonderen Umweltbedingungen:

- Eine dieser Eigenschaften ist die Fähigkeit, **Laktose statt Glukose** zu verwerten (*vgl. Kap. F.5.1*). Die Gene für die Laktoseverwertung (das *lac*-Operon) befinden sich nicht auf dem Hauptchromosom, sondern auf einem Plasmid.
- Eine weitere in der Humanmedizin gefürchtete Eigenschaft ist die **Antibiotikaresistenz**. Bakterien, die solche Resistenzgene besitzen, überleben eine Behandlung, indem sie das Antibiotikum entweder abbauen oder dessen Aufnahme verhindern.

- Einige Plasmide besitzen Gene, die dafür sorgen, dass eine Kopie der Plasmid-DNA in eine andere Bakterienzelle eingeschleust wird, die dann die übertragene Information nutzen kann. Diese Transfergene steuern die Kontaktaufnahme und die Ausbildung einer Plasmabrücke mit der Partnerzelle (Konjugation, *vgl. Kap. E.2*) sowie die Herstellung und Übertragung einer einsträngigen Kopie der Plasmid-DNA. (Das bekannteste Plasmid dieser Art haben wir in *Kap. E.2* vorgestellt, den F-Faktor.) Auf diese Weise können auch Antibiotika-Resistenzgene zwischen Bakterien ausgetauscht werden (**horizontaler Gentransfer***), sodass es zu Mehrfachresistenzen kommen kann. Durch dieses Phänomen werden viele gebräuchliche Antibiotika immer unwirksamer; leider wird diese Entwicklung durch den unkritischen Gebrauch von Antibiotika (z. B. bei leichten Infekten, Erkältungen und Virusinfektionen) begünstigt.

In der Gentechnik werden entweder **natürliche** Plasmide verwendet, wie sie „in der Natur" vorkommen, oder **konstruierte** Plasmide, die aus natürlichen hervorgehen, indem man ihnen einige gewünschte Gene einbaut, z. B. eine Replikationsstartstelle, Antibiotika-Resistenzgene oder Schnittstellen für mehrere Restriktionsenzyme (ein sogenannter „polylinker"). Solche Plasmide werden dann nach ihrem Hersteller bezeichnet: pSC101 ist das Plasmid, das S︎TANLEY C︎OHEN bei seinem historischen Experiment benutzte (*vgl. Kap. G.1*).

Ein häufig benutztes konstruiertes Plasmid (**pBR 322**) zeigt die folgende Abbildung: Es handelt sich dabei um ein **Konstrukt** aus einem Plasmid von *E. coli*, das die **Replikationsstartstelle** (*ori*) enthält, ergänzt um ein **Gen für die Resistenz gegen das Antibiotikum Tetracyclin** (*Tc^r*) aus dem Plasmid pSC101 und ein weiteres **Gen für die Resistenz gegen das Antibiotikum Ampicillin** (*Ap^r*). Beide Resistenzgene enthalten mehrere Schnittstellen für verschiedene Restriktionsenzyme. Durch Behandlung mit einem bestimmten Restriktionsenzym wird das ringförmige Plasmid geöffnet (linearisiert) und die zu klonierende Fremd-DNA kann sich einfügen.

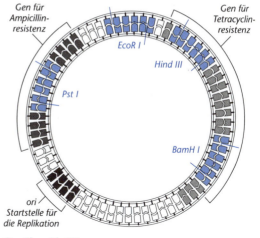

Das Plasmid pBR 322

Aufgabe

 Weshalb sollte ein Plasmid nicht mehr als eine Schnittstelle für ein bestimmtes Restriktionsenzym besitzen?

Gen- und Reproduktionstechnik

Wegen der hohen **Wirtsspezifität** kann Fremd-DNA nicht in alle Empfängerorganismen mithilfe von Plasmiden eingeschleust werden. Es wurden deshalb weitere Vektoren entwickelt, die die Übertragung von Fremdgenen auch in pflanzliche, tierische und menschliche Zellen erlauben. (Der gebräuchlichste pflanzliche Vektor, das Ti-Plasmid, wird in *Kap. G.2.4* vorgestellt.) Außerdem gibt es auch vektorlose, **direkte Methoden des Gentransfers** (vgl. ebenfalls *Kap. G.2.4*).

1.3 Transformation und Selektion

Das Einfügen einer Fremd-DNA in ein Plasmid ist kein gezielter Vorgang, sondern ein **Zufallsereignis**. Im Reagenzglas entstehen also **Plasmide mit und ohne Fremd-DNA**, die in diesem Stadium nicht auseinandergehalten werden können. Mit dieser Mischung werden nun die Empfängerzellen **transformiert** (vgl. dazu *Kap. E.5*), d.h., die Plasmide werden in die Zellen eingeschleust. Um die Transformation zu erleichtern, wurden verschiedene Verfahren entwickelt, die Zellen für die Plasmid-DNA aufnahmefähig zu machen. Coli-Bakterien werden z. B. mit Calciumionen behandelt, wodurch Zellwand und Zellmembran durchlässiger werden. Trotz einer solchen Behandlung nimmt nur etwa jede 100 000ste Zelle ein Plasmid auf.

Da nur diejenigen Zellen vermehrt werden sollen, die ein Plasmid mit der Fremd-DNA aufgenommen haben, müssen sie ausgelesen (selektiert) werden. Wir erläutern das Verfahren an einem Beispiel mit dem Plasmid pBR 322. Darauf befinden sich zwei Resistenzgene gegen Tetracyclin und Ampicillin (vgl. den letzten Abschnitt, *Kap. G.1.2*). Bakterien, die das Plasmid aufgenommen haben, sind gegen diese beiden Antibiotika resistent und überleben eine Behandlung. Diese Eigenschaften werden nun zum **Auslesen der transformierten Zellen** genutzt. Man benötigt zwei Antibiotika-Resistenzen, da im ersten Schritt die Zellen ausgelesen werden,

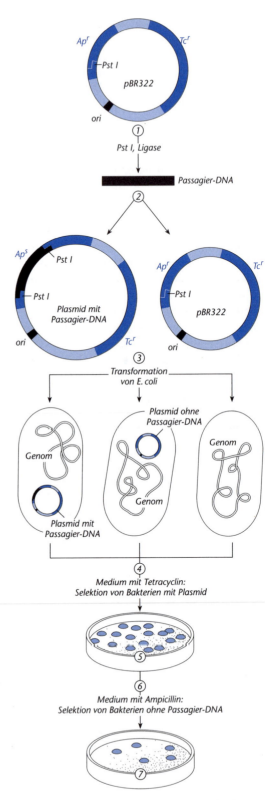

Schema der Selektion von transformierten Bakterien

die **überhaupt** ein Plasmid aufgenommen haben. Im zweiten Schritt werden die Zellen identifiziert, deren Plasmid die **Fremd-DNA** enthält:

① Das Plasmid pBR 322 wird durch das Restriktionsenzym PstI aufgeschnitten.

② In die Schnittstellen einiger Plasmide fügt sich die Fremd-DNA ein; dadurch wird das **Ampicillin-Gen inaktiviert**. Alle anderen Plasmide bleiben ohne Fremd-DNA; das Ampicillin-Gen bleibt intakt. Alle Plasmide werden durch Zugabe von DNA-Ligase wieder geschlossen.

③ *E. coli*-Zellen werden mit dem Plasmidgemisch **transformiert**.

④ Um die Zellen zu **selektieren**, die **überhaupt ein Plasmid** aufgenommen haben, lässt man die Bakterien zuerst auf einem Nährboden wachsen, der das Antibiotikum Tetracyclin enthält.

⑤ Dabei gehen alle Zellen zugrunde, die kein Plasmid aufgenommen haben, während die Zellen mit Plasmid wegen der Tetracyclinresistenz zu Kolonien heranwachsen.

⑥ Von diesem Nährboden werden die Kolonien mit einem **Samtstempel** in gleicher Anordnung auf einen zweiten Nährboden **übertragen**, der das Antibiotikum Ampicillin enthält.

⑦ Da auf dem Nährboden mit Ampicillin nur Bakterien mit Plasmiden ohne Fremd-DNA zu Kolonien heranwachsen, können durch Vergleich mit dem ersten Nährboden die **Kolonien identifiziert** werden, die **von transformierten Bakterien** stammen.

Aufgaben

Begründen Sie, weshalb nur Bakterien, die Plasmide ohne Fremd-DNA aufgenommen haben, die Behandlung mit Ampicillin überstehen und auf dem Nährboden zu Kolonien heranwachsen.

Welches Restriktionsenzym muss benutzt werden, wenn das Verfahren in umgekehrter Reihenfolge durchgeführt werden soll: Inaktivierung des Tetracyclin-Gens und Selektion mit Ampicillin?

1.4 Methoden der Gengewinnung

Ein wesentliches Problem der Gentechnik besteht darin, aus der gesamten genetischen Information eines Organismus gerade denjenigen DNA-Abschnitt herauszufinden, der das Gen enthält, das in einen Empfängerorganismus eingeschleust und dort zur Ausprägung (Expression) gebracht werden soll.

Es gibt grundsätzlich drei verschiedene Methoden der Gengewinnung:

- Der gewünschte DNA-Abschnitt wird **direkt aus dem Genom** des Spenderorganismus gewonnen. Das setzt voraus, dass sowohl die Anordnung der Gene (**Genkarte**) als auch die Verteilung der Schnittstellen für Restriktionsenzyme (**Restriktionskarte**) gut bekannt sind. Dies ist im Allgemeinen nur bei kleinen Genomen der Fall (z. B. von Viren). Das Genom des Spenderorganismus wird durch ein Restriktionsenzym in DNA-Fragmente von unterschiedlicher Größe zerlegt. Durch **Gel-Elektrophorese*** werden die Fragmente ihrer Größe nach getrennt. Mithilfe einer **Gensonde*** wird das gewünschte Gen aufgespürt und aus dem Gel isoliert.

- Ist eine Spenderzelle auf die Herstellung eines bestimmten Proteins **spezialisiert**, besteht die m-RNA zu einem hohen Prozentsatz aus der **m-RNA für dieses Protein**. Die m-RNA lässt sich leicht isolieren. Durch ein spezielles Enzym, das ursprünglich bei krebserregenden RNA-Viren (Retroviren) entdeckt wurde, die **reverse Transkriptase***, wird ein zur m-RNA komplementärer DNA-Strang synthetisiert. Nach enzymatischer Entfernung der nun überflüssigen m-RNA-Vorlage wird mithilfe von DNA-Polymerase der zweite komplementäre DNA-Strang ergänzt. Diese sogenannte **cDNA*** (copy-DNA) ist die exakte DNA-Kopie der m-RNA.

- Ist die **Aminosäuresequenz des gewünschten Proteins** bekannt, lässt sich mithilfe des genetischen Codes („Code-Sonne") die DNA-Sequenz des codogenen Stranges ermitteln. Da für manche Aminosäuren bis zu sechs verschiedene Kombinationen existieren, erfolgt die Auswahl der Codogene nach praktischen Gesichtspunkten, deren Erläuterung zu weit führen würde. Schließlich werden noch an beiden Enden des geplanten Gens zwei „klebrige" Schnittstellen für Restriktionsenzyme vorgesehen. Wird ein **DNA-Synthezizer** mit dieser Nukleotidsequenz programmiert, stellt er computergesteuert die gewünschte DNA in **Totalsynthese** her. Die Methode funktioniert allerdings nur, wenn die Gene nicht zu lang sind.

Aufgabe

 Welches Problem wird elegant umgangen, wenn mit der zweiten Methode (die m-RNA wird in eine cDNA umgeschrieben) ein Gen aus einer eukaryotischen Spenderzelle in Bakterien übertragen wird?

1.5 Die Analyse von DNA

Um die Nukleotid- bzw. Basensequenz von Genen ermitteln zu können, reicht ein einziges DNA-Molekül nicht aus; es werden Tausende von Kopien benötigt. Mit den Methoden der Gen-Klonierung lassen sich DNA-Moleküle beliebiger Herkunft in Bakterien vervielfältigen (*vgl. Kap. G.1*). Das Verfahren ist aber verhältnismäßig aufwendig und langwierig.

Inzwischen wurde ein schnelleres und effektiveres Verfahren entwickelt: Mit der Methode der **Polymerase-Kettenreaktion** (engl. *polymerase chain reaction*, **PCR**) ist es möglich, von beliebigen DNA-Sequenzen enzymatisch millionenfach Kopien herzustellen Für dieses Verfahren erhielt K. B. MULLIS 1993 den Nobelpreis. Aus der Grundidee hat sich ein breites Spektrum an speziellen PCR-Techniken entwickelt, die in den verschiedensten Bereichen Anwendung gefunden haben (Gentechnik, medizinische Diagnostik, Paläontologie und Kriminalistik).

1.5.1 Die Polymerase-Kettenreaktion (PCR)

Die Vorgänge bei der Vervielfältigung einer DNA durch PCR ist dem Reaktionsablauf bei der natürlichen Replikation sehr ähnlich (*vgl. Kap. F.2.3*): Eine DNA-Polymerase synthetisiert einen neuen DNA-Strang an einer einzelsträngigen DNA-Matrize. Dazu werden

Gen- und Reproduktionstechnik

Startermoleküle (Primer) benötigt, die an die Matrizen-DNA binden (hybridisieren). Von deren 3'-Ende aus synthetisiert die DNA-Polymerase den neuen DNA-Strang.

Bei der Polymerase-Kettenreaktion werden synthetisch hergestellte **Primer** aus etwa 15 bis 30 Nukleotiden verwendet. Durch die Wahl eines gegenläufig orientierten Primerpaares kann die DNA-Sequenz zwischen den Primern gezielt vervielfältigt werden. Das entscheidende **Prinzip** der PCR ist die **zyklische Wiederholung** der einzelnen Reaktionsschritte, wodurch die Ausgangsmenge an DNA bis zu zehnmillionenfach vervielfacht werden kann. Nach vielen Reaktionszyklen liegt die DNA in großen Mengen vor und kann leicht isoliert werden.

Die einzelnen Schritte eines Reaktionszyklus sind:

① **Denaturierung der DNA:** Durch Erhitzen auf Temperaturen von etwa 90–100°C wird die Matrizen-DNA geschmolzen; es entstehen einzelsträngige DNA-Moleküle (vgl. Kap. F.2.4).

② **Hybridisierung:** Beim Abkühlen des Reaktionsgemisches auf etwa 50 °C binden die synthetischen Primer an die komplementären Sequenzen der Matrizen-DNA.

③ **Polymerisation:** Vom 3'-Ende der Primer ausgehend wird zu jeder Matrizen-DNA durch DNA-Polymerase der Komplementärstrang synthetisiert. Die hier gewählte Temperatur entspricht dem Temperaturoptimum der verwendeten DNA-Polymerase.

Verwendet wird vor allem die hitzestabile **Taq-Polymerase**, die ein ungewöhnliches Temperaturoptimum von 72°C besitzt. Dieses Enzym wurde in Bakterien (*Thermus aquaticus*) entdeckt, die in heißen Quellen leben und deren Enzyme an diese extremen Temperaturbedingungen angepasst sind.

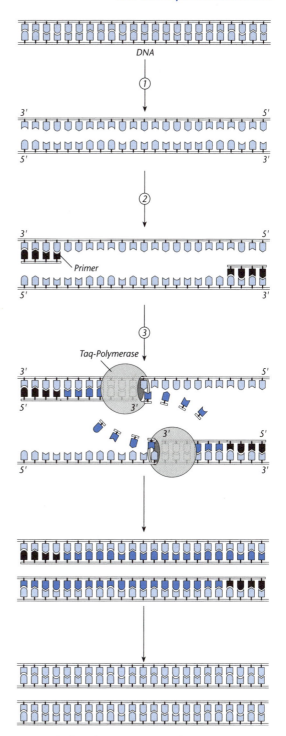

Das Prinzip der Polymerase-Kettenreaktion

Mehrfaches Wiederholen der drei Schritte (Denaturierung, Hybridisierung, Polymerisation) führt zu einer **exponentiellen Vervielfachung der DNA-Vorlage**. In der Regel reichen 20–30 PCR-Zyklen aus, um eine ausreichende DNA-Menge zu gewinnen.

Durchgeführt wird die PCR in einem sogenannten **Thermocycler**. Dieses Gerät regelt über eine automatische Steuerung ein zyklisches Temperaturprogramm, wobei die jeweilige Temperatur, die Zeit pro Reaktionsschritt und die Zyklenzahl programmierbar sind.

Aufgabe

a) Was würde passieren, wenn die PCR mit einer „normalen" DNA-Polymerase (Temperaturoptimum 37 °C) durchgeführt würde?

b) Wie müsste das Verfahren abgeändert werden?

1.5.2 Methoden der Sequenzanalyse

Auch zur **Sequenzierung von DNA** wird ein enzymatisches Verfahren verwendet, das von der natürlichen Replikation abgeleitet wurde (*vgl. Abb. S. 153*): Der Trick bei diesem Verfahren ist der Einsatz von leicht **abgewandelten Nukleotiden,** denen die OH-Gruppe am 3'-Kohlenstoffatom der normalen Nukleotide fehlt (*vgl. dazu auch Abb. a, S. 95*). Wird ein derart modifiziertes Nukleotid in eine DNA-Kette eingebaut, verhindert es das Anfügen des nächsten Nukleotids; die DNA-Synthese wird an dieser Stelle abgebrochen.

Wir erläutern das Verfahren wieder Schritt für Schritt:

① Zunächst werden von der DNA-Probe durch Denaturierung Einzelstränge gewonnen.

② Die zu sequenzierenden DNA-Einzelstränge werden **mit kurzen Primern hybridisiert**, die zusätzlich **radioaktiv markiert** sind.

③ Die Probe wird **auf vier Reagenzgläser** verteilt. Zu jedem Ansatz wird eine ausreichende Menge der vier DNA-Nukleotide und eine geringe Menge eines der vier modifizierten Nukleotide hinzugefügt. DNA-Polymerasen katalysieren in 5'3'-Richtung die Synthese der komplementären Stränge. Dabei konkurrieren die modifizierten Nukleotide mit dem Überschuss an regulären Nukleotiden, sodass jeder neu synthetisierte Strang an einer bestimmten Stelle der Sequenz **abbricht**.

④ In jedem Ansatz bilden sich also **unterschiedlich lange DNA-Stränge**, deren Abbruch an solchen Stellen erfolgte, an denen sich in der Matrizen-DNA das komplementäre Nukleotid befand (also im Ansatz mit A immer T usw.).

⑤ Die DNA-Stränge aus den vier Ansätzen werden durch parallele Gel-Elektrophorese der Länge nach aufgetrennt.

Da die Primer radioaktiv markiert sind, kann von dem Gel eine Art Fotografie gemacht werden, bei der sich die Stellen schwarz färben, an denen sich DNA-Stränge im Gel befinden (**Autoradiografie***). An einem solchen Autoradiogramm kann aus der Bandenfolge die Basensequenz der DNA-Probe direkt abgelesen werden (*Abb. S. 153, unten rechts*).

Gen- und Reproduktionstechnik

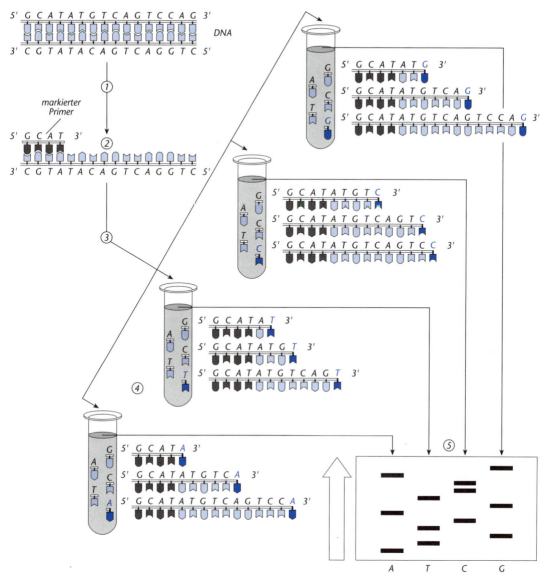

Die enzymatische Methode der DNA-Sequenzierung nach Sanger

Aufgabe

a) Erläutern Sie, weshalb das in oben stehender Abbildung gezeigte Autoradiogramm von unten nach oben gelesen werden muss.

b) Erschließen Sie aus dem Autoradiogramm die Basensequenz der DNA-Probe.

1.5.3 Genomanalyse

Mithilfe der bisher vorgestellten Verfahren wurde auch eines der ehrgeizigsten Projekte in der Geschichte der Genetik verwirklicht: das **Human-Genom-Projekt**. Das Ziel war die vollständige Entzifferung der genetischen „Bauanleitung" des Menschen, die im **Genom*** in drei Milliarden Basenpaaren niedergelegt ist. (Das Genom umfasst die gesamte DNA eines Organismus, d.h. neben den codierenden Genen auch die nicht codierenden Abschnitte.) Dieses 1990 begonnene, international koordinierte Projekt ist mit einem Umfang von etwa drei Milliarden US-Dollar das größte, das jemals in der Biologie durchgeführt wurde.

In einem einzigen Labor hätte die Sequenzierung der gesamten menschlichen DNA selbst bei 24-stündigem Betrieb mehrere tausend Jahre gedauert. Deshalb arbeiteten über 1000 Wissenschaftler in 16 Forschungsinstituten in den USA, Großbritannien, Japan, Frankreich, Deutschland und China in einem öffentlich finanzierten Projekt der Human Genome Organisation (HUGO) zusammen.

Die Forscher analysierten die DNA mit einem aufwendigen, aber zuverlässigen Verfahren: dem sogenannten **hierarchischen Schrotschuss-Verfahren**:

① Blut- und Spermazellen von mehreren anonymen Spendern, aus denen die 23 Chromosomenpaare isoliert wurden, dienten als Ausgangsmaterial. Mit Restriktionsenzymen wurde jedes Chromosom so zerlegt, dass schrittweise immer kleinere Fragmente entstanden, deren Lage im Chromosom ja bekannt war.

② Jedes Fragment wurde kloniert und die Basensequenz mehrfach bestimmt (*zur Methode vgl. Kap. G.1.5.2*).

③ Im Computer wurden die zueinanderpassenden Stücke sortiert und schrittweise aneinandergereiht, bis aus den Sequenzen einzelner Abschnitte über größere Bereiche schließlich wieder ganze Chromosomen zusammengesetzt werden konnten.

Alle anfallenden Genomdaten wurden in einer allgemein zugänglichen Datenbank im Internet hinterlegt. Bei der auf diese Weise ermittelten Basensequenz handelt es sich also um eine Gemeinschaftssequenz aus mehreren Individuen.

Neben dem mit öffentlichen Geldern finanzierten Projekt arbeitete als privater Konkurrent die Firma Celera Genomics mit dem sogenannten **Komplett-Genom-Schrotschuss-Verfahren**: Das gesamte Genom wurde auf einmal in kleinste Fragmente zerlegt und sequenziert. Die Aufgabe des Zusammenfügens übernahmen leistungsfähige Computer, die die Daten nach bestimmten Regelmäßigkeiten in die richtige Reihenfolge brachten. Dabei profitierte das Unternehmen beim Überprüfen und Auffüllen von Lücken von den im Internet regelmäßig aktualisierten Sequenzdaten aus dem öffentlich geförderten Genomprojekt.

Mit der nun vollständig aufgeklärten DNA-Sequenz liegen aber nur endlos lange Buchstabenfolgen vor, deren biologische Bedeutung erst noch aufgeklärt werden muss. Selbst wenn die schätzungsweise 20 000 bis 25 000 Gene eindeutig identifiziert sind, ist damit noch nicht bekannt, welche Funktion das jeweilige Genprodukt (Protein) im Organismus erfüllt. Die Erforschung der Funktionen der Struktur- und Steuerungsgene im Zusammenspiel mit Umweltfaktoren bei Entwicklung und Verhalten ist Gegenstand der **funktionellen Genomanalyse***.

Dabei ist in nur etwa 1–2 % dieser Buchstabenreihe bedeutsame, also codierende Information enthalten, die dann durch die Proteinbiosynthese exprimiert wird. Die restliche nicht codierende DNA ist aber nicht einfach „Müll". Forscher vermuten in dieser *junk*-DNA wichtige Funktionen im Zusammenhang mit der Genregulation. Zur Klärung dieser Fragen werden auch andere Organismen als Modelle untersucht, wie beispielsweise die Fruchtfliege *Drosophila* (*vgl. Abb.*

S. 19 und 52), deren Gene den unseren teilweise ähnlicher sind, als dies das so unterschiedliche Aussehen zunächst vermuten lässt.

Wissenschaftler versprechen sich vom Verständnis des menschlichen Genoms, die Medizin auf eine völlig neue Basis zu stellen, weil dadurch zielgerichtete Ansätze für Vorbeugung, Diagnose und Behandlung einer großen Zahl von Erkrankungen möglich werden könnten. Dabei reicht die Bedeutung des Humangenomprojekts weit über die Diagnose und Behandlung von genetisch bedingten Erkrankungen hinaus. Abweichungen in unseren Genen sind nicht nur verantwortlich für die geschätzten 4000 eindeutig genetisch bedingten Erkrankungen, z. B. Chorea Huntington (Veitstanz), Mukoviszidose und Muskelschwund; inzwischen ist klar, dass veränderte Gene auch eine Rolle bei Krebs, Herz-Kreislauf-Erkrankungen, Diabetes mellitus und vielen weiteren Erkrankungen spielen können. Bei diesen weitverbreiteten multifaktoriellen Erkrankungen vergrößern genetische Veränderungen das Risiko einer Person, eine bestimmte Krankheit zu entwickeln. Die Krankheit selbst resultiert aus der Wechselwirkung zwischen genetischer Veranlagung und Umweltfaktoren, wie z. B. Ernährungsgewohnheiten, Stress oder Infektionen.

Die neuen Techniken zur Untersuchung unserer Gene können jedoch ein zweischneidiges Schwert sein. Bei vielen Erkrankungen sind die Fähigkeiten, ein mutiertes Gen nachzuweisen, den Möglichkeiten, die Krankheit zu lindern bzw. zu heilen, weit voraus. Ein gutes Beispiel hierfür ist Chorea Huntington. Obwohl ein exakter Gentest dafür schon seit 1993 zur Verfügung steht, hat sich nur eine Minderheit der Personen, bei denen diese Krankheit in der Familie auftrat, dazu entschieden, sich testen zu lassen. Der Grund: Es ist bislang noch nicht möglich, Chorea Huntington zu heilen oder auch nur den Ausbruch der Erkrankung zu verhindern. Viele Menschen möchten verständlicherweise lieber mit der Unsicherheit leben als mit der Gewissheit, im Alter von etwa 35 bis 45 Jahren von dieser unheilbaren Krankheit heimgesucht zu werden.

Kritiker der Gentechnik verweisen vor allem auf rechtliche und gesellschaftliche Probleme sowie auf Schwierigkeiten mit dem Datenschutz. Es könne nicht garantiert werden, dass in den Labors genetische Daten ausschließlich nur mit Zustimmung der Betroffenen erhoben werden. Außerdem könne man nicht mit Sicherheit ausschließen, dass diese Daten unerlaubt an Dritte weitergegeben werden, wie z. B. an (potenzielle) Arbeitgeber oder an Versicherungen. Es verletzt aber die Menschenwürde und die Verfassung, wenn Menschen aufgrund ihrer Veranlagung für bestimmte Krankheiten gegenüber anderen Menschen benachteiligt werden.

In Deutschland ist ein Gendiagnostikgesetz in Vorbereitung. Es soll den Einsatz von Genanalysen regeln und verhindern, dass jemand aufgrund seiner genetischen Konstitution diskriminiert wird.

2. Anwendungsbereiche der Gentechnik

2.1 Arzneimittelherstellung: Insulin aus Bakterien

Eine der ersten Substanzen, die mit den neuen gentechnischen Methoden hergestellt wurde, ist das Hormon **Insulin**. Es wird im menschlichen Organismus normalerweise von der Bauchspeicheldrüse freigesetzt, um den Blutzuckerspiegel zu senken.

Als Medikament dient Insulin zur Behandlung der „Zuckerkrankheit" (**Diabetes mellitus**), einer genetisch bedingten Stoffwechselstörung, von der etwa 5 % der Bevölkerung betroffen sind. Die Humanmedizin unterscheidet zwei Haupttypen, die früher als Jugend- und Altersdiabetes bezeichnet wurden, die sich aber besser durch ihren Insulinbedarf als durch das Lebensalter charakterisieren lassen. Bei beiden besteht ein **Mangel an Insulin**. Beim **Typ I** ist dieser Mangel **absolut** (insulinabhängiger Diabetes), beim **Typ II** nur **relativ** (nicht insulinabhängiger Diabetes). Gemeinsam ist beiden Formen lediglich, dass die Erkrankten unbehandelt einen Blutzuckerspiegel haben, der den Normalwert von etwa 1 g pro Liter deutlich übersteigt. Ein ständig erhöhter Blutzuckerspiegel bedeutet ein erhebliches Gesundheitsrisiko. Diabetische Gefäßerkrankungen sind die wichtigsten Langzeitfolgen.

Bisher wurde Insulin **aus den Bauchspeicheldrüsen von geschlachteten Rindern und Schweinen** gewonnen. Um einen insulinabhängigen Diabetiker ein Jahr lang versorgen zu können, müssen die Bauchspeicheldrüsen von etwa 140 Schweinen oder 30 Rindern gesammelt und aufbereitet werden. Bei einem geringen Prozentsatz von insulinabhängigen Diabetikern reagiert allerdings das Immunsystem auf das Rinder- oder Schweine-Insulin mit **allergischen Reaktionen**. Schweine-Insulin und menschliches Insulin unterscheiden sich nämlich durch die letzte Aminosäure in der B-Kette voneinander. Es ist allerdings möglich, die „falsche" Aminosäure enzymatisch abzutrennen und gegen die „richtige" auszutauschen. Dieses **halbsynthetische Humaninsulin** ist mit menschlichem Insulin absolut identisch und beseitigt die allergischen Reaktionen. Schließlich gibt es seit 1983 **gentechnisch hergestelltes Humaninsulin**. Da bei diesem Produktionsverfahren Elemente der Insulinherstellung in den β-Zellen imitiert werden, erläutern wir zunächst die Vorgänge im menschlichen Organismus.

2.1.1 Insulinherstellung in der Bauchspeicheldrüse

Insulin ist ein **Peptid-Hormon**. Es besteht aus zwei Peptidketten: einer A-Kette aus 21 Aminosäuren und einer B-Kette aus 30 Aminosäuren. Die beiden Ketten sind durch Schwefelbrücken miteinander verbunden.

Das physiologisch aktive Insulin wird aus einem längeren **Vorläufermolekül** aus 84 Aminosäuren, dem **Proinsulin**, freigesetzt. Im Proinsulin sind A- und B-Kette durch ein Verbindungspeptid aus 33 Aminosäuren (C-Kette) zusammengehalten, das die richtige räumliche Orientierung für die Ausbildung der Schwefelbrücken ermöglicht.

Die Insulinherstellung in den β-Zellen der Bauchspeicheldrüse läuft in mehreren Phasen ab (s. Abb. S. 157):

① Das **Insulin-Gen** ist ein typisches **Mosaikgen**. Die Nukleotidsequenzen, die für die Peptidketten codieren (Exons), sind durch zwei nicht codierende Introns unterbrochen. Vor der Information für das

Gen- und Reproduktionstechnik

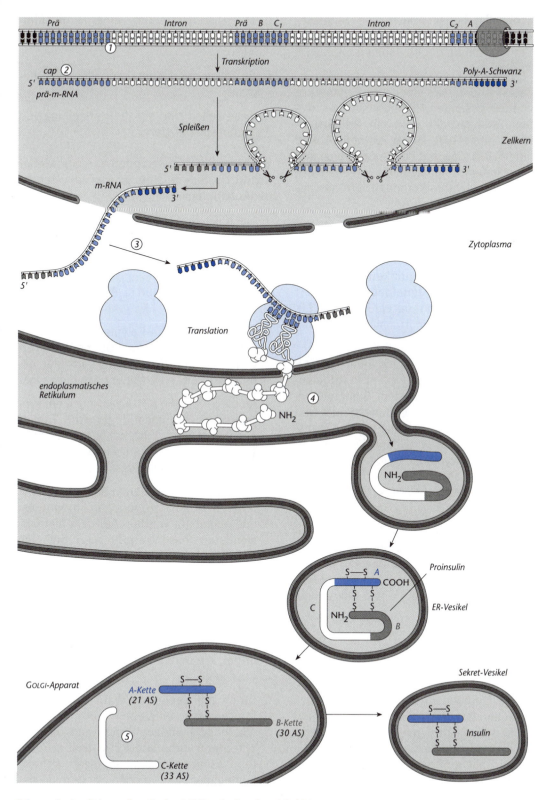

Schema der Insulinherstellung in den β-Zellen der Bauchspeicheldrüse

Proinsulin befindet sich eine **Signalsequenz** (Prä), die dafür sorgt, dass sich bei der Translation die Ribosomen an das ER heften.

② Zuerst wird mittels einer RNA-Polymerase von der gesamten Nukleotidsequenz des Sinn-Stranges der DNA ein **Primärtranskript** hergestellt. Diese Prä-m-RNA wird modifiziert (Cap und Poly-A-Schwanz) und anschließend **prozessiert** (gespleißt), d. h., die nicht codierenden Introns werden enzymatisch entfernt.

③ Die gespleißte m-RNA wandert durch die Kernporen ins Zytoplasma und bindet dort Ribosomen. Nun wird zunächst die Signalsequenz in eine Peptidkette übersetzt. Das entstandene **Signalpeptid** verankert die Ribosomen mit der m-RNA am ER. Jetzt erst wird der Translationsvorgang fortgesetzt.

④ Die Peptidkette wächst ins Innere des ER hinein. Das Molekül, genannt **Präproinsulin**, besteht jetzt aus dem Signalpeptid, der B-Kette, dem Verbindungspeptid und der A-Kette. Nach Beendigung des Translationsvorganges wird zunächst das Signalpeptid enzymatisch abgetrennt. Das verbliebene Proinsulin wird vom ER in Vesikeln abgeschnürt. Diese Vesikel fusionieren mit Zisternen des GOLGI-Apparates.

⑤ Nach der Passage durch den GOLGI-Apparat wird das **Verbindungspeptid (C-Kette) enzymatisch abgetrennt**. Das nun physiologisch aktive Insulin wird in Sekretvesikeln deponiert und auf einen Sekretionsreiz hin freigesetzt.

2.1.2 Insulinherstellung in umprogrammierten Bakterien

Bei der Gewinnung des Insulin-Gens wurde auf eine Methode zurückgegriffen, die sich anwenden lässt, wenn die Spenderzelle auf die Herstellung des gewünschten Proteins spezialisiert ist. In diesen Fällen besteht die RNA zum allergrößten Prozentsatz aus der m-RNA dieses Proteins, von der eine copy-DNA hergestellt werden kann (vgl. Kap. G.1.4). Die Herstellung einer **Proinsulin-cDNA** ist allerdings nur aus zwei Gründen möglich:

1. die Zellen, die Insulin herstellen, sind **bekannt**;

2. diese Zellen sind auf die Herstellung von Insulin **spezialisiert**.

Wir erläutern den gesamten Vorgang wieder Schritt für Schritt anhand von nachstehender Abbildung:

① Die RNA lässt sich isolieren und durch reverse Transkriptase in DNA umkopieren. Zunächst entsteht ein RNA-DNA-Hybrid.

② Die RNA wird durch Alkalibehandlung entfernt.

③ Mithilfe von DNA-Polymerase wird der DNA-Einzelstrang zur Doppelhelix ergänzt. Diese cDNA enthält dank der bereits gespleißten RNA nur noch die Exons.

④ An die Proinsulin-cDNA wird noch ein synthetisches Trinukleotid als Start-Triplett angehängt und mithilfe von terminaler Transferase werden enzymatisch komplementäre Enden angefügt.

⑤ Um das Proinsulin-Gen in Bakterien transferieren zu können, muss es in ein Plasmid eingebaut werden. Auf dem hier verwendeten Plasmid (pBR 322) befinden sich das Gen für β-Galaktosidase (β-Gal) und ein Gen für die Resistenz gegen das Antibiotikum Ampicillin.

⑥ Um die Proinsulin-cDNA einzubauen, wird das Plasmid mithilfe eines Restriktionsenzyms (EcoRI) an einer Schnittstelle geöffnet, die mitten im Gen für β-Galaktosidase liegt.

⑦ Durch die geeignete Wahl des Restriktionsenzyms entstehen einzelsträngige („klebrige") Enden. Bringt man die entsprechend vorbereitete cDNA mit geöffneten Plasmiden zusammen, lagern sich die komplementären Enden aufgrund der Basenpaarung teilweise zusammen. Die

Gen- und Reproduktionstechnik

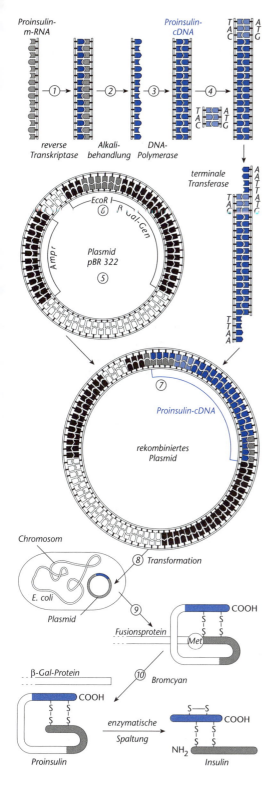

Insulinherstellung in gentechnisch umprogrammierten Bakterien

Plasmide werden mittels DNA-Ligase zu geschlossenen Ringen verbunden.

⑧ Die Plasmide werden in die Bakterien eingeschleust, indem die Zellwände mit Calciumchlorid durchlässiger gemacht werden. Danach werden diejenigen Bakterien selektiert, die das rekombinierte Plasmid aufgenommen haben. Dazu nutzt man die Ampicillinresistenz, die ebenfalls auf dem Plasmid codiert ist. In einem ampicillin haltigen Medium überleben nur die Bakterien, die das rekombinierte Plasmid aufgenommen haben.

⑨ Diese Bakterien werden in Fermentern vermehrt. Zu einem geeigneten Zeitpunkt wird der Nährlösung Laktose zugesetzt. Nach dem Modell der Substratinduktion wird nun das β-Galaktosidase-Gen angeschaltet (vgl. Kap. F.5.1.1). Die Bakterien synthetisieren aber stattdessen ein Fusionsprotein aus einem Teil β-Galaktosidase und aus Proinsulin. Dieses Fusionsprotein ist unlöslich, fällt aus und lagert sich zu sogenannten Einschlusskörpern zusammen (s. Abb. unten). Zur Isolierung des Fusionsproteins werden die Bakterien aufgebrochen und die Suspension wird zentrifugiert.

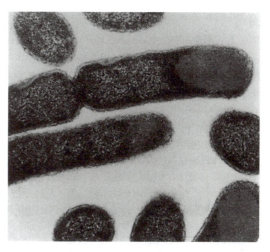

Elektronenmikroskopische Aufnahme von E. coli-Zellen mit eingeschlossenem Fusionsprotein

159

⑩ Als Nächstes wird der Proinsulin-Teil vom β-Galaktosidase-Teil getrennt. Dies erfolgt chemisch durch Bromcyan, das die eigens dafür eingebaute Aminosäure Methionin zerstört. Unter geeigneten Reaktionsbedingungen faltet sich Proinsulin zu einer Konformation, die die Ausbildung der Schwefelbrücken (-S-S-) zwischen A- und B-Kette erlaubt. Danach wird die C-Kette enzymatisch durch Trypsin abgetrennt.

 Erläutern Sie, welche zwei Funktionen die Integration des Proinsulin-Gens in das β-Galaktosidase-Gen hat.

2.2 Medizin: Gendiagnose und Gentherapie

Die Möglichkeiten der **DNA-Klonierung** und der **DNA-Analyse** (vgl. Kap. G.1) gewinnen immer größere Bedeutung für die **genetische Beratung und die pränatale Diagnostik** (vgl. Kap. D.2). Der **Nachweis einer bestimmten DNA-Sequenz** erfolgt in der Regel durch ein kombiniertes Verfahren (vgl. Abb. S. 161 links):

① Die zu untersuchende DNA wird mithilfe von Restriktionsenzymen in kleinere Fragmente zerlegt.

② Die DNA-Fragmente werden mittels Gel-Elektrophorese der Größe nach getrennt.

③ Die aufgetrennten DNA-Fragmente aus dem Gel werden auf einen Nitrozellulose- oder Nylonfilter übertragen. Dazu bringt man das Gel an seiner Unterseite in Kontakt mit einer Salzlösung und legt auf die Oberseite zuerst den Filter und anschließend noch eine Schicht aus Papiertüchern auf. Die Papiertücher wirken wie ein Schwamm, sodass die Salzlösung durch das Gel und den Filter strömt. Dabei werden die im Gel befindlichen DNA-Fragmente als Einzelstränge auf den Filter geschwemmt und bleiben dort haften.

④ Der Filter wird nun in eine Hybridisierungslösung gelegt, in der sich eine radioaktiv markierte **Gensonde** befindet. Eine Gensonde ist eine synthetisch hergestellte, kurze Sequenz einzelsträngiger DNA, die ausschließlich mit der gesuchten komplementären DNA-Sequenz der untersuchten Probe hybridisiert.

⑤ Nicht gebundene Gensonden-Moleküle werden vom Filter abgewaschen und ein Röntgenfilm wird aufgelegt. Auf dem Film erscheint an der Position der gesuchten Sequenz eine schwarze Bande.

Mit diesem Verfahren können inzwischen über 50 Erbkrankheiten durch direkten Nachweis in der DNA identifiziert werden. Wir erläutern das beispielhaft am **Nachweis für Mukoviszidose** (zu den molekularen Ursachen vgl. Kap. F.4.1.3):

Von jedem Familienmitglied wird die DNA-Sequenz, die den Bereich der häufigsten Mutation bei Mukoviszidose-Patienten überspannt, **mit PCR vervielfältigt**. Die vervielfältigten DNA-Sequenzen werden in schmalen Banden auf einen Nitrozellulosefilter aufgetragen. Eine Probe jedes Familienmitgliedes wird mit zwei Gensonden getestet, um zu bestimmen, ob die normale oder die mutierte Sequenz oder aber beide vervielfältigt

Gen- und Reproduktionstechnik

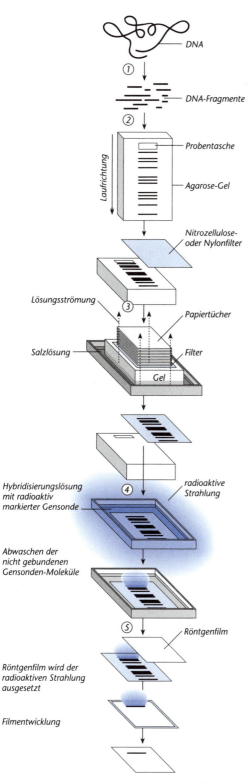

Nachweis einer bestimmten DNA-Sequenz mithilfe einer Gensonde

worden sind. Die eine Sonde ist zu der normalen Sequenz komplementär, während der zweiten Sonde die deletierten Nukleotide fehlen (Deletionssonde).

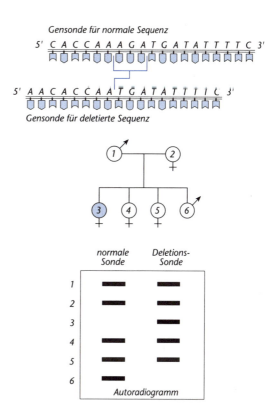

Diagnose von Mukoviszidose mittels PCR und Gensonden

Das Ergebnis zeigt: Die vervielfältigten Sequenzen der Patientin (Nr. 3) hybridisieren nur mit der Deletionssonde. Ihre Eltern (Nr. 1 und Nr. 2) müssen demnach heterozygot sein. Tatsächlich binden sich beide Sonden an ihre DNA; das bedeutet, dass jeder von ihnen ein normales und ein mutiertes Allel besitzt. Von den Geschwistern der Patientin sind Nr. 4 und Nr. 5 ebenfalls heterozygot. Nr. 6 hat jedoch die normalen Allele von seinen Eltern geerbt; seine DNA reagiert nur mit der normalen Sonde.

Selbst wenn eine Erbkrankheit so eindeutig diagnostiziert werden kann wie im eben geschilderten Fall, muss sich die Patientin wahrscheinlich damit abfinden, dass sie ein Leben lang von Medikamenten abhängig sein wird, die nur eine Linderung der Krankheitssymptome herbeiführen. Für viele Erbkrankheiten existieren noch gar keine geeigneten Behandlungsmethoden.

Wenn der Gendefekt allerdings bekannt ist, besteht die prinzipielle Möglichkeit, die molekulare Ursache der Krankheit durch das Einbringen intakter Gene zu beseitigen. Das Einschleusen von therapeutisch wirkendem genetischen Material in einen Organismus wird als **Gentherapie** bezeichnet. Zwei Anwendungsbereiche sind zu unterscheiden:

- **Somatische Gentherapie,** d.h. die Korrektur eines genetischen Defektes ausschließlich in den Körperzellen. Die erworbenen genetischen Veränderungen können daher nicht an die nächste Generation weitergegeben werden.

- **Keimbahntherapie,** d. h. die Korrektur genetischer Defekte in Keimbahnzellen. Dabei handelt es sich um diejenigen Zellen des Körpers, aus denen Ei- bzw. Samenzellen hervorgehen können, sowie die Keimzellen selbst. In diesem Fall werden die neuen genetischen Eigenschaften an die folgenden Generationen weitergegeben. In Deutschland ist die Durchführung einer Keimbahntherapie aufgrund des Embryonenschutzgesetzes bisher allerdings verboten.

Ein brauchbares Konzept der Gentherapie wurde zuerst für **monogen bedingte Erbkrankheiten** entwickelt. Solche Krankheiten werden durch einen einzelnen Gendefekt verursacht, sodass eine Heilung durch die **Übertragung einer intakten Kopie** des entsprechenden Gens herbeigeführt werden kann.

Zurzeit gibt es **zwei grundsätzliche Wege**, Gene in die Zellen von Betroffenen **einzuschleusen**:

- **Ex-vivo,** d. h., das therapeutische Gen wird außerhalb des Organismus in vorübergehend entnommene Zellen eingeführt;

- **In-vivo,** d. h., das Gen wird nach Einbau in einen geeigneten Vektor direkt in den Körper des Patienten injiziert; die Aufnahme in die Zellen findet im Körper statt.

Wir erläutern das Ex-vivo-Verfahren (vgl. Abb. S. 163) am Beispiel der ersten klinischen Anwendung einer Gentherapie bei einer jungen Patientin mit einer **schweren kombinierten Immunschwäche**, die durch den Mangel an einem bestimmten Enzym (**Adenosindesaminase**, ADA) verursacht wird. Das Enzym ist am Abbau aller Adenosin-Nukleotide beteiligt. Der Defekt wird **autosomal rezessiv** vererbt, d.h., bei homozygoten Merkmalsträgern fehlt das Enzym völlig. Die Folge ist, dass sich die Lymphozyten an nicht abgebauten Nukleotiden regelrecht vergiften. Wegen der Schwere des Immundefektes führt eine für gesunde Menschen gewöhnlich harmlose erste Infektion schon zum Tode.

① Der jungen Patientin wird Blut entnommen, aus dem Lymphozyten isoliert werden.

② Die intakte Kopie des ADA-Gens wird in das Genom eines Virus eingebaut, das sich in menschlichen Lymphozyten vermehren kann.

③ Die isolierten Lymphozyten aus dem Blut der Patientin werden mit den rekombinierten Viren infiziert.

④ Einige Viren befallen Lymphozyten und setzen ihre DNA in den Wirtszellen frei.

⑤ Die Viren-DNA wird in vielen Fällen in die DNA der Lymphozyten integriert.

Gen- und Reproduktionstechnik

⑥ Die Lymphozyten werden in Kulturgefäßen vermehrt und danach der Patientin in die Blutbahn transfundiert.

⑦ Die Lymphozyten siedeln sich in den Lymphorganen an und tragen zum Aufbau einer wirksamen Immunabwehr bei.

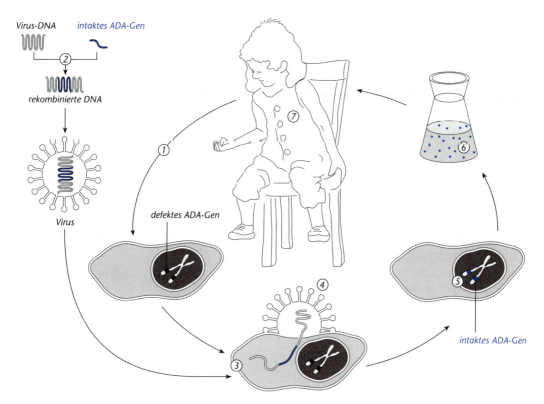

Ex-vivo-Verfahren der Gentherapie bei ADA-Mangel

Nach diesem Prinzip wird an weiteren Modellen der somatischen Gentherapie bei monogen bedingten Erbkrankheiten geforscht.

Einen Überblick über den Stand der Entwicklung gibt folgende Tabelle.

Erbkrankheit	normales Genprodukt	Zielzellen
Thalassämie	Hämoglobin-Bestandteile	Knochenmarkszellen
Hämophilie A	Blutgerinnungsfaktor VIII	Leberzellen oder Bindegewebszellen
Hämophilie B	Blutgerinnungsfaktor IX	
Hypercholesterinämie	LDL-Rezeptor	Leberzellen
Mukoviszidose	CFTR (Chlorid-Kanal)	Lungenzellen
Muskeldystrophie	Muskelprotein Dystrophin	Muskelzellen

Tabelle:
Monogen bedingte Erbkrankheiten, für die gentherapeutische Eingriffe entwickelt werden

Gen- und Reproduktionstechnik

Diese Liste wird sich in den nächsten Jahren gewaltig verlängern, wenn bei der vollständigen Sequenzierung des menschlichen Genoms im Rahmen des **Human-Genom-Projekts** weitere Gene identifiziert werden, die Erbkrankheiten hervorrufen oder die an einer erblichen Veranlagung für eine Krankheit beteiligt sind. Bisher ist es allerdings noch nicht gelungen, die Gesundheit von auch nur einem der 2000 Patienten zu verbessern, die bislang an einem gentherapeutischen Versuch teilgenommen haben.

2.3 Tierzucht: Einsatz von Wachstumshormonen

Eine der ersten Anwendungen der Gentechnik bei Tieren war die Produktion des **Rinderwachstumshormons** (engl. *recombinant bovine growth hormone, rbGH*). Das Verfahren zur Gewinnung des Proteins entspricht der Insulinherstellung in *E. coli* (vgl. Kap. G.2.1).

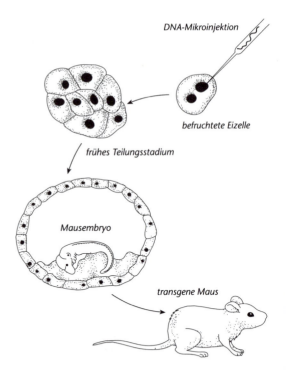

DNA-Mikroinjektion zur Erzeugung transgener Mäuse

Landwirte hatten bereits früher festgestellt, dass sich die Milchleistung von Kühen erhöhen ließ, wenn man den Tieren einen Extrakt aus Hirnanhangdrüsen (dem natürlichen Produktionsort des Hormons) injizierte. Der kommerzielle Einsatz der aktiven Substanz zur **Steigerung der Milchproduktion** wurde jedoch erst bezahlbar, als sie in großen Mengen in Bakterien hergestellt wurde. Der Effekt ist eindeutig: Die Milchleistung steigt um mindestens 14 Prozent und die Menge an verbrauchtem Viehfutter je Liter Milch nimmt ab.

Noch einfacher wäre es, wenn das Hormon nicht von außen zugeführt werden müsste, sondern von den Kühen selbst in größeren Mengen hergestellt würde. Dazu muss das Gen, das für das gewünschte Protein codiert, zu einem möglichst frühen Zeitpunkt in die Embryos eingebracht werden. Ein geeignetes Verfahren wurde an Mäusen entwickelt: Die Fremd-DNA wird durch eine extrem dünn ausgezogene Glaskapillare in einen der beiden Vorkerne der befruchteten Eizelle injiziert (**Mikroinjektion**). Mäuse, die die fremde DNA exprimieren, werden als **transgen*** bezeichnet.

Nachdem die Methode zur Erzeugung transgener Mäuse etabliert war, suchte man nach ähnlichen Verfahren, um **transgene Nutztiere** herzustellen. Die ersten Experimente wurden mit Kaninchen, Schweinen und Schafen durchgeführt. Dabei schleusten die Wissenschaftler ein **Gen für menschliches Wachstumshormon** (hGH) ein. hGH wurde ausgewählt, weil man hoffte, die hGH-Expression bei Nutztieren werde sich wie bei transgenen Mäusen in einer Größenzunahme äußern. Die Ergebnisse der ersten Untersuchungen an Kaninchen, Schweinen und Schafen deuteten darauf hin, dass die injizierte DNA sich in das Genom aller drei Arten integrierte. Allerdings war die Häufigkeit, mit der sich manipulierte Zygoten zu transgenen Tieren entwickelten, gering: Nur aus einer von 200 behandelten Zellen ging ein transgenes Tier hervor – ein Wert, der etwa 10- bis 15-mal niedriger liegt als bei Mäusen.

Die Bedingungen dieser Experimente waren auf Mäuse zugeschnitten; deshalb werden mittlerweile neue Verfahren erprobt, um die Erfolgsrate bei Nutztieren zu erhöhen. Die meisten Versuche werden derzeit an Schweinen durchgeführt, weil die Erfolgsquote bei ihnen allgemein höher ist als bei Schafen und Kühen; außerdem haben sie große Würfe und kürzere Tragzeiten.

Den ersten Experimenten zufolge wachsen Schweine schneller, wenn man sie mit gentechnisch hergestelltem Wachstumshormon behandelt; außerdem produzieren sie magereres Fleisch, was wirtschaftlich von großem Interesse ist. Dieselben Merkmale zeigen auch transgene Schweine; außerdem verwerten sie das Futter besser. Die transgenen Schweine entwickelten jedoch hinderliche **physiologische Schäden**, wahrscheinlich, weil sie das Wachstumshormon während ihres ganzen Lebens kontinuierlich exprimierten und nicht – wie bei normalen Schweinen – nur während einer zweimonatigen Periode. Deshalb ist man auf der Suche nach Promotoren, mit denen man die Transgenexpression steuern kann.

2.4 Pflanzenzucht: Transgene Kulturpflanzen

Die Anwendung gentechnischer Methoden in der Pflanzenzucht erfolgte relativ spät. Sie setzte die Entwicklung geeigneter Zell- und Gewebekulturtechniken voraus. Mit dem Bemühen, Nutzpflanzen mit verbesserten Eigenschaften zu erhalten, erweitert die Gentechnik zunächst nur das Methodenspektrum der klassischen Pflanzenzucht. Während bei der klassischen Züchtung jedoch nur eng verwandte Arten gekreuzt werden können und es bei den Kreuzungen unweigerlich zu einer Kombination aller genetisch codierten Eigenschaften kommt, ermöglicht die Gentechnik

- den **Transfer** eines Gens **unabhängig von dessen Ursprung** und damit eine nahezu unbegrenzte Ausweitung des zur Verfügung stehenden Genpools sowie
- die **Addition** nur **eines definierten Gens**, das in der Regel die sonstigen Eigenschaften der Pflanze unverändert lässt.

Die Palette der Anwendungsmöglichkeiten der Gentechnik bei Pflanzen ist groß (*vgl. folgende Tabelle*).

---

1. **Resistenzerzeugung gegen**
   - Herbizide,
   - Viruserkrankungen,
   - Pilzerkrankungen,
   - Schädlinge,
   - Mikroorganismen,
   - Stressbedingungen.

2. **Beeinflussung pflanzlicher Inhaltsstoffe**
   - Veränderung der Aminosäurezusammensetzung oder des Proteingehalts,
   - Veränderung der Zusammensetzung pflanzlicher Öle, Kohlenhydrate oder Metabolite,
   - Beeinflussung von Inhaltsstoffen, die für Verarbeitung, Lagerung oder Transport von Bedeutung sind.

3. **Beeinflussung pflanzenphysiologischer Vorgänge**
   - Beeinflussung der Fotosynthese,
   - Beeinflussung der Fotorespiration,
   - Beeinflussung der Stickstofffixierung.

4. **Gentechnik als Hilfsmittel für die Pflanzenzüchtung**
   - Diagnose von Krankheiten,
   - Gen- und Genotypencharakterisierung.

Tabelle:
Gentechnik mit Pflanzen – mögliche Anwendungen

Zurzeit wird weltweit an **Resistenzeigenschaften** gearbeitet, vor allem an Resistenzen **gegen Herbizide**.

2.4.1 Natürlicher Gentransfer durch Agrobakterien

Agrobacterium tumefaciens ist ein Bodenbakterium, das hauptsächlich an zweikeimblättrigen Pflanzen Tumore (Pflanzenkrebs) hervorrufen kann. Die Bakterien gelangen über Wunden, die vor allem an der Übergangszone von Spross und Wurzel durch Frost, Wildfraß oder Schädlingsbefall entstehen, in die Pflanze und siedeln sich zwischen den Zellen (Interzellularen) an. Einige Zeit nach der Infektion beginnen die Zellen im Bereich der Wunde zu wuchern, sodass eine äußerlich gut erkennbare **Wurzelhalsgalle** entsteht (s. Abb.).

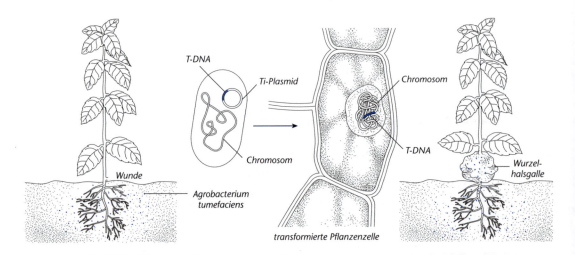

Tumorbildung durch Agrobacterium tumefaciens

Agrobacterium tumefaciens verursacht diese ungehemmte Zellteilung durch ein kleines ringförmiges Stück DNA, das neben seinem Hauptchromosom existiert. Wegen seiner **tumorinduzierenden Eigenschaften** wird es als **Ti-Plasmid** bezeichnet. Auf diesem Plasmid (s. nebenstehende Abb.) befinden sich verschiedene Gene, die für den Gentransfer und das anschließende Tumorwachstum verantwortlich sind.

Eine Gruppe von Genen wird angeschaltet, wenn die Bakterien mit Substanzen (Phenole) in Berührung kommen, die die verletzten Pflanzenzellen freisetzen. Da diese Gene für die **Virulenz der Bakterien** verantwortlich sind, werden sie *vir*-Gene genannt. Eines der Genprodukte der *vir*-Gene ist eine **Endonuklease**, die aus einem anderen Bereich des Ti-Plasmids, der **Transfer-DNA (T-DNA)**, ein einzelsträngiges Stück herausschneidet. Der

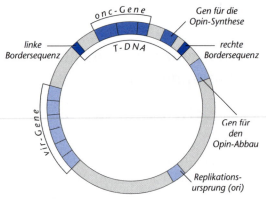

Das Ti-Plasmid aus Agrobacterium tumefaciens

Schnitt erfolgt hochspezifisch an sogenannten Bordersequenzen, die die T-DNA links und rechts begrenzen. Nur diese T-DNA wird in die Pflanzenzelle eingeschleust. Der Transfer der T-DNA von der Bakterienzelle in die Pflanzenzelle erfolgt wie bei der bakteriellen Konjugation; es sieht so aus, als ob sich die Bakterien mit den Pflanzenzellen paaren. In der Pflanzenzelle wird die transferierte einzelsträngige T-DNA zum Doppelstrang ergänzt und meist in mehreren Kopien an verschiedenen Stellen in das Genom der Pflanzenzelle eingebaut.

Die T-DNA enthält Gene, welche für Enzyme codieren, die an der Synthese von Wachstumshormonen beteiligt sind. Durch die Wirkung dieser Enzyme werden **unphysiologische Konzentrationen an Auxin und Cytokinin** erzeugt, welche die betroffenen Pflanzenzellen zu unkontrollierten Zellteilungen zwingen. Die Gene, die für das **Tumorwachstum** verantwortlich sind, werden als *onc*-Gene bezeichnet.

Ein weiteres Gen der T-DNA codiert für ein Enzym, das in den Tumorzellen für die Synthese seltener Verbindungen aus einer Aminosäure und einem Zucker oder einer Karbonsäure sorgt. Diese **Opine** werden von den Tumorzellen abgegeben und dienen den Agrobakterien als Kohlenstoff-, Stickstoff- und Energiequelle.

2.4.2 Gentransfer mit und ohne Vektoren

Will man ein fremdes Gen in eine Pflanzenzelle einschleusen, benötigt man einen **Vektor** (*vgl. Kap. G.1.2*). Die genaue Kenntnis des Gentransfers durch *Agrobacterium tumefaciens* ermöglichte die Konstruktion von Vektoren aus Ti-Plasmiden, die jedes beliebige Gen in Wirtspflanzen einschleusen können. Um die unerwünschte Tumorbildung zu verhindern, werden die Gene, die an der Biosynthese der Wachstumshormone beteiligt sind, aus der T-DNA entfernt und durch andere Gene ersetzt.

Das Einschleusen von fremden Genen mithilfe des modifizierten Agrobacterium/Ti-Plasmid-Systems gelingt bei den meisten **zweikeimblättrigen Pflanzen**, ist aber aufgrund der Wirtsspezifität von *Agrobacterium tumefaciens* bei den meisten Einkeimblättrigen nicht möglich. Weil es sich jedoch bei allen weltwirtschaftlich bedeutenden **Getreidearten** um **einkeimblättrige Pflanzen** handelt, wurde nach Wegen gesucht, auch in diese Pflanzen fremde Gene einschleusen zu können. Dabei wird meist mit Protoplasten gearbeitet, da sonst bei „normalen" Pflanzenzellen außer der Zellmembran vor allem die Zellwand aus Zellulose und Pektin eine Aufnahme von DNA verhindert:

- Die einfachste Methode der Genübertragung ist die **Inkubation**: Die Fremd-DNA wird mit Protoplasten zusammengebracht. Um die Aufnahme der Fremd-DNA durch Endozytose zu erleichtern, wird heute häufig eine Substanz eingesetzt, die ursprünglich zur Fusion von Protoplasten verwendet wurde: Polyethylenglykol (PEG).

- Bei der **Elektroporation** entstehen durch eine für kurze Zeit (z.B. 10 msec) angelegte hohe Spannung (z.B. 15000 V/cm^2) Poren in der Zellmembran, durch die DNA eingeschleust wird.

- Bei der **Mikroinjektion** wird die Fremd-DNA über eine Mikrokapillare in die Zellkerne der Protoplasten injiziert.

- Beim **Partikelbeschuss** (engl. *gene-gun*) werden winzige Gold- oder Wolframkügelchen von 1 bis 3 μm Durchmesser mit der Fremd-DNA überzogen und mit hoher Geschwindigkeit in die Pflanzenzellen geschossen.

3. Reproduktionstechnik

Gen- und Reproduktionstechnik werden häufig in einen Topf geworfen – und tatsächlich erscheint deren systematische Trennung wegen der Überschneidungen in der Praxis zunehmend fragwürdig. Grundsätzlich findet aber Gentechnik – die Neukombination von DNA – auf der Ebene von Molekülen statt, während es bei der Reproduktions- oder Fortpflanzungstechnik um ganze Zellen oder deren Zellkerne geht. Bei den Zellen handelt es sich entweder um männliche oder weibliche Geschlechtszellen oder um Zellen aus frühen Embryonalstadien.

3.1 Methoden der künstlichen Befruchtung

Für Paare, die ungewollt kinderlos sind, stehen heutzutage verschiedene Methoden der künstlichen Befruchtung zur Verfügung. Die Wahl der Methode hängt vor allem von der Ursache der **Unfruchtbarkeit** (Sterilität) ab.

Ist bei Unfruchtbarkeit des Mannes die Anzahl der Spermien oder deren Beweglichkeit zu gering, kann eine **künstliche Besamung** durchgeführt werden. Dazu werden zum Zeitpunkt des Eisprungs der Frau über einen Katheter Spermien aus dem Ejakulat des Mannes direkt in die Gebärmutter eingeführt. Die Befruchtung der Eizelle erfolgt danach auf natürlichem Wege. Wird dazu der Samen des Partners verwendet, handelt es sich um eine **homologe Insemination***. Bleibt bei einem Mann die Spermienbildung völlig aus, können die Spermien eines Samenspenders verwendet werden (**heterologe Insemination**).

Ist eine Frau unfruchtbar, weil kein Eisprung stattfindet oder beide Eileiter verschlossen sind, kann die Befruchtung der Eizelle außerhalb des Körpers im Reagenzglas durchgeführt werden. Eine solche **In-vitro-Fertilisation*** (**IVF**) erfordert zunächst eine Hormonbehandlung mit hohen Dosen an follikelstimulierendem Hormon (FSH), damit mehrere Follikel gleichzeitig heranreifen. Haben die Follikel die richtige Größe erreicht, wird mit humanem Chorion Gonadotropin (hCG) eine sogenannte Superovulation ausgelöst. Durch die Bauchdecke oder die Scheide werden dann mit einer Punktionsnadel mehrere Eizellen entnommen. Die entnommenen Eizellen und die aufbereiteten Spermien des Ejakulats werden in einem Reagenzglas zusammengeführt. Nach 18-20 Stunden wird überprüft, ob eine Befruchtung stattgefunden hat. Reicht die Spermienzahl im Ejakulat eines Mannes für eine IVF nicht aus, besteht die Möglichkeit, ein einziges Spermium gezielt in eine Eizelle zu injizieren (**intrazytoplasmatische Spermieninjektion (ICSI)**). In der Regel werden drei ausgewählte Zygoten weiterkultiviert, bis sie im 8- oder 16-Zellen-Stadium über einen Katheter in die Gebärmutter überführt werden (**Embryotransfer***). Die Einnistung der Embryonen in die Gebärmutter wird meist noch hormonell unterstützt.

Da bei der IVF nicht die befruchteten Eizellen (Zygoten), sondern die aus den ersten Zellteilungen hervorgegangenen Embryonen in die Gebärmutter übertragen werden, besteht grundsätzlich die Möglichkeit, die Embryonen vor ihrem Transfer auf genetische Anomalien zu untersuchen. Für eine solche **Präimplantationsdiagnostik*** (**PID**) werden dem Embryo in der Regel am dritten Tag nach der Befruchtung zwei Zellen entnommen, die danach Gentests unterzogen werden. Embryonen können den damit verbundenen Zellverlust in diesem Entwicklungsstadium noch ausgleichen. Der Embryo wird anschließend nur transferiert, wenn die Analyseergebnisse beider Zellen übereinstimmend zufriedenstellend ausfallen. Aber was heißt „zufriedenstellend"? Voraussichtlich („nur") leicht behindert? Gesund? Kerngesund? Junge? Mädchen? Die Problematik wird damit deutlich. Da das Verfahren für vielfältige Zwecke missbraucht werden kann, ist die PID durch das Embryonenschutzgesetz in Deutschland verboten.

3.2 Klonen mit Stammzellen

Nachkommen, die aus der Verschmelzung von Ei- und Samenzellen hervorgehen, sind – ob reproduktionstechnisch unterstützt oder ganz natürlich gezeugt – einzigartige Individuen, weil dabei die unterschiedlichen Genome der Eltern neu kombiniert werden. Das ist die entscheidende Ursache der genetischen Variabilität. Genetisch identische Nachkommen gibt es beim Menschen natürlicherweise nur bei eineiigen Zwillingen oder Mehrlingen, wenn bei den frühen Zellteilungen zwei oder mehr Embryonen entstehen.

Eine technische Möglichkeit, genetisch identische Nachkommen zu erzeugen, bietet das **reproduktive Klonen***. Dazu wird aus einer Eizelle der Zellkern entfernt, sodass nur noch der Zytoplast übrig bleibt. Dieser wird anschließend mit einer vollständigen, ausdifferenzierten Körperzelle von einem der Eltern verschmolzen. Das entstehende Individuum ist dann kein Geschwister-Klon wie eineiige Zwillinge, sondern ein Elter-Kind-Klon. Bei diesem Verfahren wird also ohne Befruchtung eine **totipotente* Zelle** erzeugt, aus der sich ein kompletter Organismus entwickeln kann, der mit einem Elter genetisch identisch ist. Das Verfahren wurde bisher nur in der Tierzucht eingesetzt (z. B. bei Schafen); eine Anwendung beim Menschen wird derzeit in Deutschland vor allem aus ethischen Gründen abgelehnt.

Das **therapeutische Klonen** ist ein Verfahren zur Gewinnung von embryonalen Stammzellen, die mit den Zellen des potenziellen Empfängers genetisch identisch sind. Mit solchen Zellen könnten in Zukunft Gewebe wie insulinproduzierende Zellen für Diabetiker, Nervenzellen für Alzheimer-Kranke, Herzmuskelzellen für Infarktpatienten oder sogar ganze Organe erzeugt werden, die nach einer Transplantation nicht gefährdet sind, vom Immunsystem des Empfängers abgestoßen zu werden.

Embryonale Stammzellen entstehen ab dem 5. Tag nach der Befruchtung, wenn der Embryo (egal, ob in der Gebärmutter oder im Reagenzglas) bis zum Stadium der Blastula weiterwächst. Dann findet eine erste Zelldifferenzierung statt: Neben den äußeren Trophoblastenzellen entstehen Embryoblastenzellen, aus denen sich der eigentliche Embryo entwickelt. Da sich diese Zellen noch zu allen möglichen Körperzellen entwickeln können, werden sie als **pluripotent*** bezeichnet. Isoliert man einzelne Embryoblastenzellen und kultiviert sie weiter, teilen sich diese Zellen unbegrenzt, ohne ihre Pluripotenz zu verlieren. Solche Zellen werden als **embryonale Stammzellen** bezeichnet. Sie lassen sich unter Zugabe geeigneter Wachstumsfaktoren ganz nach Wunsch dazu bringen, z. B. Haut-, Nerven- oder Muskelgewebe zu bilden.

Gewonnen werden embryonale Stammzellen aus den überzähligen Embryonen von künstlichen Befruchtungen mittels In-vitro-Fertilisation – und genau aus diesem Grund ist das Verfahren ethisch umstritten. Die Erzeugung solcher Keime (und letztlich auch von Embryonen) zum Zweck der Therapie anderer Menschen wird als Verstoß gegen die Menschenwürde des Ungeborenen gewertet.

Ein Ausweg wird derzeit in der Verwendung von **adulten Stammzellen** gesehen. Auch im ausgewachsenen Organismus kommen in allen Geweben „embryonal" gebliebene, wenig differenzierte Zellen vor, die sich aber im Gegensatz zu den „echten" embryonalen Stammzellen in der Regel nur noch zu bestimmten Zellsorten entwickeln können. Sie sind also nicht mehr pluri-, sondern „nur" **multipotent**. Das bekannteste Beispiel sind die Blutstammzellen im Knochenmark, aus denen sich sowohl die roten Blutzellen (Erythrozyten), alle weißen Blutzellen (Monozyten, Granulozyten, Lymphozyten) und auch die Blutplättchen (Thrombozyten) entwickeln können.

4. Zusammenfassung

Mit den **Methoden der Gentechnik** kann DNA gezielt zerlegt, vermehrt, neu kombiniert und in Empfängerzellen exprimiert werden. Gentechnik als Grundlagenforschung verwendet Methoden und Verfahren, mit denen Struktur und Funktion des genetischen Materials der Organismen analysiert werden. Bei der Anwendung der Gentechnik werden die Methoden und Verfahren zur gezielten Neuprogrammierung von Lebewesen zum Zwecke der industriellen Nutzung verwendet.

Diese fünf grundlegenden Schritte werden durchgeführt, um **fremde DNA in eine Zelle** einzuschleusen:

1. Die DNA aus dem Spenderorganismus wird isoliert und mithilfe eines Restriktionsenzyms in kleinere Fragmente zerlegt.
2. Ein geeignetes Plasmid wird als Vektor isoliert und mithilfe des gleichen Enzyms für den Einbau der Spender-DNA aufgeschnitten.
3. Spender-DNA und Vektor-DNA werden mithilfe von DNA-Ligase verbunden.
4. Die neu kombinierte DNA wird mit einem geeigneten Verfahren in die Zellen eines Empfängerorganismus eingeschleust.
5. Die Zellen, die die neu kombinierte DNA aufgenommen haben, werden aufgrund ihrer Antibiotika-Resistenzen ausgelesen (selektiert) und vermehrt.

Besteht das Ziel darin, größere Mengen der eingeführten Fremd-DNA zu gewinnen, müssen die Einzelzellen vermehrt werden; die Fremd-DNA wird anschließend daraus isoliert. Geht es um die Gewinnung einer größeren Menge des Proteins, das von der Fremd-DNA codiert wird, müssen ebenfalls die Einzelzellen vermehrt und zur Genexpression angeregt werden. Wird beabsichtigt, einem höheren Lebewesen (z. B. einer Pflanze oder einem Tier) eine neue Eigenschaft zu verleihen, werden aus den einzelnen transgenen Zellen mehrzellige transgene Organismen regeneriert. In allen Fällen entstehen **Zellen mit identischer Erbinformation**, die als **Klone** bezeichnet werden. Dementsprechend wird dieses Verfahren auch als Genklonierung bezeichnet.

Es gibt drei verschiedene **Methoden der Gengewinnung**:

1. Der gewünschte DNA-Abschnitt wird direkt aus dem Genom des Spenderorganismus gewonnen.
2. Ist eine Spenderzelle auf die Herstellung eines bestimmten Proteins spezialisiert, kann die m-RNA durch reverse Transkriptase und DNA-Polymerase in eine cDNA (copy-DNA) umgeschrieben werden.
3. Ist die Aminosäuresequenz des gewünschten Proteins bekannt, lässt sich mithilfe des genetischen Codes („Code-Sonne") die DNA-Sequenz des codogenen Stranges ermitteln und im Gen-Syntheziser nachbauen.

Mit den Methoden der Genklonierung und der **Polymerase-Kettenreaktion (PCR)** lassen sich DNA-Moleküle beliebiger Herkunft in Bakterien vervielfältigen. Die Vorgänge bei der Vervielfältigung einer DNA durch PCR ist dem Reaktionsablauf bei der natürlichen Replikation sehr ähnlich.

Auch zur **DNA-Sequenzierung** wird ein enzymatisches Verfahren verwendet, das von der natürlichen Replikation abgeleitet wurde.

Bei der **Insulinherstellung in Bakterien** werden die Vorgänge in den β-Zellen der Bauchspeicheldrüse nachgeahmt: Die Bakterien produzieren ein Vorläufer-Molekül, das anschließend aufbereitet wird.

In der genetischen Beratung und der pränatalen Diagnostik erfolgt der **Nachweis einer bestimmten DNA-Sequenz** in der Regel durch ein kombiniertes Verfahren aus Fragmentierung mit Restriktionsenzymen, Gel-Elektrophorese, Überführung der aufgetrennten Fragmente auf einen Filter und Hybridisierung mit einer Gensonde.

Bei der **somatischen Gentherapie** erfolgt die Korrektur eines genetischen Defektes durch Einbringen einer intakten Genkopie ausschließlich in die Körperzellen. Die erworbenen genetischen Veränderungen können daher nicht an die nächste Generation weitergegeben werden.

Bei der **Keimbahntherapie** erfolgt die Korrektur genetischer Defekte in Keimbahnzellen, d. h. den Zellen des Körpers, aus denen Ei- bzw. Samenzellen hervorgehen können sowie die Keimzellen selbst. In diesem Fall werden die neuen genetischen Eigenschaften an die folgenden Generationen weitergegeben. In Deutschland ist die Durchführung einer Keimbahntherapie aufgrund des Embryonenschutzgesetzes bisher verboten.

Bei **Ex-vivo-Verfahren** wird das therapeutische Gen außerhalb des Organismus in vorübergehend entnommene Zellen eingeführt.

Bei **In-vivo-Verfahren** wird das Gen nach Einbau in einen geeigneten Vektor direkt in den Körper des Patienten injiziert; die Aufnahme in die Zellen findet im Körper statt.

Transgene Tiere werden erzeugt, indem Fremd-DNA durch eine extrem dünn ausgezogene Glaskapillare in einen der beiden Vorkerne der befruchteten Eizelle injiziert wird (Mikroinjektion).

Für **transgene Pflanzen** erlaubt die genaue Kenntnis des Gentransfers durch *Agrobacterium tumefaciens* die Konstruktion von Vektoren aus Ti-Plasmiden, die jedes beliebige Gen in Wirtspflanzen einschleusen können.

Heutzutage stehen verschiedene **Methoden der künstlichen Befruchtung** zur Verfügung: künstliche Besamung (homolog oder heterolog), In-vitro-Fertilisation oder intrazytoplasmatische Spermieninjektion mit anschließendem Embryotransfer. Die Wahl der Methode hängt vor allem von der Ursache der Unfruchtbarkeit (Sterilität) ab.

Bei der In-vitro-Fertilisation besteht grundsätzlich die Möglichkeit, die Embryonen vor ihrem Transfer durch **Präimplantationsdiagnostik** auf genetische Anomalien zu untersuchen.

Mit **reproduktivem Klonen** können genetisch identische Nachkommen erzeugt werden. Dazu wird aus einer Eizelle der Zellkern entfernt, sodass nur noch der Zytoplast übrig bleibt. Dieser wird anschließend mit einer vollständigen, ausdifferenzierten Körperzelle von einem der Eltern verschmolzen.

Beim **therapeutischen Klonen** isoliert man einzelne Embryoblastenzellen aus dem 5 Tage alten Embryo und kultiviert sie weiter. Diese pluripotenten **embryonalen Stammzellen** teilen sich unbegrenzt und lassen sich unter Zugabe geeigneter Wachstumsfaktoren ganz nach Wunsch dazu veranlassen, Haut-, Nerven- oder Muskelgewebe zu bilden.

Im ausgewachsenen Organismus kommen in allen Geweben „embryonal" gebliebene, wenig differenzierte multipotente **adulte Stammzellen** vor, die sich aber in der Regel nur noch zu ganz bestimmten Zellsorten entwickeln können.

Literaturverzeichnis

Alberts, B. u.a.: Molekularbiologie der Zelle, 3. Auflage, Weinheim 1995
Baufeld, R. u.a.: Unterrichtsmaterialien Gentechnologie, Göttingen 1992
Berg, P./Singer, M.: Die Sprache der Gene, Heidelberg 1993
Chambon, P.: Gestückelte Gene – ein Informationsmosaik, in: Spektrum der Wissenschaft 7, 1981, S. 104–117
Chilton, M.-D.: Genmanipulation an Pflanzen: ein Schädling als Helfer, in: Spektrum der Wissenschaft 8, 1983, S. 36–47
Crick, F.: Ein irres Unternehmen, München 1990
Daumer, K.: Genetik, 8. Auflage, 1997
DIFF/IPN (Hrsg.): Molekularbiologie, Aufbaublock VI: Gentechnik, 1. Methoden der Gentechnik, Tübingen/Kiel 1991
DIFF/IPN (Hrsg.): Molekularbiologie, Aufbaublock VI: Gentechnik, 2. Anwendungsgebiete der Gentechnik, Tübingen/Kiel 1991
Eckes, P./Donn, G./Wengenmeyer, F.: Gentechnik mit Pflanzen, in: Angewandte Chemie 99, 1987, S. 392–412
Fischer, E.P.: Gene sind anders, Hamburg 1988
Gassen, H.G./Minol, K. (Hrsg.): Gentechnik, 4. Auflage, Stuttgart 1996
Hafner, L./Hoff, P.: Genetik, Neubearbeitung, Hannover 1995
Hennig, W.: Genetik, 3. Auflage, Berlin 2002
Knippers, R.: Molekulare Genetik, 8. Auflage, Stuttgart 2001
Murken, J./Cleve, H. (Hrsg.): Humangenetik, 6. Auflage, Stuttgart 1996
Ruppert, W.: Gentechnik im Pflanzenschutz, in: Unterricht Biologie 209, 1995, S. 27–30
Schmidtke, J.: Vererbung und Ererbtes – ein humangenetischer Ratgeber, Reinbek b. Hamburg 1997
Sorbe, D.: Genetisch manipulierte Bakterien produzieren Humaninsulin, in: Praxis der Naturwissenschaften – Biologie 2, 1987, S. 15–22
Suzuki, D.T. u.a.: Genetik, Weinheim 1991
Tjian, R.: Der menschliche Transkriptionsapparat, in: Spektrum der Wissenschaft 4, 1995, S. 56–63
Verma, I.M.: Gentherapie, in: Spektrum der Wissenschaft 1, 1991, S. 48–57
Vogel, G./Siebert, B.: Phenylketonurie – eine erblich bedingte Stoffwechselanomalie, in: Praxis der Naturwissenschaften – Biologie 6, 1981, S. 171–181
Watson, J.D. u.a.: Rekombinierte DNA, 2. Auflage, Heidelberg 1993
Welsh, M./Smith, A.E.: Mukoviszidose, in: Spektrum der Wissenschaft 2, 1996, S. 32–38

mentor Abiturhilfe

Biologie
Oberstufe

Genetik
Steuerung und Vererbung
von Merkmalen und Eigenschaften

Reiner Kleinert
Wolfgang Ruppert
Franz X. Stratil

Lösungsteil

Lösungen

Die Antworten sind häufig nur stichwortartig formuliert und bedürfen bei einer Bearbeitung im Rahmen einer Klassen-/Kursarbeit bzw. des Abiturs einer sprachlichen Ausgestaltung. Teilweise ist der Lösungsweg nur angedeutet und die endgültige Lösung abgedruckt. Da sich alle Aufgaben auf die Inhalte des Buches beziehen und im Anschluss an die ausführlich dargestellten Beispiele zu bearbeiten sind, kann der ausführliche Lösungsweg anhand der Beispiele nachvollzogen und übertragen werden.

Teil A

Seite 11 Darstellung des Graphen:

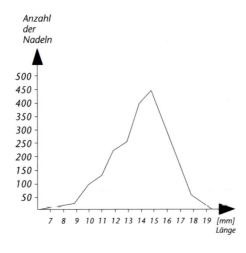

Seite 13 a) Zum Beispiel in Form von Säulendiagrammen: Der graue Teil verdeutlicht den Anteil an zusätzlicher Übereinstimmung bei eineiigen Zwillingen:

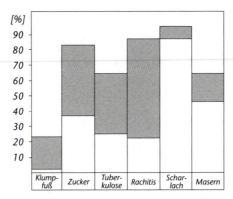

b) Die gravierenden Unterschiede zwischen eineiigen und zweieiigen Zwillingen bei Klumpfuß, Zucker, Tuberkulose und Rachitis deuten auf genetische Ursachen hin, während bei den Infektionskrankheiten Scharlach und Masern maximal genetische Dispositionen herauszulesen sind.

c) Er zeigt die erfolglose Auslese; ein Zuchterfolg stellt sich nicht ein, die Auslese bleibt wirkungslos und beweist indirekt, dass der Auslesefaktor (hier Größe) auf der Modifikation beruht und nicht erblich ist.

Teil B

Samenform 2,96:1; Hülsenform 2,95:1; Hülsenfarbe 2,82:1; Blütenstellung 3,14:1

B01 Seite 16

zu Beispiel 1

B02 Seite 18

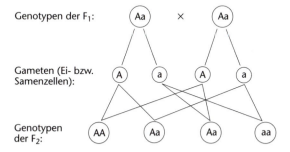

Genotypen der F_1: Aa × Aa
Gameten (Ei- bzw. Samenzellen): A, a, A, a
Genotypen der F_2: AA, Aa, Aa, aa

Es entsteht ein Verhältnis im Phänotyp von 3:1, was MENDELS Ergebnis aus Beispiel 2 bestätigt.

A = gelb, a = grün

zu Beispiel 3

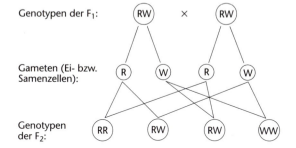

Genotypen der F_1: RW × RW
Gameten (Ei- bzw. Samenzellen): R, W, R, W
Genotypen der F_2: RR, RW, RW, WW

Es entsteht ein Verhältnis von 1:2:1.

R = rot, W = weiß

B03 Seite 19

Gameten des einen „F_1-Elter"

Gameten des zweiten „F_1-Elter"		R	W
	R	RR rot	RW rosa
	W	RW rosa	WW weiß

1 : 2 : 1

Lösungen Teil B

Zahlenverhältnisse:
- im Genotyp   1 (RR) : 2 (RW) : 1 (WW)
- im Phänotyp   1 (rot) : 2 (rosa) : 1 (weiß)

Seite 20 B04

	b⁺	b
b⁺	b⁺b⁺	b⁺b
b	b⁺b	bb

Zahlenverhältnisse:
- im Genotyp   1 (b⁺b⁺) : 2 (b⁺b) : 1 (bb)
- im Phänotyp   3 (graubraun) : 1 (schwarz)

Seite 21 B05

a) Genotypen der Eltern: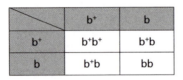

Genotypen der F_1 uniform: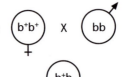

Phänotypen der F_1 alle graubraun, da b⁺ dominant

b) Genotypen der Eltern:

Rekombinationsquadrat:

	b⁺	b
b	bb⁺	bb
b	b⁺b	bb

Im Phänotyp ergeben sich also hier die Spaltungsverhältnisse von 1 : 1 (graubraun : schwarz).

Folgerung:
War der zu untersuchende Elter b⁺b⁺ (homozygot), so ergibt die Rückkreuzung nur uniform graubraune Nachkommen;
war er dagegen mischerbig b⁺b, so ergibt die Rückkreuzung eine Aufspaltung der Merkmale im Verhältnis von 1 : 1.

Seite 24 B06

Bei b) und c) bestehen keine begründeten Zweifel. Bei b) müssen Mutter und Vater neben den Anlagen A und B auch die Anlage für O besitzen, also AO und BO sein. Bei a) muss das dritte Kind einen anderen Vater haben, der angegebene Vater mit der Blutgruppe AB hat keine Anlage für O.

Seite 24 B07

Blutgruppe der Kinder: A, AB, B und O
Anlagen der Kinder: AA/AO, AB, BB/BO, OO

Eltern a) mit den Blutgruppen O x O und damit den Anlagen OO x OO können nur Kinder mit der Anlage OO haben, also Kind 4 mit der Blutgruppe O;

Eltern d) mit den Blutgruppen B x B können nur Kinder mit B oder O haben, da Kind 4 (Blutgruppe O) schon zugeteilt ist, müssen sie die Eltern von Kind 3 mit der Blutgruppe B sein;

Eltern b) mit den Blutgruppen AB x O können nur Kinder mit Blutgruppe A oder B haben, also ist Kind 1 mit Blutgruppe A noch möglich;

Eltern c) mit den Blutgruppen A x B könnten theoretisch Kinder mit den Blutgruppen A, B, O oder AB haben, im vorliegenden Fall ordnen wir ihnen das Kind 2 mit der Blutgruppe AB zu, da die anderen Kinder bereits begründet zugeordnet wurden!

Kind 1 (A)   hat die Eltern b (AB x O)
Kind 2 (AB)   hat die Eltern c (A x B)
Kind 3 (B)   hat die Eltern d (B x B)
Kind 4 (O)   hat die Eltern a (O x O).

B08 *Seite 25*

Das Kind muss von der Mutter die Anlage O erhalten (Mutter AA oder AO), hat also die Anlagen BO, d. h., es muss von seinem Vater die Anlage B erhalten, damit kann der Mann 1 nicht der biologische Vater sein.

Der Mann 2 ist potenzieller Vater:

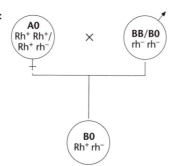

B09 *Seite 25*

Eltern 2 können nur rh-Kinder zeugen, also müssen sie die Eltern von Kind 4 sein:
AA oder AO/rhrh x BO/rhrh → AO/rhrh

Kind 1 kann nur noch von Eltern 3 stammen, sonst AB nicht mehr möglich:
AA oder AO/rhrh x BB oder BO/Rhrh oder RhRh → AB/Rhrh

Eltern 1 können nicht Kind 3 haben, da Mutter A oder B vererbt, also wird Kind 2 zugeordnet:
AB/RhRh oder Rhrh x OO/RhRh oder Rhrh → AO/RhRh oder Rhrh

Damit wird dem Elternpaar 4 das Kind 3 zugeordnet, was auch möglich ist:
AO/RhRh oder Rhrh x OO/RhRh oder Rhrh → OO/RhRh oder Rhrh

Zusammengefasst: Kind 1   Eltern 3
                    Kind 2   Eltern 1
                    Kind 3   Eltern 4
                    Kind 4   Eltern 2

Lösungen Teil B

Seite 26 B10 Sie müssen beide heterozygote Schmecker sein, also:

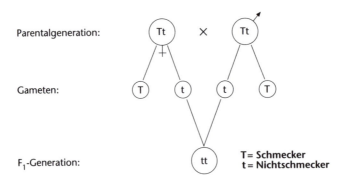

T = Schmecker
t = Nichtschmecker

Seite 26 B11 Die Genotypen des Modellstammbaums haben folgendes Aussehen:

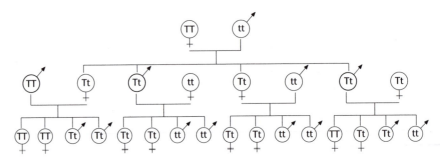

Seite 29 B12 Rekombinationsquadrat:

F_1-Körperzellen: MmTt MmTt

Keimzellen: jeweils MT oder Mt oder mT oder mt

Also ein Phänotypverhältnis von 9 : 3 : 3 : 1.

Lösungen Teil B

B13 *Seite 29*

Wähle als Abkürzungen:
rot blühend: R   zygomorph: Z   weiß blühend: w   radiär: r

P: (RRrr)   x   (wwZZ)

Gameten: (Rr) (Rr) und (wZ) (wZ)

F₁: alle (RwrZ), im Phänotyp rot blühend-zygomorph.

Kreuze die F₁-Pflanzen untereinander; die Gameten der F₁ sind:

(RZ)   (Rr)   (wZ)   (wr)

Rekombinationsquadrat:

	RZ	Rr	wZ	wr
RZ	RRZZ	RRZr	RwZZ	RwZr
Rr	RRZr	RRrr	RwZr	rwrr
wZ	RwZZ	RwZr	wwZZ	wwZr
wr	RwZr	Rwrr	wwZr	wwrr

B14 *Seite 29*

                  Elter I   Elter II
Parentalgeneration: (WWGGLL)   ×   (wwggKK)

Gameten: (WGL) (WGL)   (wgK) (wgK)

F₁-Generation: (WwGgLK)

Folgende acht unterschiedliche Keimzellen entstehen und müssen im Rekombinationsquadrat berücksichtigt werden:

(WGL) (WGK) (WgL) (WgK) (wGL) (wGK) (wgL) (wgK)

B15 *Seite 32*

F₁-Generation: (NnFf)   x   (NnFf)

Gameten: (NF) (Nf) (nF) (nf)

Lösungen Teil B + C

Rekombinationsquadrat:

	NF	Nf	nF	nf
NF	NNFF	NNFf	NnFF	NnFf
Nf	NNFf	NNff	NnFf	Nnff
nF	NnFF	NnFf	nnFF	nnFf
nf	NnFf	Nnff	nnFf	nnff

Nur ein Huhn ist phänotypisch wieder mit gefiederten Füßen zu erwarten, bei allen anderen Tieren dominiert die normale Form.

Teil C

Seite 36

- Zellteile ohne Zellkern sterben ab.
- Der Zellkern allein ist nicht lebensfähig.
- Zellteile, die einen Zellkern enthalten, regenerieren sich wieder vollständig.
- Zellkerne lassen sich in kernlose Zellteile transplantieren, die so entstandenen „neuen Zellen" entwickeln sich zu vollständigen Einzellern.
- Zellkern und Zellplasma sind voneinander abhängig.

Seite 36

a) Das Kernvolumen beträgt 220,9 μm^3.

b) Das Volumen eines Stecknadelkopfes beträgt 65,45 mm^3.

Da die Zellkerne aus ca. 90% Wasser bestehen, ergibt sich für die „reine" genetische Information:
10% von 220,9 μm^3 = 22,09 μm^3.

Das Volumen der genetischen Informationen von 6 Milliarden Menschen entspricht also:

22,09 μm^3 × 6.000.000.000 = 132.540.000.000 μm^3.

Da 1 μm = 0,001 mm,
entspricht 1 μm^3 = 0,000.000.001 mm^3,
entsprechend 65,45 mm^3 = 65.450.000.000 μm^3.

Hieraus folgt, dass die genetische Information von 6 Milliarden Menschen in etwa 2 Stecknadelköpfe von 5 mm Durchmesser passt!

Lösungen Teil C

Ein 8 Wochen alter Embryo ist 56 Tage alt. Inklusive „Ruhephase" benötigt jede Mitose 6 Stunden, d.h., pro Tag finden 4 Mitosen statt. Da sich bei jeder Mitose die Anzahl der Zellen verdoppelt, handelt es sich um eine exponentielle Funktion der Form $y = 2^x$, wobei x die Anzahl der Teilungen angibt.

Das heißt für den 8 Wochen alten Embryo: 56 Tage × 4 Mitosen = 224 Mitosen.

Dies entspricht also
2^{224} Zellen = $2{,}6959949 \times 10^{67}$ Zellen oder
26959949000000000000000000000000000000000000000000000000000000000000 Zellen.

Dieses Ergebnis ist allerdings kritisch zu bewerten. Die tatsächlichen Zahlen liegen deutlich darunter, da in die obigen Überlegungen die Probleme der Ausdifferenzierung nicht mit einbezogen wurden.

- Die Vorgänge der Meiose liefern die zytologischen Bedingungen für die dritte MENDELsche Regel (Trennung der Anlagen, freie Kombinierbarkeit).
- Die Fruchtfliege hat 2n = 8 Chromosomen; n beträgt 4, also 4 Kopplungsgruppen.
- Der Mensch hat 2n = 46 Chromosomen; n beträgt 23, also 23 Kopplungsgruppen.
- Bleiben Mutationen und Chiasmen unberücksichtigt, so beschränkt sich die freie Kombinierbarkeit auf die beliebige Kombination der vorhandenen Chromosomen.

- **Spermatogenese-Ziel:**
  möglichst viele kleine, plasmaarme, bewegliche „Informationsträger", Energie nur für wenige Stunden bis Tage nötig.

- **Oogenese-Ziel:**
  möglichst eine große, plasmareiche und damit als Ernährungsgrundlage dienende Eizelle, die passiv durch den Eileiter bewegt wird.

Genotypen der Eltern:

Gameten:

Rekombinationsquadrat:

	w⁺	y
w	w⁺w	wy
w	w⁺w	wy

Lösungen Teil C

Da w⁺ über w dominiert, kommt es schon in der F_1-Generation zu einer Abweichung von der ersten MENDELschen Regel: Es kommt zu einer Aufspaltung im Verhältnis 1 : 1, rotäugige Weibchen : weißäugigen Männchen. Kreuzt man die F_1-Tiere untereinander weiter, so ergeben sich folgende Verhältnisse:

$F_1 \times F_1$:

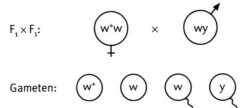

Gameten: w⁺ w w y

Rekombinationsquadrat:

	w	y
w⁺	w⁺w	w⁺y
w	ww	wy

Nach Merkmalen geordnet ergibt sich eine Merkmalsaufspaltung in der F_2-Generation von

1 : 1
(weißäugig : rotäugig),

nach Geschlecht und Merkmalen geordnet von

1 : 1 : 1 : 1

(weißäugige Weibchen : rotäugigen Weibchen : weißäugigen Männchen : rotäugigen Männchen).

Seite 50

- Da es in der F_1-Generation zu uniform graubraun gefärbten Tieren kommt, ist das Merkmal gelbe Körperfarbe rezessiv, graubraun also dominant.

- Aus der Verteilung der Merkmale in der F_2-Generation lässt sich schließen, dass es sich um einen geschlechtschromosomengekoppelten Erbgang handelt. Die Gene für die Körperfarbe liegen also auf dem X-Chromosom.

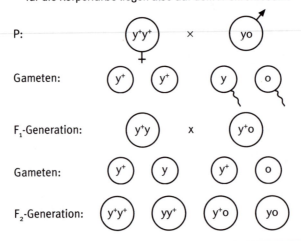

Lösungen Teil C

C08 Seite 50

Aus der Kreuzung von gestreiften Männchen mit schwarzen Weibchen entnehmen wir die Dominanz des Merkmals Streifung gegenüber schwarz. Alle Tiere der F_1-Generation sind uniform gestreift.
Wir wählen G für gestreift und s für schwarz:

1. Parentalgeneration:

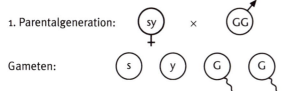

Rekombinationsquadrat:

	s	y
G	Gs	Gy
G	Gs	Gy

Alle Tiere sind gestreift.

2. Parentalgeneration:

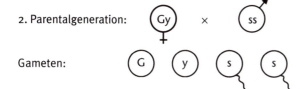

Rekombinationsquadrat:

	s	s
G	Gs	Gs
y	sy	sy

$F_1 \times F_1$:

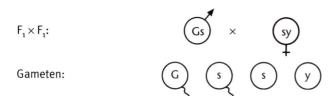

Rekombinationsquadrat:

	G	s
s	Gs	ss
y	Gy	sy

Verhältnis: 1 : 1 : 1 : 1 (gestreifte Weibchen : schwarze Weibchen : gestreifte Männchen : schwarze Männchen). Das Merkmal wird demnach gonosomal-dominant vererbt.

Lösungen Teil C

Seite 53 **C09**

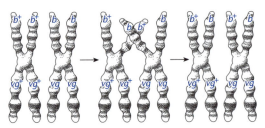

Chromosom Nr. II

Dass MORGANS Überlegungen richtig waren, liegt auch an einer Besonderheit in der Meiose der Fruchtfliegen: Crossing over ist nur bei der Oogenese, aber nicht bei der Spermatogenese zu beobachten.

Seite 55 **C10**

Im männlichen Geschlecht kommen alle Merkmale, die auf dem X-Chromosom vererbt werden, auf jeden Fall zur Ausprägung, da kein „echter homologer Partner" vorhanden ist. Folglich ist dieses einzelne X-Chromosom der Vererbungsforschung wesentlich „besser zugänglich".

Seite 55 **C11**

a)
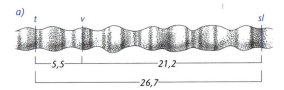

b)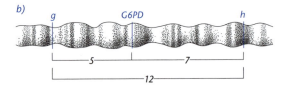

Seite 59 **C12**

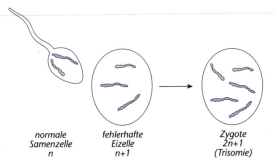

Der umgekehrte Fall – normale Eizelle (n) und fehlerhafte Samenzelle (n+1) – tritt auch auf und führt zum gleichen Resultat (Trisomie).

Die Gonosomenkombination XO kann durch Nondisjunction-Vorgänge bei der Eizellen- oder Samenzellenbildung verursacht werden, die zur Ausbildung von Keimzellen ohne Geschlechtschromosom führen.

Vergleichen Sie auch die Abbildung zur Lösung C14. Dort weist die Hälfte der gebildeten Samenzellen keine Geschlechtschromosomen auf.

Trifft dann z. B. eine 0-Samenzelle auf eine normale X-Eizelle, entsteht die Kombination XO.

Die normale diploide Zelle eines Mannes enthält die beiden Gonosomen XY.

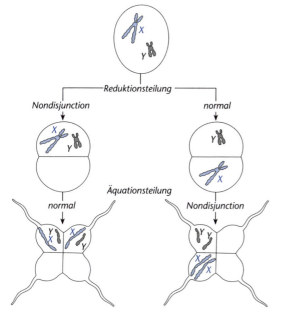

Tritt Nondisjunction in der Reduktionsteilung auf, so können XY-Spermien entstehen. Tritt Nondisjunction in der Äquationsteilung auf, so können keine XY-Spermien entstehen.

Teil D

Seite 68 D01
- Das Merkmal wird rezessiv vererbt, da aus zwei Ehen von Nichtmerkmalsträgern (1 und 2 sowie 10 und 11) Merkmalsträger-Kinder entstehen (4/14 und 15).
- Es wird autosomal vererbt, sonst könnte die Tochter 14 nicht entstehen.
- Alle Merkmalsträger müssen homozygot aa sein, die jeweiligen Eltern heterozygot Aa.
- Die Frau 3 muss heterozygot Aa sein, da sie eine erkrankte Tochter 8 hat.

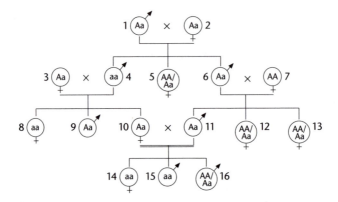

Seite 69 D02

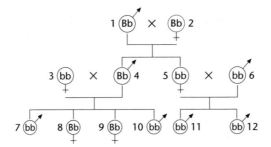

Seite 70 D03

Wenn die bisherigen Überlegungen konsequent und richtig durchgeführt wurden, sind die Genotypen der mit Ziffern bezeichneten Personen wie folgt (B = Anlage für gesund, d.h. kein Bluter; b = Anlage für krank):

1: By; 2: Bb; 3: By; 4: By; 5: Bb; 6: by; 7: BB; 8: Bb; 9: By; 10: By; 11: Bb; 12: by; 13: Bb; 14: By; 15: Bb; 16: By; 17: by; 18: by; 19: Bb; 20: By; 21: by; 22: by; 23: by; 24: by; 25: by; 26: by.

Seite 73 D04

Konstellation 5 × 6 beweist die Rezessivität des Merkmals Albinismus (zwei Nichtmerkmalsträger-Eltern haben ein Merkmalsträger-Kind (10)).
Wir wählen: a = Albinoanlage.

(2) muss heterozygot sein, sonst wäre Kind (7) nicht möglich, die Verteilung des Merkmals im Stammbaum spricht für Autosomalität.

Lösungen Teil D

Der Stammbaum sieht folgendermaßen aus:

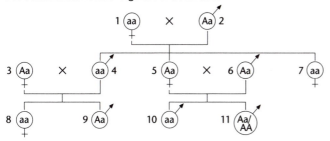

D05 Seite 73

In der F_2-Generation treten mehrere Merkmalsträger-Kinder von gesunden Eltern auf, dies lässt auf Rezessivität schließen!
Der Anteil der Merkmalsträger-Männer ist deutlich größer als derjenige der Frauen, dies spricht für Gonosomalität!
Wir wählen: f = Fischhäutigkeitsanlage.
(1): Ff (bekommt ein defektes X vom Vater);
(2): Fy (bekommt y vom Vater; da er nicht erkrankt ist, muss er F haben);
(3): Ff (sonst könnte (5) nicht Merkmalsträger sein);
(4): fy;
(5): ff.

Es tritt hier das Problem/Phänomen der Verwandtenehe auf ($F_2 \times F_3$)!

D06 Seite 74

Wir erstellen zunächst den Stammbaum:

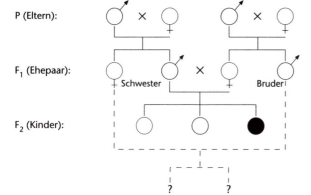

Konstellation des Ehepaares beweist Rezessivität. Wir wählen p = Phenylketonurieanlage! Mindestens einer der Eltern muss jeweils heterozygoter Träger der Erbanlage sein, also folgt daraus für den Stammbaum:

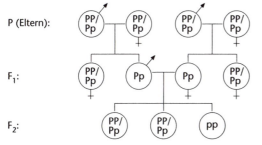

187

Lösungen Teil D

Die Wahrscheinlichkeit, dass der Bruder der Frau bzw. die Schwester des Mannes heterozygote Träger der Erbanlage sind, ist jeweils $\frac{1}{2}$, die Wahrscheinlichkeit für das Auftreten von kranken Kindern bei heterozygoten Trägern der Erbanlage beträgt $\frac{1}{4}$, daraus folgt: $\frac{1}{2} \times \frac{1}{2} \times \frac{1}{4} = \frac{1}{16}$.

Mit der Wahrscheinlichkeit von $\frac{1}{16}$ wäre das erste Kind von Schwester und Bruder des Ehepaares krank.

Seite 74

Schließen Sie zunächst Entwicklungsstörungen aus, da sich hierüber keine Aussagen machen lassen und das gehäufte Auftreten in der Familie auf eine genetische Ursache schließen lässt.
Vater muss homozygot gesund sein, da Retinoblastom eine dominante Anlage ist. Mutter muss heterozygot Rbrb sein, sonst könnte sie keine gesunden Kinder haben; also:

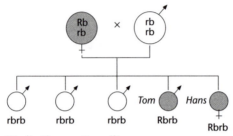

Für die Ehe von Tom gilt:

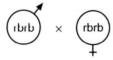

d. h., alle Kinder sind normalsehend!
Für die Ehe von Hans gilt:

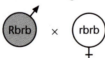

d. h., mit einer Wahrscheinlichkeit von $^1/_2$ sind Kinder mit der Erbkrankheit Retinoblastom zu erwarten.

Beratung: Für die Kinder von Tom besteht nur das Risiko wie für alle Kinder (Entwicklungsstörungen); Hans muss von der Gefahr unterrichtet werden, dass die Wahrscheinlichkeit für kranke Kinder bei ihm und seiner Frau 50% beträgt.

Seite 75

a) Ist ein Elter Merkmalsträger einer dominant vererbten Krankheit, beträgt die Wahrscheinlichkeit für kranke Kinder 50%.

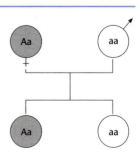

b) Sind beide Eltern gesund, aber Träger einer rezessiv vererbten Krankheit, beträgt die Wahrscheinlichkeit für kranke Kinder 25%.

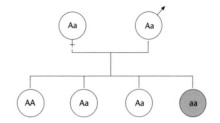

  Seite 79

Geht man davon aus, dass es sich hier um eine HARDY-WEINBERG-Population handelt, müsste mithilfe der Gesetze nach HARDY-WEINBERG die Aufgabe zu lösen sein:

9% sind homozygot aa, dies entspricht $q^2 = 0{,}09 \rightarrow q = 0{,}3$

aus $p + q = 1$ folgt für $p = 0{,}7 \rightarrow p^2 = 0{,}49$

In der Aufgabenstellung ist p^2 allerdings mit 0,7 vorgegeben, während sich aus der HARDY-WEINBERG-Gleichung

$$p^2 = 0{,}49 \text{ ergibt.}$$

Die Zahlen sind also nicht mit einem einfachen mendelnden Allel zu vereinbaren.

  Seite 79

1. Albinismus:
   $q^2 = \dfrac{1}{15\,000}$, $q = \dfrac{1}{122{,}4}$, $p = 0{,}9919$, $2pq = 0{,}016$

   Jede 60. Person ist heterozygoter Träger der Erbanlage für Albinismus.

2. Alkaptonurie:
   $q = \dfrac{1}{500} = 0{,}002$, $p = 0{,}998$, $2pq = 0{,}004$

   Jede 250. Person ist heterozygoter Träger der Erbanlage für Alkaptonurie.

3. Galaktosämie:
   $q = 0{,}007$, $p = 0{,}993$, $2pq = 0{,}0139$
   Jede 71. Person ist heterozygoter Träger der Erbanlage für Galaktosämie.

4. Kretinismus:
   $q = 0{,}0044$, $p = 0{,}9956$, $2pq = 0{,}00876$
   Jede 113. Person ist heterozygoter Träger der Erbanlage für Kretinismus.

5. Mukoviszidose:
   $q = \dfrac{1}{50} = 0{,}02$, $p = 0{,}98$, $2pq = 0{,}0392$

   Jede 25,5. Person ist heterozygoter Träger der Erbanlage für Mukoviszidose.

---

a) Panmixie-Ehe: $\dfrac{1}{250} \times \dfrac{1}{250} \times \dfrac{1}{4} = \dfrac{1}{250\,000}$

   Verwandtenehe: $\dfrac{1}{250} \times \dfrac{1}{8} \times \dfrac{1}{4} = \dfrac{1}{8000}$

   Relation: $\dfrac{1}{250\,000} : \dfrac{1}{8000} = 1 : 31{,}25$

   Der Faktor wäre also ca. 30-mal größer.

b) Panmixie-Ehe: $\dfrac{1}{15} \times \dfrac{1}{15} \times \dfrac{1}{4} = \dfrac{1}{900}$

   Verwandtenehe: $\dfrac{1}{15} \times \dfrac{1}{8} \times \dfrac{1}{4} = \dfrac{1}{480}$

   Relation: $\dfrac{1}{900} : \dfrac{1}{480} = 1 : 1{,}875$

   Der Faktor wäre also ca. 2-mal größer.

Lösungen Teil D + E

Je seltener ein Gen in der Population auftritt, umso größer ist die Gefährdung von Kindern aus Verwandtenehen im Verhältnis zu Kindern aus Panmixie-Ehen.

Seite 81 D12

a) b = 0,01 → q = 0,01
gesucht wird bb, also q²
$$q^2 = \frac{1}{100} \times \frac{1}{100} = \frac{1}{10\,000}$$
Die rezessive Erbanlage tritt mit der Häufigkeit von $\frac{1}{10\,000}$ auf.

b) A = 0,01 → p = 0,01 → q = 1 − 0,01 = 0,99
AA = p²
Aa = 2pq →
$$p^2 + 2pq = \frac{1}{100} \times \frac{1}{100} + 2 \times \frac{99}{100} \times \frac{1}{100} = \frac{1}{50}$$
Die dominante Erbanlage tritt mit der Häufigkeit von $\frac{1}{50}$ auf.

Seite 81 D13

Es gilt p² + 2pq = 0,3% → q² = 99,7% und q = 0,9985.
Aus p + q = 1 folgt p = 0,0015.
Die homozygot Schwerhörigen entsprechen p² = 0,0000022 → p² = 0,00022%.

Seite 81 D14

p = A, q = a
$$q^2 = \frac{16}{1600} \to q = \frac{4}{40} = 0,1 \to p = 1 - q = 0,9.$$
Die Heterozygoten entsprechen 2pq = 2 × 0,1 × 0,9 = 0,18.
18% von 1600 Schafen sind also heterozygote Träger der Erbanlage, das entspricht 288 Tieren.

Teil E

Seite 85 E01

a) Stamm A kann keine Laktose abbauen. Dies ist aber die einzige Kohlenstoffquelle im Nährmedium.
b) Stamm B kann die fehlende Aminosäure Threonin nicht selbstständig bilden.

Seite 89 E02

Geht man vereinfachend davon aus, dass ein Phage jeweils genau 100 Nachkommen hat, von denen jeder eine eigene Bakterienzelle befällt, so ergibt sich:

	1 Phage	
20 Min.	↓	1. Lytischer Zyklus
	100 Phagen	
40 Min.	↓	2. Lytischer Zyklus
	10 000 Phagen	
60 Min.	↓	3. Lytischer Zyklus
	1 000 000 Phagen	

Seite 93 E03

a) In der Bakterienkultur, die mit Phagen infiziert wurde, die sich in der Bakterienkultur mit radioaktiv markiertem Phosphor vermehrt hatten.
b) Für die Vermehrung der Phagen reicht es aus, dass die Phagen-DNA in die Bakterienzellen gelangt. Sie trägt die genetische Information für die Herstellung neuer vollständiger Phagen.

Teil F

Adenin und Thymin sind gleich häufig. Wenn A = 27%, ist also auch T = 27%. Für Guanin und Cytosin (Zytosin) verbleiben 100% − 2 × 27% = 46%. G und C sind aber wiederum gleich häufig, also jeweils 23%.

F01 Seite 98

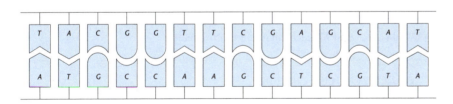

F02 Seite 100

Überführt man Bakterien mit ^{15}N-DNA in ^{14}N-haltiges Medium und belässt sie dort für die Dauer eines Replikationszyklus, so ergibt sich:

Überführt man Bakterien mit ^{15}N-DNA in ^{14}N-haltiges Medium und belässt sie dort für die Dauer zweier Replikationszyklen, so ergibt sich:

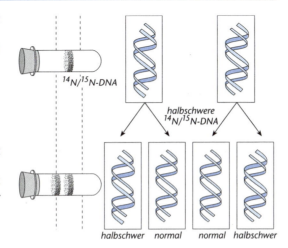

F03 Seite 102

Zu Beginn der Replikation sorgen Helikasen für eine Entwindung der DNA-Doppelhelix und für ein Auseinanderschieben der Einzelstränge.

An die nun frei liegenden Nukleotidbasen der Einzelstränge lagern sich jeweils komplementäre Nukleotide an. Diese werden durch DNA-Polymerasen miteinander verknüpft.
Dabei ergeben sich aufgrund ihrer Gegenläufigkeit Unterschiede an den beiden Strängen. Am kontinuierlichen Strang erfolgt durchgehendes Wachstum durch Anlagerung der Nukleotidbasen am 3'-Ende des Stranges.

Am diskontinuierlichen Strang werden zunächst in 5' → 3'-Richtung OKAZAKI-Fragmente gebildet, die anschließend durch die Wirkung von DNA-Ligase miteinander verknüpft werden.

F04 Seite 104

Die Höhe des prozentualen Hybridisierungsanteils gibt Auskunft über die Ähnlichkeit der Basensequenzen, d.h., die Basensequenz des Schimpansen ist der des Menschen ähnlicher als die des Gorillas. Daraus kann geschlossen werden, dass sich Mensch und Schimpanse genetisch ähnlicher sind als Mensch und Gorilla und damit stammesgeschichtlich näher verwandt.

F05 Seite 106

Lösungen Teil F

Seite 108

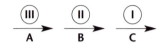

Seite 110 F07

Ribose hat am C-Atom Nr. 2 eine OH-Gruppe. Diese fehlt bei der Desoxyribose. Die Bezeichnung „Desoxy-" drückt dieses Fehlen aus.

Seite 115 F08

„AAA", da Uracil (m-RNA) sich mit Adenin (DNA) paart.

Seite 116 F09

a) CUU, CUC, CUA, CUG, UUA, UUG.
b) GGU, GGC, GGA, GGG.

Seite 117 F10

Codogener Strang der DNA:	3'	ACC	ATG	GGC	AAA	5'
m-RNA:	5'	UGG	UAC	CCG	UUU	3'
Aminosäuresequenz:		Trp	Tyr	Pro	Phe	

Seite 118 F11

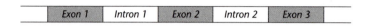

Seite 123 F12

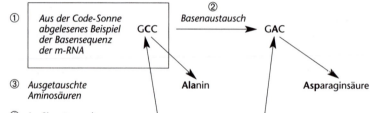

Weitere Beispiele können nach dem gleichen Muster selbst erarbeitet werden.

Seite 123 F13

Der Austausch einer Base in einem Gen hat nur dann eine Veränderung zur Folge, wenn die erste oder zweite Base in einem Triplett verändert wird. Bedingt durch die Code-Degeneration ist der Austausch der dritten Base in einem Triplett oft nicht mit dem Einbau einer falschen Aminosäure verbunden.
Beispiel:
Die m-RNA-Tripletts GCC und GCA stehen gleichermaßen für die Aminosäure Alanin (siehe Code-Sonne auf S. 115).

Seite 125 F14

a) Für die mit der normalen Nahrung aufgenommenen Phenylalaninmengen reicht auch die geringere Enzymmenge der Heterozygoten für die Umwandlung in Tyrosin aus. Erst bei höheren Phenylalaningaben erfolgt die Umwandlung wegen des Enzymmangels langsamer.
b) Weil im Belastungstest bei Heterozygoten wegen des Enzymmangels die Umwandlung von Phenylalanin in Tyrosin wesentlich langsamer verläuft als bei homozygot Gesunden.

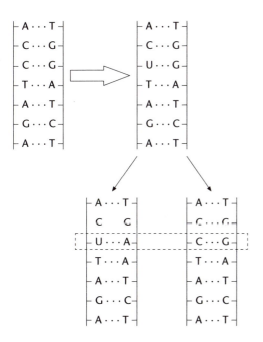

Bei der DNA-Replikation.

Der Repressor erlangt wieder die Form, in der er den Operator blockieren kann. Die Produktion der zum Laktoseabbau notwendigen Enzyme wird demzufolge eingestellt.

a) Substratinduktion:
   Regulatorgen bewirkt Bildung eines aktiven Repressors.
b) Endproduktrepression:
   Regulatorgen bewirkt Bildung eines inaktiven Repressors.

Fall	Bedingungen	Zustand des *lac*-Operons
a)	Glukose + Laktose +	abgeschaltet, da CAP nicht bindet
b)	Glukose + Laktose –	abgeschaltet, da Repressor gebunden und CAP nicht bindet
c)	Glukose – Laktose –	abgeschaltet, da Repressor gebunden
d)	Glukose – Laktose +	angeschaltet, da Repressor nicht bindet und CAP gebunden

Lösungen Teil F + G

Seite 136 F20 Wechselgewebe zeichnet sich wegen des kontinuierlichen Zellnachschubs durch eine hohe Zellteilungsrate aus. Die DNA muss jedes Mal verdoppelt und dazu von ihrer „Verpackung" befreit werden. Sie bietet so für Mutagene viel häufiger Angriffsmöglichkeiten.

Seite 137 F21 Die Zelle muss über den entsprechenden Wachstumsfaktor-Rezeptor in ihrer Zellmembran verfügen.

Teil G

Seite 146 G01 Über einen Promotor für die Anlagerung der RNA-Polymerase und über ein Operatorgen zum Anschalten der Transkription.

Seite 147 G02 Weil bei mehr als einer Schnittstelle das Plasmid nicht nur an einer, sondern an mehreren Stellen aufgeschnitten und damit zerstückelt würde.

Seite 149 G03 Durch Einfügen der Fremd-DNA wird das Ampicillin-Gen inaktiviert; diese Zellen verlieren die Resistenz gegenüber Ampicillin. Bei Bakterien, die Plasmide ohne Fremd-DNA aufgenommen haben, bleibt das Ampicillin-Gen intakt; sie überstehen eine Behandlung mit Ampicillin und wachsen zu Kolonien heran.

Seite 149 G04 BamHI, weil es das Vektorplasmid pBR 322 mitten im Tetracyclin-Gen aufschneidet.

Seite 150 G05 Eukaryontische Gene sind in der Regel Mosaikgene mit Exons und Introns. Die Introns müssten vor dem Gentransfer irgendwie entfernt werden, da sie von Bakterien nicht erkannt und abgelesen werden. Da die cDNA die exakte Kopie der m-RNA ist, fehlen automatisch die Introns.

Seite 152 G06
a) Da die DNA-Polymerase ein Enzym mit normalem Temperaturoptimum ist, würde sie beim Aufheizen während der Denaturierung der DNA ebenfalls denaturieren (gerinnen); der Vorgang könnte nicht fortgesetzt werden.
b) Nach jedem Denaturierungsschritt müsste wieder neues Enzym zugeführt werden.

Seite 153 G07
a) Die Proben werden oben in eine Geltasche eingefüllt, die Einzelstränge wandern also von oben nach unten. Dabei wandern die Stränge umso schneller, je kürzer sie sind. Je länger die Stränge sind, desto weiter fortgeschritten war auch die Synthese.
b) 5'ATGTCAGTCCAG3'

Seite 160 G08
1. Dem β-Galaktosidase-Gen ist ein bakterieller Promotor mit Operatorgen vorgeschaltet. Dadurch kann das Gen durch Zugabe von Laktose in die Nährlösung angeschaltet werden.

2. Die Bakterien synthetisieren ein funktionsloses Fusionsprotein aus einem Teil β-Galaktosidase und aus Proinsulin, das unlöslich ist, ausfällt und sich zu Einschlusskörpern zusammenlagert, die sich leicht isolieren lassen.

Glossar

Agar	aus Rotalgen (Agarophyten) extrahiertes Polysaccharid, bestehend aus Agarose, das Gele bildet, und aus Agaropektin, das nicht geliert
Allele, Allelie	von gr. allelos = gegenseitig, zueinander gehörig; Bezeichnung für die unterschiedliche Ausprägung →homologer Gene bei Organismen mit →diploidem Chromosomensatz
Allopolyploidie	von gr. allos = anders, verschieden, gr. polys = viel und gr. -ploos = -mal, -fach; Bezeichnung für eine Form der →Polyploidisierung, bei der die Chromosomensätze von verschiedenen Arten stammen
Anticodon	von gr. anti = gegen und engl. code; Verschlüsselung der Information für den Einbau einer bestimmten Aminosäure auf der Ebene der →t-RNA
Antigen	von gr. anti = gegen und gr. gennan = erzeugen, hervorbringen; Substanz, die die Herstellung von →Antikörpern induziert
Antikörper	Proteine (Immunglobuline), die als Antwort des Immunsystems auf fremde Partikel (Krankheitserreger, Allergene, Krebszellen, Selbst-Antigene) gebildet werden
Autopolyploidie	von gr. autos = selbst, gr. polys = viel und gr. -ploos = -mal, -fach; Bezeichnung für eine Form der →Polyploidisierung, bei der der eigene Chromosomensatz vervielfacht wird
Autoradiografie	fotografisches Verfahren zum Nachweis von Radioaktivität biologischer Proben und Objekte
Autosomen, autosomal	von gr. autos = selbst und gr. soma = Körper; Bezeichnung für alle Chromosomen, die keine Geschlechtschromosomen sind
Bakteriophagen	von gr. phagein = verzehren; syn. Phagen = Viren, die sich in Bakterien vermehren
Bastard	Bezeichnung für einen Mischling, der durch Rassenkreuzung entsteht
cDNA	Abk. für copy-DNA; von einer →m-RNA als Matrize mithilfe des Enzyms reverse Transkriptase hergestellte komplementäre DNA
Chromatin	Substanz des Zellkerns in der →Interphase, bestehend aus →DNA und →Histonen
Chromosomen	von gr. chroma = Farbe und gr. soma = Körper; färbbare und dadurch sichtbare Träger der genetischen Information
Chromosomen-aberrationen	von lat. aberratio = Abweichung; Abweichungen von der nomalen Struktur oder der Zahl der →Chromosomen
Codogen	von engl. code; Verschlüsselung der Information für den Einbau einer bestimmten Aminosäure auf der Ebene der →DNA
Codon	von engl. code; Verschlüsselung der Information für den Einbau einer bestimmten Aminosäure auf der Ebene der →m-RNA

Glossar

Deletion	Bezeichnung für eine →Chromosomenaberration, bei der ein Chromosomenabschnitt fehlt
diploid	von gr. diploos = zweifach, doppelt und gr. idion = das erbliche Wesen; Bezeichnung für einen doppelten Chromosomensatz
DNA	Abk. für engl. desoxiribo nucleic acid = Desoxyribonukleinsäure
dominant	Bezeichnung für Erbgänge, bei denen ein →Allel die Wirkung des anderen überdeckt
Duplikation	von lat. duplicare = verdoppeln; Bezeichnung für eine →Chromosomenaberration, bei der ein Chromosomenabschnitt doppelt vorhanden ist
Embryo	von gr. embryon = ungeborene Leibesfrucht; die Frucht in der Gebärmutter während der ersten 2 Schwangerschaftsmonate
Embryopathie	von gr. embryon und gr. pathos = Schmerz, Krankheit; Bezeichnung für eine pränatale Erkrankung des →Embryos während der Schwangerschaft
Embryotransfer	Überführung von im Reagenzglas entstandenen Zygoten in die Gebärmutter durch →In-vitro-Fertilisation
Enzyme	ältere Bezeichnung: Fermente; Proteine, die als Katalysatoren chemische Reaktionen beschleunigen; fast alle Enzymbezeichnungen enden mit -ase
Eucyte	von gr. eu = normal und gr. kytos; Zelle mit Zellkern
Eukaryoten	Bezeichnung für alle Organismen, die aus →Eucyten aufgebaut sind
Exon	von engl. expression – Ausdruck; Bezeichnung für einen Genabschnitt, der in ein Protein übersetzt wird
Exonukleasen	→Enzyme, die Nukleinsäuren vom 5'- oder 3'-Ende her abbauen
exprimieren	von lat. exprimere = ausdrücken
Fibrose, zystische	von lat. fibra = Faser; syn. für →Mukoviszidose
Filialgeneration	von lat. filia = Tochter und lat. generare = erzeugen; die aus einer Kreuzung hervorgegangene(n) Nachkommengeneration(en); Abk. F_1, F_2
Gel-Elektrophorese	Verfahren zur Trennung geladener Substanzen in einem Gel, an das eine elektrische Spannung angelegt wird
Gen	in der klassischen Genetik Bezeichnung für eine Erbanlage; in der Molekulargenetik Bezeichnung für einen funktionellen Abschnitt der →DNA
Genexpression	von lat. exprimere = ausdrücken; syn. Proteinbiosynthese; Bezeichnung für die Herstellung eines Proteins
Genom	Bezeichnung für die Gesamtheit aller →Gene eines Organismus
Genomanalyse	vollständige Entschlüsselung der kompletten Basensequenz der DNA eines Organismus sowie Identifizierung der darin codierten →Gene und deren Funktionen (funktionelle Genomanalyse)
Genotyp	von gr. genos = Abstammung und gr. typos = Gestalt, Bild; Bezeichnung für die Erbanlagen (genetische Information) eines Organismus

Gensonde	synthetisch hergestellter kurzer einsträngiger DNA- oder RNA-Abschnitt, der mit einer bestimmten Sequenz des Genoms →hybridisiert
Gentransfer, horizontaler	Bezeichnung für den Austausch von Genen zwischen gleichzeitig lebenden Organismen
Gonosomen	von gr. gone = Zeugung, Geschlecht und gr. soma; Bezeichnung für die Geschlechtschromosomen
heterozygot	von gr. heteros = anders, verschieden und gr. zygos = Joch, Paar, Glied; Bezeichnung für Zellen oder Organismen, die verschiedene →Allele eines Gens tragen
Histone	basische Kernproteine, die an der Struktur des →Chromatins beteiligt sind
homolog	von gr. homologia = Übereinstimmung
homozygot	Bezeichnung für Zellen oder Organismen mit den gleichen →Allelen eines Gens
Hybride, Hybridisierung	in der klassischen Genetik Bezeichnung für die Mischung von Erbanlagen bei einer Kreuzung; in der Molekulargenetik Bezeichnung für die Mischung und →komplementäre Bindung von DNA- oder RNA-Molekülen ähnlicher Sequenz
Indikation	von lat. indicare = anzeigen; Grund für die Anwendung eines bestimmten diagnostischen oder therapeutischen Verfahrens
Insemination	von lat. seminare = säen, pflanzen; Befruchtung eines weiblichen Eies ohne Geschlechtsverkehr
intermediär	von lat. intermedius = dazwischenstehend
Intron	von lat. intra = innerhalb; Bezeichnung für einen Genabschnitt, der zwei →Exons voneinander trennt
invasiv	von lat. invadere = eindringen
Inversion	von lat. inversio = Umkehrung; Bezeichnung für eine →Chromosomenaberration, bei der ein Chromosomenabschnitt umgedreht ist
in vitro	lat. im Glas, d.h. außerhalb eines lebenden Organismus
In-vitro-Fertilisation	von lat. fertilis = fruchtbar; Abk. IVF; Befruchtung von Eizellen außerhalb des Körpers im Reagenzglas mit anschließendem →Embryotransfer
Isotop	von gr. isos = gleich, ähnlich und gr. topos = Ort; Bezeichnung für unterschiedliche Atomarten des gleichen chemischen Elements
Karyogramm	von gr. karyon = Nuss, Kern und gr. gramma = bildliche Darstellung; Bezeichnung für die bildliche Darstellung des Chromosomenbestandes einer Zelle
Klon	gr. Zweig, Schössling; Bezeichnung für genetisch identische Zellen oder Organismen
Kodominanz	von lat. cum = mit, zusammen und lat. dominare; Bezeichnung für Erbgänge, bei denen beide →Allele zur Ausprägung kommen

Glossar

komplementär	von lat. complementum = Ergänzung
Konduktorin	von lat. conducere = zusammenführen; →heterozygote Überträgerin einer genetisch verursachten Krankheit
Konjugation	von lat. coniugatio = Verbindung; parasexueller Mechanismus zur Übertragung von genetischem Material bei Bakterien
lysogen	von gr. lysis = Auflösung; Bezeichnung für einen Vermehrungszyklus von →Bakteriophagen, der nicht sofort zur Zerstörung der Bakterien führt
lytisch	Bezeichnung für einen Vermehrungszyklus von →Bakteriophagen, der sofort zur Zerstörung der Bakterien führt
Meiose	von gr. meiosis = Verringerung; syn. Reduktionsteilung
Metastase	von gr. metastasis = Veränderung; sekundärer Krankheitsherd als Folge einer Verschleppung bestimmter Faktoren aus einem primären Krankheitsprozess an eine andere Stelle im Organismus
Mitose	von gr. mitos = Faden; syn. Kernteilung
Modifikation	durch Umwelteinflüsse hervorgerufene Veränderung des →Phänotyps
monohybrid	von gr. monos = allein, einzig und gr. hybrida; in der klassischen Genetik Bezeichnung für die Untersuchung von nur einem Merkmal bei einem Erbgang
Monosomie	von gr. monos und gr. soma; Bezeichnung für das einfache Vorkommen eines bestimmten Chromosoms in einem →diploiden Chromosomensatz
Mosaikgene	aus →Exons und →Introns aufgebaute Gene der →Eukaryonten
m-RNA	Abk. für messenger-RNA, von engl. messenger = Bote; syn. Boten-RNA
Mukoviszidose	von lat. mucus = Schleim und lat. viscidus = klebrig, zähflüssig
mutagen	von lat. mutare = verändern; eine →Mutation auslösend
Mutanten	Individuen, bei denen mindestens ein →Gen durch eine →Mutation verändert wurde
Mutation	erbliche Veränderung des genetischen Materials
Nukleosom	regelmäßig vorkommende Grundstruktur des →Chromatins, bestehend aus →Histonen, um die ein etwa 200 basenpaarlanger Abschnitt der →DNA gewunden ist
Nukleotid	Baustein der →DNA oder →RNA; besteht aus Phosphorsäure, einem Zucker (Desoxyribose oder Ribose) und einer organischen Base
Onkogene	von gr. onkos = Geschwulst; syn. Krebsgene; Bezeichnung für Zellteilungskontrollgene, die durch Mutationen so verändert wurden, dass deren Produkte ständig Signale zur Stimulierung der Zellteilung erzeugen
Operon	Bezeichnung für eine Gruppe hintereinanderliegender Gene, die gemeinsam reguliert werden
Opportunist	von lat. opportunus = günstig gelegen; die Gelegenheit nutzend

Glossar

osmotisch	von Osmose = Bezeichnung für den Flüssigkeitsaustausch zwischen verschieden konzentrierten Lösungen über selektiv durchlässige Membranen
Palindrom	von gr. palindromos = zurücklaufend; Bezeichnung für einen DNA-Abschnitt, der in jedem der beiden Stränge die gleiche Basensequenz in entgegengesetzter Richtung enthält
panaschiert	Bezeichnung für die Weiß-Bunt-Scheckung von Blättern durch den genetisch verursachten Ausfall von Chloroplasten und deren Farbstoffen
Parentalgeneration	von lat. parentalis = elterlich und lat. generare; die Elterngeneration einer Kreuzung; Abkürzung P
Penetranz	von lat. penetrare = durchdringen; Bezeichnung für das Ausmaß, in dem sich ein →Allel im →Phänotyp zeigt
Phän	von gr. phainesthai = sich zeigen, erscheinen; Merkmal
Phänotyp	Bezeichnung für das Erscheinungsbild eines Organismus, das durch den →Genotyp und Umwelteinflüsse geprägt wird
Plasmide	in Bakterien vorkommende, meist ringförmige extrachromosomale DNA
Pleiotropie	von gr. pleion = mehr und gr. trope = auf etwas wirkend; syn. →Polyphänie
pluripotent	von lat. pluriens = mehrfach und lat. potentia = Kraft, Fähigkeit; Bezeichnung für embryonale Zellen, die sich noch zu verschiedenartigsten Körperzellen entwickeln können
Polygenie	Bezeichnung für die Beeinflussung eines Merkmals durch mehrere Gene
Polyphänie, polyphän	Bezeichnung für die Beeinflussung mehrerer Merkmale durch ein Gen
Polyploidisierung, Polyploidie, polyploid	von gr. polys und gr. -ploos = -fach; Bezeichnung für die Vervielfachung des Chromosomensatzes
Population	von lat. populatio = Bevölkerung; Bezeichnung für eine Gruppe von Individuen, die räumlich zusammenleben und sich untereinander fortpflanzen
Präimplantationsdiagnostik (PID)	von lat. plantatus = gepflanzt und gr. diagnosis = Entscheidung; Untersuchung eines durch →In-vitro-Fertilisation erzeugten Embryos im 8-Zellen-Stadium auf genetische Besonderheiten
pränatal	von lat. prae = davorliegend und lat. natalis = die Geburt betreffend; vor der Geburt, vorgeburtlich
Primärtranskript	von lat. primus = der Erste; Bezeichnung für das erste Produkt bei der →Transkription eines →Mosaikgens
Prokaryoten	Bezeichnung für alle Organismen, die aus →Protozyten aufgebaut sind
Promotor	Bezeichnung für die Bindungsstelle der RNA-Polymerase bei der →Transkription

Glossar

Proto-Onkogen	Bezeichnung für ein Zellteilungskontrollgen, das durch eine →Mutation zu einem →Onkogen werden kann
Protozyte	von gr. pro = vor und gr. kytos; Zelle ohne Zellkern
Prozessierung	Bezeichnung für die Bearbeitung einer →m-RNA aus dem →Primärtranskript eines →Mosaikgens
Rekombination	von lat. re = zurück, wieder und lat. combinare = verbinden; Bezeichnung für die Entstehung neuer Genkombinationen aus genetisch verschiedenen →Genomen
Replikation	von lat. replicatio = Wiederholung; Bezeichnung für die identische Verdoppelung des genetischen Materials vor jeder Zellteilung
Restriktion	Abwehrmechanismus der meisten Bakterien zur Beseitigung fremder DNA
Restriktionsenzyme	syn. Restriktionsendonukleasen; Enzyme, die doppelsträngige DNA an bestimmten Basensequenzen spezifisch spalten können
rezessiv	von lat. recedere, recessus = zurückgehen; Bezeichnung für Erbgänge, bei denen ein →Allel durch ein anderes, →dominantes überdeckt wird
RNA	Abk. für engl. ribo nucleic acid = Ribonukleinsäure
semikonservativ	von lat. semis = halb und lat. conservare = erhalten
sequenzieren	von lat. sequentia = Folge; Bezeichnung für die Untersuchung der Reihenfolge der Bausteine in einem Kettenmolekül, z. B. der DNA
spleißen	von engl. splicing; Herausschneiden der von →Introns codierten RNA-Sequenzen und gleichzeitige Verküpfung der von →Exons codierten RNA-Sequenzen bei der →Prozessierung von →Primärtranskripten von →Mosaikgenen
temperent	von lat. temperare = mäßigen; Bezeichnung für →Bakteriophagen, die einen →lysogenen Vermehrungszyklus durchlaufen
Transduktion	von lat. transducio = Hinüberführung; Bezeichnung für die Übertragung von genetischer Information zwischen Bakterien durch →Bakteriophagen
Transformation	von lat. transformatio = Verwandlung; Bezeichnung für die Übertragung von genetischer Information zwischen Bakterien durch die Aufnahme von „nackter" DNA
transgen	Bezeichnung für eine Zelle oder einen Organismus, in den fremdes genetisches Material eingebracht wurde
Transkriptase, reverse	von lat. reversio = Umkehrung und lat. transcriptio; Enzym aus Retroviren, das virale RNA in doppelsträngige DNA umschreibt
Transkription	von lat. transcriptio = Überschreibung; Bezeichnung für die Umschreibung der Basensequenz eines →codogenen Abschnitts der DNA in eine komplementäre Nukleotidsequenz einer RNA
Translation	von lat. translatio = Übertragung; Bezeichnung für die Übersetzung der Basensequenz einer →m-RNA in die Aminosäuresequenz des Proteins

Translokation	von lat. locus = Ort; Bezeichnung für eine →Chromosomenaberration, bei der ein Chromosomenabschnitt an ein nicht →homologes Chromosom umgelagert ist
Trisomie	von gr. tria und gr. soma; Bezeichnung für das dreifache Vorkommen eines bestimmten Chromosoms in einem →diploiden Chromosomensatz
t-RNA	Abk. für transfer-RNA: syn. Transport-RNA
totipotent	von lat. totus = ganz, Gesamt- und lat. potentia = Kraft, Fähigkeit; Bezeichnung für embryonale Zellen, aus denen sich ein kompletter Organismus entwickeln kann
Tumor	lat. = Geschwulst
Tumorprogression	Wachstum, Entwicklung eines Tumors
Variabilität	von lat. variabilis = veränderbar, auswechselbar; Bezeichnung für die Vielgestaltigkeit eines Merkmals in einer →Population, hervorgerufen durch die →Allelie der Gene, die dieses Merkmal herausbilden
Vektor	von lat. vector = einer, der befördert; „Beförderungsmittel" für genetische Information
virulent	Bezeichnung für →Bakteriophagen, die einen →lytischen Vermehrungszyklus durchlaufen
Vitalität	von lat. vitalitas = Lebenskraft; Lebenstüchtigkeit
zygomorph	von gr. zygos und gr. morphe = Gestalt; Bezeichnung für Blüten, die durch nur eine Symmetrieebene aus zwei annähernd gleichen Hälften aufgebaut sind
Zygote	von gr. zygotos = zweispännig; Bezeichnung für die befruchtete Eizelle
Zytokinese	von gr. kytos = Höhlung, Zelle und gr. kinesis = Bewegung; Teilung des gesamten Zellkörpers im Anschluss an die →Mitose

Register

A
ABO-Blutgruppensystem 22f.
Adenin 95
Agrobacterium tumefaciens 166f.
Aktivator 133
Albinismus 72, 79, 123
Alkaptonurie 64, 68, 79
Allel 23
Allopolyploidie 58
Alpha-Ferro-Protein-Bestimmung 76
Aminosäuren 109ff.
Aminosäuresequenz 109, 113
Amniozentese 76
Anaphase 39, 44
Aneuploidie 58f.
Anticodon 112f.
Anti-Onkogen 139
Autopolyploidie 58
Autoradiografie 152
autosomal 63ff.
Autosomalität 67f., 88
Autosomen 47
AVERY 91f.

B
Bakterien 84f.
Bakterienkolonie 85
Bakterienzelle 84
Bakteriophage 87, 88f.
BARR-Körper 60
Basen, organische 95
Basenpaarung 96f.
Basensequenz s. Nukleotidsequenz
Basentriplett 109f., 140
Bastard s. Hybride
Beratung, genetische 74f.
β-Galaktosidase 158
Bluterkrankheit 31, 69f.
Blutgruppen 22f.
Brachydaktilie 64, 68f.

C
cDNA 150, 158
Centromer 43
Chiasmata, Chiasmen 43f., 53f.
Chorea Huntington 155

Chorionzottenbiopsie 75f.
Chromatiden 43, 51
Chromatin 99
Chromosom 37f., 41, 51f., 62, 98f.
Chromosomenaberrationen 58
Chromosomenmutation 56f., 62
Chromosomentheorie der Vererbung 51f.
Code, genetischer 109f., 114f.
– Code-Sonne 115, 150
– Eigenschaften 116
– Entzifferung 115
codieren 97, 112
codogener Strang 111
Codon 112f.
Colchicin 58, 127
Crossing over 43, 53f., 62
Cytosin 95

D
Deletion 56, 139
Desoxyribonukleinsäure s. DNA
Desoxyribose 95
Diabetes mellitus 156
Dichtegradienten-Zentrifugation 101
dihybrider Erbgang 29
diploid 17, 40
diskontinuierlicher Strang 104
DNA 51, 88, 91, 95ff., 140, 150f.
DNA-Ligase 104, 129
DNA-Polymerase 101f., 129
DNA-Reparatur 128f.
dominant 15, 26, 63, 66f.
dominant-rezessive Vererbung 15, 25
Doppelhelix 97, 103, 140
DOWN-Syndrom 57, 60
Drosophila melanogaster 19, 48f., 51f.
Duplikation 56

E
Ein-Gen-ein-Enzym-Hypothese 106f., 140
Ein-Gen-ein-Phän-Beziehung 31
Eizelle 40f.
Elektroporation 167
embryonale Stammzelle 169, 171
Embryotransfer 168, 171
endoplasmatisches Retikulum (ER) 157

Endproduktrepression 132f.
Enzymdefekt 64f.
Enzymproduktion 130ff.
Erbanlage 25, 27, 31, 33
Erbkrankheiten 59f., 64f., 163
Escherichia coli (E. coli) 84f., 142, 158f.
Eucyte 84
Eukaryoten 84, 117, 134f.
Euploidie 58
Exon 118f., 126, 140

F

Familienstammbaum 66f., 82
Fehlpaarungen 104
Fehlpaarungsreparatur 105
F-Faktor 86
Fruchtfliege s. *Drosophila*

G

Gameten 30
Gel-Elektrophorese 149, 152
Gen 10, 18, 23, 33, 106f.
Genaustausch 51f.
Gendosisproblem 63
Genexpression 118
Gengewinnung 149f.
Genkarte 53f., 62
Genklonierung 144
Genkoppelung 30f., 51f.
Genmutation 121f., 141
Genomanalyse 154f.
Genomgröße 117
Genommutation 58f., 62
Genotyp, genotypisch 10f., 13, 28, 67f.
Genregulation 141
– bei Eukaryoten 134f.
– bei Prokaryoten 129f.
Gensonde 150, 160
Gentechnik 142f., 170
Gentherapie 162f.
Gentransfer 166f.
geschlechtliche Vererbung 40f.
Geschlechtsbestimmung 47
Geschlechtschromosom 46f.
Geschlechtszellen 40f.
GOLGI-Apparat 158
gonosomale Erbkrankheiten 66f.
Gonosomalität 63, 67f., 72, 82

Gonosomen 47f.
G1-Phase 38
G2-Phase 38
GRIFFITH 91f.
Guanin 95
GUTHRIE-Test 124

H

Hämophilie A 65, 69f.
haploid 41, 43
HARDY-WEINBERG-Gesetz 77
Helikase 103
heterogametisch 48
Heterosomen s. Gonosomen
heterozygot 17, 47, 63, 66f.
Hfr-Zellen 86f.
Histone 51, 91, 99
homogametisch 62
homolog 43, 62
homozygot 18, 47, 63
Humangenetik 63f.
Human-Genom-Projekt 154f.
Hybride 15
Hybridisierung 105, 151

I

Inkubation 167
Insemination 168
Insulinherstellung 156f.
– in der Bauchspeicheldrüse 156f.
– in umprogrammierten Bakterien 168f.
intermediär s. unvollständig dominant
Interphase 38, 43
Intron 118f., 140
Inversion 57

J

JACOB-MONOD-Modell 129f.
japanische Wunderblume 15f.

K

Karyogramm 46, 60, 61
Katzenschreisyndrom 56, 62
„klebrige" Enden 145, 158
KLINEFELTER-Syndrom 61
Klon 144, 169f.
Klonen 169f.

– reproduktives 169
– therapeutisches 169
Kodominanz 23
komplementäre Basen 96f., 100f., 140
Komplementärstrang 100
Konduktorin 72
Konjugation 85f.
kontinuierlicher Strang 103
Kopplungsbruch 52f.
Kopplungsgruppe 51f., 62, 63
Krebs 135f., 141
Kreuzung 15ff.
künstliche Befruchtung 168f.
künstliche Besamung 168
Kurzfingrigkeit 68f.

L

Laktose 85f., 130f.
Ligase s. DNA-Ligase
lysogener Zyklus 89f.
lytischer Zyklus 88f.

M

Mangelmutante 90, 106
Meiose 40f., 42, 62
MENDEL 9, 14, 34
MENDELsche Regeln 14f., 22f., 27f., 34
Merkmal s. Phän
messenger-RNA (m-RNA) 110
Metaphase 39, 42, 46
Mikroinjektion 164, 167
mischerbig s. heterozygot
Mitose 37f., 62
Modifikation 11f., 13
monohybrider Erbgang 25
Monosomie 58
Mosaikgen 118f., 156
M-Phase 38
Mukoviszidose 64, 66f., 79, 125f., 160f.
multifaktorielle Vererbung 31f.
multiple Allelie 23f.
mutagen 127
Mutation 56f.

N

Nondisjunction 58
Nukleosid 95

Nukleosomen 99
Nukleotid 95, 140
Nukleotidsequenz 109

O

OKAZAKI-Fragmente 103
Onkogen 138,
Oogenese 45f.
Operatorgen 130
Operon 130
Optimumskurve 11
Ovalbumin 118

P

Palindrom 144
Panmixie 77
parasexueller Vorgang 87
Parentalgeneration 27
Partikelbeschuss 167
Penetranz s. Gendosis
Phage s. Bakteriophage
Phän 9f., 13
Phänotyp 10f., 13, 20ff., 27ff.
Phenylketonurie 33, 64, 74, 78f., 80f., 123f.
Plasmid 86, 146f., 158f.
Pleiotropie s. Polyphänie
Pneumokokken 91f.
Polygenie 31f.
– additive 33
– komplementäre 31f.
Polymerasen s. DNA-/RNA-Polymerasen
Polymerase-Kettenreaktion (PCR) 150f., 160
Polyphänie 31, 33f.
Population 77f.
Präimplantationsdiagnostik 168
pränatale Diagnose 77f., 127, 160f.
Primärtranskript 158
Proinsulin 158
Prokaryoten 84, 108, 129
Promotor 110f., 130
Prophase 39, 42
Proteinbiosynthese 140
– bei Eukaryoten 117f.
– bei Prokaryoten 108f.
Proto-Onkogen 138
Prozessierung 119f.
PTH-Schmeckfähigkeit 28
Punktmutationen 121f.

R

Reduktionsteilung s. Meiose
Regeneration 136
Regulation der Genaktivität s. Genregulation
Regulatorgen 130ff.
Reifeteilung s. Meiose
reinerbig s. homozygot
Rekombination 85f.
Rekombinationsquadrat 19f., 23, 27f., 30
Replikation 43, 100f., 140
Replikationsgabel 103
Repressor 130f.
Reproduktionstechnik 168f.
Restriktion 144
Restriktionsenzym 144f.
Retinoblastom 64, 74, 139
reverse Transkriptase 150
rezessiv 15, 26ff., 63ff., 66f.
Rezessivität 82
Rhesusfaktor 24f.
Ribonukleinsäure s. RNA
Ribose 110
ribosomale RNA (r-RNA) 110
Ribosomen 110, 113, 158
RNA 88, 110
RNA-Polymerase 110f.
Rot-Grün-Blindheit 65, 70f.
Rückkreuzung 20f.

S

Schmelzen von DNA 105, 140, 151
Schwarzharn 64, 68
Schweißtest 127
Selektion 77, 148f.
semikonservativer Mechanismus 101f., 140
Sequenzanalyse 152f.
Sichelzellanämie 64
Signalpeptid 158
Sinnstrang 111
Spaltungsregel 17, 34
Spermatogenese 45
Spermieninjektion 164
S-Phase 38
Spleißen 119
Stammbaum, -analysen 66f., 82
Stammzelle 169
Startcodon 113
statistische Aussagen 21f.
Stoppcodon 114

Strahlendosis 128
Strukturgen 130
Substratinduktion 130f.

T

T-DNA 166
Telophase 39, 42
temperenter Phage 90
Tetrade 43
Thymin 95
Ti-Plasmid 166f.
Transduktion 90f.
transfer-RNA (t-RNA) 110, 112f.
Transformation 91f., 148f.
transgen 142
transgene Kulturpflanzen 165f.
transgene Nutztiere 164f.
Transkription 110f., 119f.
Transkriptionsfaktor 134
Translation 111ff.
Translokation 57
trihybrider Erbgang 28
Trisomie 58, 59
Tumor 135
Tumorsuppressor-Gen 139
TURNER-Syndrom 60

U

Ultraschall 76
Umwelteinflüsse s. Modifikationen
Unabhängigkeitsregel 28f., 34
uniform 15
Uniformitätsregel 14f., 27
unvollständig dominante Vererbung 15f.
Uracil 110

V

Variabilität 10f., 13
Vaterschaftsnachweis 23
Vektor 144, 146f., 167
Vererbung 9
– Chromosomentheorie 51f.
– dominant-rezessive 15f., 22
– geschlechtliche 40f.
– multifaktorielle 31f.
– unvollständig dominante 15f.
– X-chromosomale 48f.
Verwandtenehe 58f.

Vierchromatid-Chromosom 43
Vierstrangstadium s. Tetrade
virulenter Phage 89
Virus, Viren 84f.

W
Wachstumsfaktor 136
Wachstumsfaktor-Rezeptor 136
Wahrscheinlichkeit 21, 77f.
WATSON-CRICK-Modell 96f.

X
X-Chromosom 47f., 60f.
X-chromosomale Vererbung 47, 48f.

Y
Y-Chromosom 47f.

Z
Zellkern 35f.
Zellteilung 37f.
– Ablauf 39?
– Kontrollmechanismen 136f.
Zellteilungskontroll-Gene 137f.
Zellzyklus 37f., 136
Zweichromatid-Chromosom 43
Zwillinge 12
Zygote 17, 37, 40
Zytokinese 37, 38

Weitere mentor Abiturhilfen Biologie

Band 690: Zellbiologie · Struktur und Dynamik der Zelle, Immunbiologie
Chemie der Bau- und Inhaltsstoffe – Biomembranen – Einzeller, Kriterien des Lebens – Zellbiologie des Immunsystems – Das Mikroskop als Analyseinstrument

Band 693: Nerven, Sinne, Hormone · Grundlagen
Nervensysteme – Sinne – Hormone – Gehirn und Verhalten

Band 694: Verhalten · Methoden, Mechanismen und Ursachen
Methoden der Verhaltensforschung – Vorwiegend erbbedingte Verhaltensweisen – Lernen, erfahrensbedingte Änderungen von Verhaltensweisen – Biologische Grundlagen tierischen und meschlichen Sozialverhaltens

Band 695: Evolution · Ursachen und Mechanismen der Entwicklung der Lebewesen
Die Entstehung des Lebens auf der Erde – Ursachen und Mechanismen der Evolution – Die Stammesgeschichte der Organismen – Die Evolution des Menschen

Band 696: Ökologie · Wechselbeziehungen zwischen Organismen und Umwelt
Abhängigkeit der Lebewesen von abiotischen und biotischen Faktoren – Eigenschaften natürlicher Populationen – Ökosysteme – Eingriffe des Menschen in Ökosysteme – Umwelt und Naturschutz

Band 697: Stoffwechsel
Abbauende Stoffwechselprozesse – Aufbauende Stoffwechselprozesse – Ernährung des Menschen

---

Außerdem bei mentor erschienen:
Band 11: Grundwissen Biologie

Null Bock auf schlechte Noten?

... dann nimm doch mentor!

- **mentor Lektüre Durchblick**
  Inhalt, Hintergrund und Interpretation für Deutsch- und Englisch-Lektüren ab Klasse 9/10

- **mentor Grundwissen**
  Umfassende Darstellung der Themen eines Fachs bis zur 10. Klasse
  (*Fächer: Deutsch, Englisch, Spanisch, Latein, Geschichte, Geografie, Mathematik, Biologie, Chemie, Physik*)

- **mentor Audio-Lernhilfen**
  Leichter lernen mit Rap und Hip-Hop: *Hear them, rap them, know them!*

- **mentor training XXL**
  Die dicken preisgünstigen Kombibände zum Üben und Testen für mehrere Fächer bzw. Klassen in einem Band.
  (Deutsch, Mathematik, Englisch, Französisch)

Infos, Lerntipps & mehr
www.mentor.de

mentor
Eine Klasse besser.